季美林先生推荐作者参加 1993 年东方伦理国际研讨会，会间合影

留影于第五届中央文史研究馆国学论坛（北京大学国学研究院、清华大学国学研究院协办）

傅统文化與現代化

国家古籍整理出版规划小组主办

（双月刊）
1996 年第 4 期
总第 22 期

顾 问 匡亚明

主 编 张岱年

副主编 许逸民

责任编辑 张世林

封面设计 宁成春

编辑者
《传统文化与现代化》编辑部
地址 北京王府井大街 36 号
邮政编码 100710
出版者 中华书局
地址 北京王府井大街 36 号
邮政编码 100710
国外代号 BM1250
国外发行 中国国际图书贸易总
公司(北京 399 信箱)

刊 号 ISSN 1004—8618
CN 11—3175/G2

定 价 6.00 元

国家史学课题"尚齿"研究的论文发表于张岱年先生主编的一级学刊（中华书局出版，1998 年停刊）

天津市文史研究馆馆员著述系列

华夏幽境辟蹊

——中华文化史源头课题论集

高成鸢 著

天津出版传媒集团

天津人民出版社

解　题

"华夏"意为中华文明之源头；"幽境"意为前未发现之地；"辟蹊"出自钟嵘《诗品》。

作者是另类学人，曾长年"职业"地游弋于古今、中外、文理之间。退休前研究华夏"精神本原"，国家课题成果被评为"存亡继绝"，转而探索"物质本原"。

黄土环境不良，物资匮乏，人际关系紧张，造就"礼文化"的"非礼勿言、目中无物"；仅有的器物多蕴含"百姓日用而不知"之道。作者的辟蹊"从饥饿开始"（"饮食文化"拙著的港版题名），相继发现了与"物"攸关、递为联结的四大课题：中餐歧路→"水火"范畴→"神器"扁担→石的缺乏。老来幸能一一完成，构成本书的内编。另有散题旧作六篇，内容亦无非探索的独见，收入外编。

"幽境"之研究，以其处于西来学科体系格区化的视野以外，亦一时难获专业学界正视。民族瑰宝的得而复失，竟成作者的老境之忧。参见书末《华夏文化'所以然'探索者的"学科"苦闷》一文。

全球化进程中，中华文明独能绵延古今，其"所以然"何在？此问题已成"终极追问"。世界亦对此日益重视，而各科学者囿于专业，罕见给出解释。

感谢天津文史馆提供机会，将作者浮生成果总结为一书。适值去年拙作《'水火'范畴与中华文明论纲》一文再次发表于顶级学刊，与三十年的成果呼应，这使作者对"另类"探索所获更加自信，敢将本书题旨与"终极追问"试作关联。

谨以此书报答两位恩公：黄子坚先生、季羡林先生。

目　录

附　录

内编

华夏源头系列五大

课题的发现

说明：华夏源头五大课题系列的内在理路

内编为本书主体，五篇考论篇幅占全书大半。五大空白课题是递相套叠的系列，以发现先后为序。各题相关的内在理路如下：尊老礼俗→独特饮食：尊老是中原农耕部族的凝聚力，不良生态下的聚居导致饥饿及对"吃"的极度关注。饮食→"水火"范畴："粒食"致熟逼出"以水制火"的中式烹调，升华为"水火相济"的智慧。"水火"→扁担的发现：从"挑水担柴"的特需想到唯一运输工具的扁担，及其派生器物。扁担→石的匮乏：扁担适用于"干打垒"的散土搬运；土木建筑缘于无石。

系列发现的潜在意义：黄土高原生存环境恶劣，水、火（木）、石匮乏，逼出华夏物质与精神文明的独特性。学界认同：1993 年庞朴先生来信说"（"尚齿"研究）存亡继绝，功不可没"。2019 年，郭齐勇先生来信说："《水火》了不起，学术价值很高。《扁担》很有新意，令人耳目一新。"

"尚齿"尊老：中华精神文明的源头活水

东汉永明二年（公元 59 年），"天子养老"之礼在太学中隆重举行。汉明帝降尊纡贵，亲自袒露左肩分割牲体，向分别代表天下父兄的两位老人跪拜献酒，旨在带头对天下臣民推行孝悌教育。这件大事在《后汉书》的《明帝纪》《礼仪志》中都有记载。奇怪的是，"养老"之礼不见于《尚书》《左传》，《诗经》中也无反映，后世史学家亦对此很少关注，人们读之多感到惊诧。"养老"之礼的根据主要是《小戴礼记》，然而此书迟至东汉中期郑玄作注后才成为经书并开始流行。20 世纪 90 年代，笔者偶然发现尊老史尚属空白，遂写成论文《尚齿：中华文化的精神本原》，曾以显要位置发表于张岱年先生主编的学刊。① 后又完成国家史学课题，虽然学力远远不逮，专著《中华尊老文化探究》（中国社会科学出版社，1999 年），后来却被肯定"有开拓之功"②。这证实"尚齿"问题自古以来无人问津。季羡林先生关注这项研究，并手书推荐信，称"尊老史研究实为弘扬东方文化……拯救世界道德沦丧的重要措施"③，这都表明中华尊老史

---

① 高成鸢：《尚齿：中华文化的精神本原》，《传统文化与现代化》，1996 年，第 4 期。

② 李岩：《近二十年来中国古代尊老养老问题研究综述》，《中国史研究动态》，2008 年，第 5 期。

③ 蔡德贵主编：《季羡林书信集》，长春出版社，2010 年，第 121 页。

值得高度重视。

"尚齿"与孝道

"尚齿",即对年龄(齿)的尊崇。它是华夏文化独有的古老礼制和习尚,包括诸多方面的表现,并随着时代的演进而有不同。《礼记·王制》总结说:"昔者,有虞氏贵德而尚齿,夏后氏贵爵而尚齿,殷人贵富而尚齿,周人贵亲而尚齿……年之贵乎天下久矣,次乎事亲也。"可知,从上古以来,社会价值标准经过德行、爵位、财富、亲情的四次转变,文化统一性全靠不变的"尚齿"来维系。初民时代"不知有父",原始公社"贵德","德"的实质是对群体的公心,这多属垂暮老者的品性(至今"德高望重"一词绝不能用于青年);夏代"禹传子,家天下",统治权威要通过官爵层级向下推行,所以"贵爵";殷代对财富的追求已经普及,所以"贵富";周代父权宗法制确立,亲缘网络形成,当然要"贵亲","尚齿"这才变得次于"事亲"。所以说,对"年(齿)"的崇尚一直是上古华夏的基本伦理。《庄子·天道》说:"宗庙尚亲,朝廷尚尊,乡党尚齿",表明在周代尊老习尚还与亲情、官威共同调节着社会秩序。

中华文化的精神本原,蔡元培在《中国伦理学史》中认为是孝。[①] 然而孝道作为父权宗法社会的伦理,不过两千多年。汉代《说文解字》把"孝"定义为"善事父母者",但当代学者发现此字的本义是祭拜先人,商周青铜器上无一孝字针对活着的父母。[②] 中华上古之"礼"与"文化"大致相当,而《礼记·礼运》明言,礼"始诸饮食"。最早的礼仪是虞舜的"燕礼",即用酒肉奉养老者。这只是古代"尚齿"礼俗诸多方面的表现之一。

如今提到"尊老",人们会先想到孝道,其实两者不仅有别,更

---

① 蔡元培:《中国伦理学史》,岳麓书社,2010年,第19页。
② 查昌图:《西周孝义初探》,《中国史研究》,1993年,第2期。

有冲突的一面：孝以父亲为中心，因而有辈分的讲究，常见年少而辈高者，反而形成"老尊少"的局面。"尚齿"内涵准确：不仅青年要尊老者，老者也要按年龄顺序而递尊。可能由于原始部落年龄模糊，但"尚齿"伦理已有特定的层级划分，即以十年为一个年龄段来规定被尊的程度，可能这出于礼仪的可操作性。这种层级通用于尊老礼俗的诸多方面，例如在贵族老人的政治特权方面，《礼记·王制》规定："六十杖于乡，七十杖于国，八十杖于朝……"，意为每老十岁擢升官职一级；九十岁老人理论上与王者同级（"天子欲有问焉"要亲自登门）；享受食物供给方面，五十多岁的吃细粮，六十多的吃肉食，七十岁的吃小灶，八十岁的吃珍馐……后世随着皇权和官僚层级的强化，"尚齿"礼制逐渐消退，只有基层的"乡饮酒礼"自上古到近代遍及各地，未曾长期中断。据《礼记·乡饮酒义》记载，其仪节仍然保留着十年层级：五十者站立服侍，六十以上每老十岁，享用肉食多加一等。

《礼记·王制》说："凡三王养老，皆引年。"汉代郑玄注释"引年"为"引户较年"，当为通过普查以划分年龄段。推想上古时代老者的年龄段也可能具有社会治理层级的功用。费孝通在《乡土中国》中指出，中国的社会结构有层级之分，他谓之"差序格局"，"'伦'重在分别"①。溯至氏族部落时代的伦理，"尊老"和"亲亲"都有层级之分，前者通过年龄段将领袖的权威逐级传递到部众；后者以父亲为中心，既有辈分的尊卑之分，又有年龄的长幼之别。

古代"尚齿"尊老有礼制、诏令、政策、惯例、习尚等繁多形式，是学政、户政、刑法等各方面都要配合贯彻的系统工程，其内容包括对八十岁以上老人每年定期给予米、肉、丝絮等物质优抚；按年龄段对老者之家从一子到全家免除赋役；对贵族及退休官员，有晋升名誉官阶（"版授"）等种种制度，这些近年已有不少断代概述，限于篇幅，本文略而不谈。

① 费孝通：《费孝通文集》（第 1 卷），群言出版社，1999 年，第 505 页。

次第状。这与年龄的次第类同，可见悌道与"尚齿"相关；家族的孝道取代了社会的"尚齿"，必然导致伦理整体的重大流失；增加"悌"道，当属"尚齿"传统发生缺陷后做出的补救。根据这个道理，笔者曾试用数学公式大致表示"悌"的内涵："尚齿"——孝≈悌[①]。

经典中的"悌（弟）"，几乎总是跟在"孝"的后边。《辞源》中"悌"的早期例句是《论语·学而》的："孝弟（悌）也者，其为仁之本与?"这是孔子的年轻学生有子用不肯定的语气说的，宋代程颐曾提出质疑，说"孝弟是仁之一事，谓之行仁之本则不可"[②]。悌是作为孝道的补充物而出现的，独立性自来不足。对悌的权威解说只有两句，一句是《论语·学而》的"弟子入则孝，出则悌"，入、出的界阈虽未明言，显然指家门，门外就是乡里和社会；下文的"谨而信，泛爱众，而亲仁"，可以印证"悌"的内涵与社会伦理的"信"相关，其对象与非血缘的"众"相关。另一句是《论语·子路》的"宗族称孝焉，乡党称悌焉"，明确孝、悌分别具有血缘、地缘属性。《论语·颜渊》的"四海之内，皆兄弟也"也间接表明"悌"适用于广大社会。百年之后，《孟子·梁惠王上》说的"申之以孝悌之义，颁白者不负载于道路矣"，才表明孝悌伦理可推广到社会。

笔者在课题研究中发现了经典对悌道社会化的正面论述，证明儒家确曾认为推广悌道可以补充家族伦理所遗漏的"尚齿"内涵：《礼记·祭义》有一节专门阐述"悌"怎样推广运用到家族以外的朝廷、道路、州巷（乡里、市井）等场合，以致狩猎、军事活动中。例如，行路要按年龄分前后，遇见灰发长者担负重物要代劳，这样"悌"就推广到道路了（"行肩而不并、不错则随……斑白者不以其任行乎道路，而弟达乎道路矣"）。在乡里交往中要论年齿，对孤老穷困者不能遗弃或欺压，悌就扩大到州巷了（"居乡以齿而老穷不

---

① 高成鸢：《被遗忘的"悌"》，《社会学家茶座》，2009 年，第 3 期。
② 《二程遗书》第十八卷。

遗，强不犯弱，众不暴寡，而弟达乎州巷矣")。

"悌"的范围扩展，理论依据是"悌（弟）"与"友"在语义上的同源。血缘亲疏以父亲为中心向外扩展，直至弥漫不清。礼教规定的边界是五服，西周"朋友"可指"从父"兄弟（堂兄弟）。①"友"的甲骨文字形为两手相并，以示互助。《晋书》记载"悌"的篇章题为"孝友传"。流民社会的伦理，即江湖上的哥们义气，也只能从悌道中衍生。推广到四海的悌道已经严重弱化，常用"结义"的方式加以强化，试图把陌路之人变成自家兄弟。

笔者在探究中提出一个观点："悌"的重点是针对已婚兄弟。旧时有《二十四悌》流传②，其中显示对家族中的外来女性的严重歧视，其极端表现包括违反人性的成年姜姓三兄弟大被同眠。③ 传统礼仪严防男女授受不亲，重点也是在兄弟同居的家族内，为免兄弟与对方的配偶发生感情，导致大家庭解体。由于自古即对"男女同姓其生不蕃"的规律有所认知，家族不得不接纳"血缘异己成分"的女性；《礼记·昏义》明言，种种仪节都为的是"重则妇顺"。联姻又能通过亲缘关系化解地缘的生疏，同时也会导致辈分的序列向异姓姻亲扩展，而弱化"尚齿"伦理。

悌道本质上具有地缘属性，因此它被赋予社会伦理功能。但这既未获得正式的名分，又未从学理上（弟、友同义）普及为常识。所以，从总体来看，"悌"以超轻的名分负有社会伦理的超重功能，这是中华观念史上的一个问题。

血缘与地缘：消长与磨合

"尚齿"和孝道同属中华文化独有的伦理，这表明上古华夏群体对血缘关系和地缘关系都有超常的依赖。这必有其特殊缘由，试从

① 朱凤瀚：《商周家族形态研究》，天津古籍出版社，1990年，第310页。
② 蔡振绅编撰：《八德须知》，1930年石印本，近年有扩编本出现。
③ 《后汉书卷五十三·姜肱传》。

9

两方面作简要论述。

血缘的孝道方面。中国最大的国情是历史悠久、人口众多，笔者在尊老课题的探索中曾提出假设：两种现象可能关联着两大文化基因，即"繁生、聚居"①。黄土高原植被较差，难以支持游牧，只适合单一种粟，这已由何炳棣先生根据出土花粉化石论定。②最早定居成功的周人只能靠人多势众来保护收成不受游牧者掠夺，于是形成"灾荒—饥馑—夭亡—补偿性繁生"的循环。"繁生"表现为《庄子·天地》所述尧时的"华封三祝"（祝愿多福、多寿、多男子），显示古华人的幸福观是"寿昌"（夭亡的反面）；族谱酷似倒立的大树，岁久为"寿"、枝繁为"昌"。群体的"寿昌"，全靠血缘伦理作为内部团结的强固纽带。聚居表现为安土重迁的民性，《汉书·元帝纪》："安土重迁，黎民之性；骨肉相附，人情所愿也。"唐代张公义之家，九世千人同吃大锅饭。③"累世同居"也与生产方式相关：世代的耕耘可使黄土由"生"变"熟"，产量大增。

地缘的"尚齿"方面。华夏文化发源地在河西走廊东端，作为通道，注定经常遭到游牧民族的冲击。为了巩固聚居地，早期定居的农耕诸部落结成氏族联盟。这体现于"乡"字，杨宽论证此字本义是两位乡人对坐共食，"乡"与"飨"通，象征相邻各氏族老家长的宴会。④乡饮酒礼能持续近三千年，直至道光二十三年的鸦片战争前夜⑤才趋于结束，其生命力源自它是血缘关系与地缘关系协调的结合。早期华夏部落结盟倾向的由来，可能在于游牧文化强大的外部压力，它会使农耕分散的群体逐渐趋于一体化，以增强对异域文化群体的抵御。西周即灭于游牧民族，春秋时期管仲"九合诸侯"也

---

① 高成鸢：《中华尊老文化探究》，中国社会科学出版社，1999年，第57—73页。

② 何炳棣：《读史阅世六十年》，广西师范大学出版社，2009年，第408—413页。

③ 《旧唐书卷一百八十八·列传》。

④ 杨宽：《"乡饮酒礼"与"飨礼"新探》，《中华文史论丛》，1963年，第4辑。

⑤ 《清史稿·礼志八》。

为合力"攘夷"。正如钱穆概括历史而强调的:"苟非诸夏之大团结,则狄患不可想象。"① 考察现存文献,可以大致明了尧舜以来"尚齿"和孝道关系的演化。《尚书》开篇的《虞书·尧典》说,帝尧"克明俊德,以亲九族;九族既睦,平章百姓;百姓昭明,协和万邦"。血缘的九族是氏族部落的主体;尧作为大群体领袖,更要团结血缘以外的百姓,以实现地缘上的广泛聚合。《尚书》现存内容虽未涉及"尚齿",但细心解读,"平章百姓"中即可能有所蕴含。古人解释"平章"为辨明,这与"百姓"搭配不顺,试以年龄层级作为辨明的对象,则语义晓畅。故很可能"平章"就是《礼记·王制》中的"引年"(郑玄注谓"引户校年",当是老年普查),不能排除《尚书》诸多失传的章节中含有与尊老相关的内容。除了本邦的壮大,帝尧还要"协和万邦",即结成部族联盟,以应对强势部落的侵犯。尧的三项功业,后两项都属于地缘关系,可见其不容忽视。

"孝"不见于《尧典》,《舜典》中只出现一次。《中庸》说"仲尼祖述尧舜",孔子赞扬尧舜却未涉及"尚齿",《论语》对家庭的"孝"提到 19 次,而对社会的"尚齿"不置一词。《孟子·告子下》最先说"尧舜之道,孝弟而已矣";《史记·五帝本纪》记载的传说最早突出舜的孝悌,情节的戏剧化似乎露出后世人为树立的痕迹,这可以用现代疑古学派的观点来解释。上古几千年间,"尊老"、"亲亲"的伦理应该是相辅并行的,后来先后发展为群体伦理的"尚齿"和孝道,分别具有血缘和地缘的属性和功能。这两方面固有内在矛盾,因此必然要经历长期的磨合。从"尚齿"向孝道的重心转移,应当始于家庭、财产和父权兴起的"禹传子,家天下"时期,但根本转折的标志在于周礼的实施。

从早期周部落到周代国家建立的具体历程,最能看出血缘与地缘关系变化的轨迹。《史记·周本纪》记载,公刘(周人之祖)"务耕种""在夷狄之间",即处在游牧者的包围中,其九代孙古公亶父

11

---

① 钱穆:《国史大纲》(上册),商务印书馆,1997 年,第 61 页。

终于难以为继；据《孟子·梁惠王下》，他没有率众抵抗进犯之敌，反而再三送礼求告，最后竟只身潜逃岐山重建部落。这表明农业部落天然不是游牧民族的对手，只能靠人多势众、以柔克刚，为此必须团结地缘力量。古公之孙周文王能够崛起成功，其中突出的策略就是尊老。据《孟子·离娄上》记载，就因为"文王善养老者"，北海的伯夷、东海的太公等"天下之大老"都带着子孙前来归附，由此形成华夏文化期待"来远人"的传统（《中庸》："柔远人，则四方归之"）。到了周代建成父权宗法制的国家，进而制定周礼时，伦理的重心已经转移到血缘方面。

恩格斯说，国家要建立在"氏族关系的废墟上"①。而中国的国家形态却是家族的放大，张光直认为，氏族或宗族"不但没有消失……甚至重要性还加强了"②。周天子从部落联盟领袖变成国家的大家长，他分封的诸侯国都成为清一色的家国同构政体。与新制度相配合的周公之礼，是以"父权—君权"为主干的，客观上需要把传统"孝"的内涵从祭祀先人变为"善事父母"。同时，兴起的儒家要为政治服务，以便集中宣传孝悌。春秋时期礼崩乐坏、诸侯离心，孔子企图挽救周礼，便全力突出血缘的孝悌之道，客观上掩盖了"尚齿"的史迹。

以孝悌为核心的礼教对社会思想的禁锢，随着东周"王纲解纽"而破除，出现了战国时期空前绝后的学术自由局面。墨家学派一度具有压倒优势，其兼爱理念是对血缘伦理的全面否定，其平等理念也无视"尚齿"传统的"差等"内涵。这严重背离华夏传统，注定是短命的。在诸侯割据局面下，华夏的前景出现多种可能，久违的虞、夏、殷三代"尚齿"传统必然回潮。争鸣的百家中无人提及"尚齿"，因为他们都在争取各国君主的支持，而后者们则忙于混战。这自然须面对未来的政体选择问题，即王位"传子"或"传贤"的

---

① 《马克思恩格斯选集》（第4卷），人民出版社，1972年，第165页。
② 张光直：《青铜挥麈》，上海文艺出版社，2000年，第202—203页。

争论。

　　20世纪末出土的郭店简书中，《唐虞之道》曾引起重大反响，它与本文的关联，在于"尚齿"伦理的确凿记载："（天子）亲事祖庙，教民孝也；太学之中天子亲齿，教民弟也。"这样就补上了《尚书》中"尚齿"的空白。简文还被认为旨在鼓吹禅让："尧舜之行，爱亲尊贤。爱亲故孝，尊贤故禅……爱亲忘贤，仁而未义也；尊贤遗亲，义而未仁也……爱亲尊贤，虞舜其人也。"① 梁涛先生解读《唐虞之道》，指出早期儒学"围绕着仁与孝，实际存在着两条路线的对立"（按：仁、孝分别与地缘、血缘对应）。继孔子之后成为儒学主流的思孟学派曾分化为重仁、重孝两派②，梁先生还另文分析了《唐虞之道》中的"孝之杀"命题，原文说："爱亲故孝，尊贤故禅。孝之杀，爱天下之民"，指出简书中主张"为了'爱天下之民'而可以适当减杀、牺牲孝"③。结合本文，尊贤（尊老）实为团结地缘民众的方略。笔者在旧著中曾论证尊老与敬贤的同一性，例如古代"养老礼"的偶像名目为"三老""五更"，据《礼记》郑玄注，"皆老人更知三德、五事者也"，可知其都是贤者。④

　　一味突出孝道，难免显出对地缘关系的相对无视，可能导致社会道德危机。这方面虽然没有正面记载，但可以间接看出。西汉宣帝恢复颁发《王杖诏书》案例中对侮老行为的酷刑，以及东汉天子"养老礼"时皇帝面对老人的降尊纡贵，都明显带有矫枉过正的意味，足以反映出其所针对的现实问题的严重性。据《资治通鉴》卷三十二，西汉学者刘向在论及恢复"王杖"的理由时说："（汉）承千岁之衰周、继暴秦之余弊，民渐渍恶俗……"，"千岁衰周"的提法显示，汉代统治者检讨民风恶化的缘由，能追溯到周代礼制的弊

---

　　① 《清史稿》卷八十九，中华书局，1976年，2655页。

　　② 梁涛：《仁与孝——思孟学派的一个诠释向度》，《儒林》，2005年，第1辑。

　　③ 梁涛：《竹简〈唐虞之道〉"孝之杀"的思想史意义》，《国学学刊》，2014年，第6期。

　　④ 高成莺：《中华尊老文化探究》，中国社会科学出版社，1999年，第202页。

文帝新创尊老礼仪而伪作的，陆德明解释的经书具有权威地位，这可能是"尚齿"课题一直未能受到正视的缘由。郭店简书出土后，学者发现其中有多篇可以与《礼记》参证，陈来先生甚至称之为"荆门礼记"①。这使《礼记》的成书年代及其可靠性的疑问大为消弭，"尚齿"的研究随之受到重视。

考察儒学经典的演变史，会发现《礼记》一书在儒学经书中是最受冷落的，历史上并未得到如所想象的普及。西汉戴圣把众多单篇编成《礼记》，迟至东汉末年，郑玄为其作注后才逐渐流行；唐代才列入"九经"，但到了南宋，朱熹从《礼记》中抽出《大学》《中庸》两篇与《论语》《孟子》组成"四书"（1190 年），后来成为科举考试的命题范围，这使得《礼记》全书实际进入"冷宫"。《礼记》作为必读经书的时间不过短短六百来年，全国书生都集中攻读"四书"，研读的"五经"中《礼记》也较为冷僻，加之学术史上常说明代学者大多"束书不观"②。《礼记》篇幅最大，其中的尊老记载又很零散，其难以受到特别关注，可想而知。

尊老与"孝悌"的价值评判

世界的悠久文明都与宗教密切难分。中国没有宗教，较早从事比较文化研究的梁漱溟曾洞察到，中国伦理的功用客观上相当于宗教（"伦理有宗教之用"③）。当代宗教学者何光沪教授认为，儒家伦理源头一直在"天"，"后半截"才变为人事而抛弃"天道"，但却保留着若干祭祀仪式。④ 史学家晁福林运用大量甲骨文占卜资料，探讨殷人的神权，得出的结论出人意料：在祖先神、自然神（山河等）、天神三大神权中，"占主导地位的是祖先神，而不是帝（天帝）"，

---

① 姜广辉主编：《郭店楚简研究》，辽宁教育出版社，1999 年，第 293 页。
② 《清史稿·列传二百七十一》黄宗羲传。
③ 梁漱溟：《中国文化要义》，上海学林出版社，1987 年，第 85 页。
④ 何光沪：《多元化的上帝观》，贵州人民出版社，1991 年，第 5 页。

"卜辞中从来没有向帝祈求降风降雨，或止风止雨的记载"，而是祈求祖先。①

儒家常被视为儒教，天子的祭天祭祖等仪式属于中华文化特有的"礼"范畴，《荀子·礼论》概括道："天地者，生之本也；先祖者，类之本也；君师者，治之本也……故礼上事天、下事地，尊先祖而隆君师，是礼之三本也。"宋代到明代，礼仪已大普及于平民，耕读之家户户祭祀"天地君亲师"的牌（神）位。这并无权威的文献出处，其内涵实与荀子之"礼三本"相当，都要祭拜孕育生命的天地、生养自我个体的亲（祖）、特定疆土（山川）和文化代表者的君王，以及传授品德和知识技能的师长。对这些神性不足之对象的崇拜，表达的主要感情就是报恩。

中华文化没有"上帝创造一切"的宗教信仰，伦理的出发点理应是报恩的冲动。古语中报恩单称"报"，其字意为报答，如《礼记·表记》引《诗·大雅·抑》"无言不雠，无德不报"；《礼记·曲礼》说"太上贵德，其次务施报"。学者顾农论"天地君亲师"时说："'礼'的根本精神也许可以说是感恩和安分。"② 报恩的常用表述是成语"报本反始"，出自《礼记·郊特牲》，本意为用谷物祭祀土地神，以示不忘本。其根深蒂固的落叶归根理念，当与定居种粟的基因相关：《说文解字》中解释"禾"字有"象其穗"之语，段玉裁注引《淮南子》高诱注曰："禾穗垂而向根，君子不忘本也。"③ 正如《礼记·祭义》断言，"天下之礼，致反始也"，"教民反古复始，不忘其所由生也"。

《礼记·郊特牲》断言："万物本乎天，人本乎祖。"这堪称中华思想文化的要诀。人之异于其他动物，在于其文化的本质属性，而文化完全来自世代祖先的经验积累。如若没有"上帝创造一切"的信仰，"人本乎祖"对于任何文明都不失为理性的判断。对于中华集

---

① 晁福林：《论殷代神权》，《中国社会科学》1990年，第1期。

② 顾农：《略谈四书五经》，《中华读书报》，2015年9月16日。

③ （清）段玉裁：《说文解字注》，上海古籍出版社，1988年，第320页。

约型农耕文化，老者就是经验智慧的载体。人对于自己的亲祖和同群中的老者，同样有报恩的义务。孝道是个体生命的报恩，对象是父母，推及祖上；《诗·小雅·蓼莪》说："父兮生我，母兮鞠我……欲报之德，昊天罔极。"尊老，是群体文化的报恩，对象是社会上的老者，进而推及一切对文化有贡献的历史人物。旧时民众参拜妈祖庙、鲁班庙等各业祖师的祠庙，即为文化报恩的典型表现。

比较尊老和孝道的价值大小，标准应当是恩情的轻重。孝道的感恩，本来限于家庭之内亲子之间，因而意义有限。但由于中国社会结构特殊，孝的内涵经过成功地扩展而具有基本伦理的价值。这个过程可以溯源于虞舜，大普及于西周及春秋时代，以《论语》中的"孝悌"为代表；孝道又被提升于汉代的"移孝为忠"，以《孝经》和董仲舒的"三纲论"为代表。尽管人的各种义务和品德都曾被列入孝的要求（《礼记·祭义》："居处不庄，非孝也；事君不忠，非孝也；莅官不敬，非孝也；朋友不信，非孝也；战阵不勇，非孝也。"），但这种"泛孝论"缺乏内在理路，难以有效发挥现实效应。

孝道内涵的任意扩展，还带来重大的矛盾或悖论。笔者在旧著中曾列出六点①，例如以上引文说战阵不勇属于不孝，但据《韩非子·五蠹》，孔子曾肯定一个士兵三战皆逃的行为，因为他要留得性命孝养老父。《论语·子路》中孔子以孝为理由，肯定儿子隐匿父亲的偷摸行为，这与《孝经》所说儿子应劝止父亲犯错以免"陷父于不义"互相矛盾。严重的悖论是《礼记·祭义》中曾子提出的"大孝尊亲"，被《盐铁论·孝养》夸大成"孝莫大（于）以天下一国养"，这被理解为要成为君王来使父母获得无上荣耀，如此则孝的最高表现是占有天下，这与《礼记·礼运》的"天下为公"有天壤之别。历代树立的孝道典范，常被夸张到极端荒谬的地步。《孝经》明言"身体发肤受之父母，不敢毁伤"，然而"割股疗亲"愈演愈烈，《宋史·孝义传》中就有七人；《明史·孝义传》中有人为疗母病而

---

① 梁启超：《饮冰室合集》（第 6 卷），中华书局，1989 年，第 18 页。

许愿杀子祭神，太祖闻之大怒，命礼臣调查，发现不少人的动机竟是"希旌表，规避里徭"。无数事实显示，孝道在社会伦理上具有较大的负面价值。悌道与孝道的关系也有悖于逻辑，既属于孝，又是单独的德目。

有充分理由表明，"尚齿"的价值高于孝道。孝道形成在尊老之后，脱胎于尊老习尚。"尚齿"属于社会（上古为部落）伦理，孝道属于家族（后世为家庭）伦理，前者可以涵盖后者，反之则不可。推想孝道确立之初，地缘伦理曾经缺失，才由兄弟伦理勉强承担，"悌"字难以独立，这足以表明"尚齿"才是中华伦理的本原。尊老伦理价值之大，更在于它历来包括社会保障功能，如《礼记·王制》在"尚齿"一节中末尾提到对鳏寡孤独、六种残障者和"天下之穷而无告者"的救济，使之"皆有常饩"。这些"无告者"多属地方上游离于家族以外的分子。

中华尊老礼俗有鲜明的特异性，也不免伴有某些负面价值，这也多为孝道所同有。例如，《礼记·曲礼》要求年轻人在登高远望时，目光也必须与老者保持一致（"从长者而上丘陵，则必乡长者所视"）；《礼记·王制》要求兄弟们行路时要像大雁那样错肩排列，不许超越（"父之齿随行，兄之齿雁行，朋友不相逾"），都会扼杀人的个性及创造力，抑制社会进步。不过随着社会的演变，在摆脱乡邦的游民社会中，兄弟长幼的观念会自然消失。

尊老传统与中国社会道德的重建

近代梁启超提出中国人缺乏"公德"，指出忠孝等属于"私德"。他说《论语》等书的内容，"私德居十之九，而公德不及其一焉"；"五伦"之关于社会伦理者只有朋友"一伦"[①]。儒家"五伦"之末的

19

---

① 高成鸢：《中华尊老文化探究》，中国社会科学出版社，1999年，第262—264页。

朋友关系是从兄弟关系衍生的。友、悌本来同义，"悌友""友悌"都曾是常用词，收录于《辞源》，各有例句。"孝悌"与"孝友"通用，历代正史和方志中，记载孝悌事迹的专篇多题为"孝友"，如《晋书·孝友传》。兄弟的伦理，通过姻亲、同学、同业等关系，蔓延到陌生的社会成员。广泛的社会伦理旧称为"义"，"义"与"友"又相通，如《宋史·孝义传》的内容扩大到救助乡邻、惠及世人的事迹。"义"与"仁"并列为重要德目，《孟子·尽心上》曰："亲亲，仁也；敬长，义也。"孟子比孔子更重视"义"，包括"君臣有义"。

孔子学说以"仁"为核心，而《论语·学而》又说孝悌是仁之本，用从"私德"衍生的"仁"去充任国家—社会伦理，学理上显然不够严谨。况且与国家层面上的"移孝为忠"相比，没人提到社会层面上的"移悌为义"，可见中国传统伦理并未形成完备的体系。

近代礼教体系已经根本动摇。1906 年科举考试被废除，1914 年废止读经，《论语》等普及孝悌之道的利器失去功能，加上新文化运动的批判和"文革"的涤荡，日渐式微。更彻底的是，大家族的消失使孝悌和寿昌观念的老树早已被连根拔除；计划生育政策的施行，使家庭老少的结构变成倒金字塔形，尊卑地位颠倒，独生子女变成"小皇帝"。

必须正视，如今孝道已注定是难以恢复的，这可反映于网络上青年一代对孝道的惊人污化，例如万人热读的网文《揭穿中国最大的骗局——孝道》①，其极端观点颇能言之成理（如"养育后代是动物的本能，子女的出生并非自己的选择而是父母追求快感的结果"），蛊惑力很强。

关于社会公德，"义"的内涵与"信"最为相近。"信"是世界的共同价值，"义"则带有中华特色。不同于与之对译的 justice、righteous，义还含有损己利人的意味，这可能跟并列之"仁"的局

---

① 署名"南天一剑"，发表于《凯迪社区·猫眼看人》论坛，2015 年 3 月 27 日。

限性相关：儒家仁者的"爱人"是按亲缘远近而有差等的，因而反对墨子的"兼（博）爱"。"义"作为对"仁"的补充，带有强烈的社会利他性，"义士"的美名是以自我牺牲为代价的。合理的伦理，不可能也无必要指望多数社会成员达到这样的道德高度。

现代文明的基础是契约精神①，其最为接近的中华伦理，当是五伦中的朋友之"信"，双音节化的现代汉语称之为"信义"。可能极少有人注意，《辞源》《辞海》（1979 年版）都没有"信义"一词（实际上是两个概念的组合连用），这表明"信义"一词此前根本没有正式进入汉语词库，尽管外国著作译本中常见。从中华本位的角度来看，"信义"与血缘关系的关联度最小，其地缘属性最为纯粹。它与旧伦理中"悌友"最为接近，其源头与"尚齿"相关。

尊老的伦理与孝道同样经历过无数次严酷的考验，但与孝道的命运形成惊人对比，却奇迹般地毫发无损。日常开展的学雷锋活动，扶助陌生老人、代提包裹，这与两千多年前《孟子·梁惠王上》说的"斑白者不负载于道路矣"毫无区别。尊老竟有如此强大的生命力，显然因为它是华夏文明的真正源头。

建立现代法制社会的既定任务，需要从中华传统伦理中找到相近的资源，才能成功地嫁接。这种资源并不缺乏，就是由传统"八德""孝悌忠信—礼义廉耻"中的信、义结合的现代德目。从契约—法治精神的表述来看，最准确的传统概念是"信"。如需顺应汉语双音节化而加上一字，则最接近的是"诚"。《中庸》说："诚者，天之道也；诚之者，人之道也。"宋代"四书"流行后，儒生最爱深究的是"诚"的问题，如今"诚信"已被确立为社会主义核心价值观之一。

深入分析传统"旧八德"，会有意外的发现，有助于认识新价值观的恰当性："旧八德"的"孝悌忠信—礼义廉耻"实际是两组"四

---

① 王岩：《契约理念：历史与现实的反思——兼论全球化时代的契约文明》，《哲学研究》，2004 年，第 4 期。

德"拼合而来的。历史地看，"后四德"的"礼义廉耻"其实提出在先，出自《管子·牧民》，后被称为"国之四维"，是管仲（公元前735—公元前645年）治理齐国的纲纪，而齐国是春秋诸侯国中首先出现的超级大国，曾团结文化共同体（"九合诸侯、一匡天下"），抵御异族入侵，因而受到孔子的肯定（《论语·宪问》："微管仲，吾其披发左衽矣。"）。古齐国商品经济发达（渔盐之利），文化学术繁荣（百家争鸣），这当与诚信的伦理密切相关。考察其"四维"，"礼"的内涵为"克己（为公）"，近于公德；"廉"的本义是节操高尚，与"耻"结合为高尚的私德，比起儒家血缘的"孝悌"更富于地缘属性。"四维"与出土简书《唐虞之道》相呼应，都阐发了《礼记·礼运·大同》的天下为公精神。值得玩味的是，恰好管子对尊老也最为重视。《管子·入国》的理想政策就是"老（动词）老"，其具体内容超过先秦文献的一切记载，对老人的关怀可说是无微不至；国家设置"掌老"之官，其职责包括"问疾"，要求对老年病人"九十以上一日一问，八十以上二日一问，七十以上三日一问"。

"尚齿"伦理的现代价值，通过一件实例能看得最为鲜明：面对全球化带来的老龄化（Aging）问题，中国未富先老，危机重重。西方出现的"时间银行"（Time Bank virtual community，即低龄老人照料高龄老人，赢得被养资历）的养老方式，被当作新事物引进。①广大老年学研究者不会想到，六十岁的服侍七十岁的，正是按年龄递尊的"尚齿"习尚。传统文化怎样与现代结合？海外著名儒家学者杜维明先生曾提出根本的主张，值得我们认真思考：必须设法"从自己的文化源头活水"中引发出固有的"精华"②。学界公认，孔孟儒学的内涵后来曾发生多次嬗变，儒家的"孝悌"伦理社会功能不足，已是不可能恢复。先儒家的"尚齿"美德，也与孔子"四海

---

① 马贵侠：《论"时间银行"模式在居家养老中的应用》，《南京理工大学学报》（社会科学版），2010年，第12期。

② 中国文化书院讲演录编委会：《中外文化比较研究》，生活·读书·新知三联书店，1988年，第116页。

之内皆兄弟"的理念一致，显然属于中华文化之优质的、未经污染的源头活水。

当前社会道德遭遇挑战，"老人倒地无人救助"现象堪称最突出的标志，这关乎中华伦理的尊老本原。应对之道应追溯中华文化的源头，奉行早期儒家"老吾老以及人之老"，扩大到社会伦理的"老者安之，朋友信之"，这或许是道德重建之最为亲切可行的入手点。

说明：

本文前身题为《尚齿：中华文化的精神本原》，系 1994 年国家史学课题的主题论文，发表于《传统文化与现代化》1996 年第 4 期。课题专著《中华尊老文化探究》（中国社会科学出版社，1999 年出版）的随笔体前言《从斯芬克斯之谜说到老龙》发表于《中华读书报》2004 年 9 月 19 日。2015 年，作者以"尊老"之题分担中央文史馆主办课题"传统文化研究"的子课题，在先前课题成果基础上增补史料，深化观点，新的成果即是本文。

华人独特饮食的由来及对文化的影响

王蒙先生说中华文化最突出的特色是汉字、中餐。其实饮食又比文字更重要，就说常用虚词"即""既"二字，左边同像食具，右边都是人形，"即"是凑前来吃，"既"是吃完背身而去。

很多人反感于近年"文化"名目的泛滥，笔者亦然，还曾举"厕所文化"为极端，不料在探索饮食文化时却自陷于窘境：中华文化是以"家"为核心的，而家不离"豕（猪）"，猪圈就是粪坑；"五谷轮回"之外，还能"化臭腐为神奇"，有白捡的猪鸡，不然何来美味的中餐肉肴？

本文是一部新书的梗概，内容是中餐"苦尽甘来"的曲折过程中之因果关系的环环相扣。讨论美食会令人垂涎，然而竟从令人作呕的粪便开始，为此笔者只能表示抱歉。这类诡谲之光在书中处处闪烁，例如最细小的食物养活最庞大的人口，连缀起来必成奇文。

"文章本天成"，当得上此言的，唯有古怪而独特的中华文化本身。

饮食的历史

得天独薄的肉食时期

人类都经过肉食阶段，恩格斯就肯定过。[1] 古华人毫无例外，《白虎通·号》总结说"古之人民，皆食禽兽肉"。因为"禽兽不足"，连蚌蛤等类都成充饥之物（《韩非子·五蠹》等），终于被饥饿所迫走上独特的生路。

中餐始于粟食，其由来还得上溯到远古。中原黄土地带自来干旱，缺少大森林（"草木"洋文得说木、草），华裔史学界泰斗何炳棣先生借助古花粉分析资料论定：肥沃的黄土适合耐旱的粟类，因此古华人独能超越原始农业都要经历的"游耕"及"半牧"阶段，直接过上纯农业的定居生活。[2]

无密林则少大兽。笔者认为，肉食阶段的华人继吃鱼之后还曾以水鸟为主食，高飞的"鹏"（"朋"字以双"月"表示肉多）可能是大群候鸟的幻象，反映了对肉类的渴望。汉语自古总是鸟（禽）在兽先，连擒、穫都与鸟（佳）相关。据《易·系辞》，堪称"猎神"的伏羲发明的猎具是网罟而非弓箭，用弓做猎具的民族名为"夷"（从大弓）。更古怪的是古书中常见的"弋"，是射鸟用的带丝绳的箭，如《诗·郑风·女曰鸡鸣》说"弋凫与雁"；陆游诗"忽忆江湖泊船夜，飞鸣避弋闹群鸿"，表明弋的对象是大群水鸟。汉代"弋射图"多见于鉴赏画册中，但弋没有受到西来的考古学的正视。

人类学家说游猎生活会自然过渡到游牧生活（尾随兽群→豢养幼畜[3]），真是走享其成。马克思说最早种粮食是为给牲畜加料，印

---

[1] 《自然辩证法》，人民出版社，1962 年，第 142 页。

[2] 何炳棣：《黄土与中国农业的起源》，中华书局，2017 年，第 65 页。

[3] ［英］布朗诺斯基著，徐兴等译：《人类文明的演进》，台湾世界文物出版社，1996 年，第 50 页。

第安人因美洲没有马牛羊而直接进入"园艺时代"①。华人主流文化也基本上没有经历过畜牧阶段，不过另有缘由。

充分的古文献表明，华人祖先迫于饥饿曾陷入"茹草"生活。《淮南子·修务训》说"古者，民茹草饮水……"，据《说文解字》中解释，茹即喂马；同篇又说神农尝百草，"一日而遇七十毒"，后人误以为他在找药，忘了"神农"不是神医，药是找食的副产，所以中华文化医食同源。草籽富含热量，便选出粟（与黍合称"稷"）为主食。"百谷"里早有麦，"麥"与"來"通，《说文解字》解释为不期而来的天赐瑞物。麦粒大而好吃，先民为什么弃优取劣？麦类一穗才几十粒，饿极的先民舍得冒着绝收的危险撒进地里？唐诗名句"春种一粒粟，秋收万颗籽"透露出的投入产出比该是种粟不种麦的决定因素。

粟食的"歧路"

古华人自称"粒食者"，《大戴礼记·少闲》一篇就出现 6 次，《礼记·王制》还把"四夷"的人称为"不粒食者"。粟、稻都是粒食，粟为正统。笔者提出假说：华人极早的定居更是出于环境所迫：以周部落为代表，《周本纪》说其先祖"务农耕""在戎狄之间"，其收成必遭游牧部落抢夺，《孟子·梁惠王》记载，文王的祖先一再向入侵者送礼哀求。农人天然柔弱，战胜彪悍对手的唯一策略是以柔克刚，途径是人多势众，由此形成"聚居—繁生"的文化基因。用这一假说则能解释何以唯独中华文化能不被猎牧者冲散而持续至今。②

人多又不挪地，必然陷入"生态破坏→饥饿→夭亡→繁生"的恶性循环。"幸"字古体为上"屰"（逆）下"夭"，似乎透露不被饿死就算幸事。用繁生对抗夭亡，堪称民族生存的"鱼籽战略"。华人

---

① 《摩尔根〈古代社会〉一书摘要》，人民出版社，1978 年，第 7、8 页。

② 高成莒：《中华尊老文化探究》，中国社会科学出版社，1999 年，第 65—74 页。

与大熊猫真像难兄难弟，"国宝"是唯一改变食性的兽类①。至于熊猫趋少、华人反而趋多，那是智慧战略过度的结果。

素食者用"礼"提升了文明，随后便具有对落后部落的同化力，头一个被"滚雪球"的是黄河下游半猎的商族。《史记·汤本纪》说，汤王惊呼鸟兽"尽之矣"，要求"网开一面"。周人灭商后，"不食周粟"的义士伯夷兄弟躲进山中饿死。洋人奇怪何不打猎采果？岂知山上已只有薇草可采。

早期散文家夏丏尊说华人"四条腿的不吃眠床，两条腿的不吃爹娘"，见面问"吃了吗"因为"饿鬼投胎"②。"糠菜半年粮"，饥饿是华人的宿命。黄河水旱频频带来饥馑，《尔雅》说谷荒为饥、蔬荒为馑；大量逃荒者饿死路上，致有"填（满）沟壑"一语。草根树皮吃尽继以"易子而食"、人口减半的记载，史不绝书。反观西方，《旧约·列王记下》记载的严重饥荒中少有人饿死；死人百万的只有近代爱尔兰，还是由于单一种植土豆遭遇病害引起的。

迫于饥饿，先民遍寻充饥之物并改进其可食性，这促使了烹饪技艺从未停顿的前进。其漫长过程用一语概括就是"苦尽甘来"，洋文则译成"雨过天晴"，因为无法理解不甜为"甘""苦"不离草。法国汉学家谢和耐（J. Genet）用饥饿来解释中国烹饪的发达③，这最符合汤因比（A. J. Toynbee）的著名理论：生存逆境能激发民族的创造力。

菜肴的"肴"是肉，饥饿至极肉从何来？白捡的。家字带猪（豕），厕所是猪圈也是粪肥厂，鸡是粪堆上掺土的小工。孟子要求家家都养猪鸡，它们吃的是人粪及糠草等废物。反观西方，没有农家肥，所以很早便发明了抽水马桶。人的本性极其厌恶粪便，但猎

---

　　① ［美］夏勒著，张定绮译：《最后的熊猫》，上海译文出版社，2015年，第119页。

　　② 聿君编：《学人谈吃》，中国商业出版社，1991年，第5页。

　　③ ［法］谢和耐著，刘东译：《蒙元入侵前夜的中国日常生活》，江苏人民出版社，1995年，第257页。

牧者的包围迫使华人改变本性，视粪为宝、变粪为粮，超前实现生态循环。粪是中华文化发展的关键。

饭菜分野：中餐的本质特色

小米不能像肉那样用火烤熟，只能代之以水火交攻。其他古文化的陶器多用于盛水，华人在万年前就带有烟炱。《太平御览》引《周书》说，先民以煮粥、蒸饭为食，为此发明了鬲、甑（鬲加箅子、盖子就是甑，关键的器盖竟被考古学家长期无视）。甑是超前的蒸汽利用装置，而西方"连蒸的概念都没有"[1]。

起先粟米只是用臼捣去硬壳，还带着糠。蒸干饭粗涩难咽，又发明羹作润滑剂，连小孩玩"过家家"都是饭不离羹（《韩非子·说储上》"尘饭涂羹"）。少了羹，频频接待访客的老周公吃顿饭竟要吐出三回（《史记·鲁世家》"一饭三吐哺"）。羹的功用更在于用"味"刺激唾液分泌。

"味"以羹为最早的载体。"羹"的本意是煮肉，肉料匮乏就用野菜填充，无意中发现动物固有的不良气味与植物的芳香能借助水的溶解、火的催化而发生反应，这在古老的《本味》篇（鲁迅认为是偶存于《吕氏春秋》中的古佚书[2]）中已有明确阐述：用"臭恶犹美"的肉料，借助"水最为始，火为之纪"的烹饪手段，通过"鼎中之变"而创生"精妙微纤"的美味。为追求味的浓度，羹逐渐改进为无汤的"菜"。

饭菜分野是中餐的最本质特点。珍贵的肉从主料变成蔬菜烹饪的调料，后来"菜"从"草之可食者"（《说文解字》）变为包括肉肴的代称。词义的变化表明华人用菜（味）下饭习惯的强固。元曲有笑话说，守财奴在市卖的烧鸭上抓一把，回家嘬手指就能下几碗饭，名词"嗄饭"常见于小说《水浒传》中。洋人也吃面包，但西餐没有饭菜之分。饭菜分野合乎中华文化的阴阳格局。后来中餐追求多

---

① 王仁湘：《华夏盛宴——从考古看中国古代的饮食文化》，中央电视台《百家讲坛》，2003 年 2 月 21 日。

② 鲁迅：《中国小说史略》第三篇，《汉书·艺文志》所载小说。

样化，有了快餐小吃，看似饭菜合一，其实分野依旧：面条的卤、饺子的馅仍然是"菜"。《礼记·内则》就有盖浇饭必须现吃现浇，粒内仍淡，不像印度饭是咸的。

鸡肋沉冤：华人独经"味"启蒙

饭菜之分导致"味"与"食"的异化：味本是食的属性，却从食中独立出来，甚至代替了食，例如《史记·货殖列传》："弋射渔猎……为得味也。"华人最早经历了味的启蒙，"鸡肋"一词的惊人演变就是证明：《三国志·武帝纪》裴注原话是"弃之如可惜，食之无所得"，是说鸡肋无肉而有味，后来无肉竟变成"无味"，如《鲁迅书信集·致章廷谦》说"食之无味，弃之不甘"。如此大错长期没人觉察，表明"味"畸变的根深蒂固。

日本学者篠田统曾指出"（华人）从非常古老的时代起，味觉就特别敏锐"[①]，其道理显然如《东坡志林》所说，人饿极时"蔬食有过于八珍"。缺少饥饿经历的洋人可说尚未经过"味"的启蒙。从反面来看，简单的舌味方面，洋文的"苦"（bitter）与"被咬"（bitten）通同；鼻感方面则更为落后：华人自远古就把肉类的"恶"气分为腥、膻、臊三种，《周礼·庖人》还涉及不同的祛味手段；反观欧洲，对极易腐败的肉类只会用香料掩盖其臭气，腥、膻、臊则不能分辨，缺少词语，腥只能用"smell of fish and seafood"来描述，仍不准确。

美食家袁枚在《随园食单》中说"饭者，百味之本"，他往富家赴宴，"诸菜尚可"，只因饭粥不行，"勉强咽下，归而大病"。纯淡（"甘"）的饭味是"味"启蒙的前提，它的反衬能凸显菜肴的美味，就像白地反衬彩画。古华人早就认识这一原理，《礼记·礼器》断言"甘受和（"和"指菜肴），白受彩"（《论语·八佾》的"绘事后素"意同），长于油画的洋人只懂下句，没想过上句。

---

① ［日］篠田统著，高桂林等译：《中国食物史研究》，中国商业出版社，1987年，第57页。

积极方面：饭菜交替入口，菜的余味随时被清除，像唱歌中的"过门"。消极方面：时间间隔也能恢复感官的审美疲劳，像乐曲休止符的"此时无声胜有声"，这个原理在华人的吃中多有表现，例如公认螃蟹必须自剥自吃（李渔《闲情偶记·饮馔篇》）及丰子恺描写的吃瓜子上瘾。[①]

华人饮酒也要就下酒菜，如孔乙己的茴香豆。黄酒、白酒都是粮食的精华，功用与饭相当。但洋酒多是果酒，果近于菜，没有反衬菜肴的功用，所以周作人说华人喝不惯洋酒。[②]

味道的哲学

味：极度微妙、谜团未解

从上古始智者就吃不透"味"的奥秘。《孙子兵法·势篇》陷入迷乱说"味不过五，五味之变不可胜尝"，老子也跟着说"五味使人口爽（伤）"。咸酸等简单舌感的任何搭配能变出鱼香肉丝的味儿吗？

"味"，逻辑上难以言传，经验上又易于意会，所以成了一切微妙难言之事的代称。《文心雕龙》中"味"字多达 17 处，京剧唱腔也借"味"来表示；泛化的"味"如《红楼梦》的"谁解其中味"，则包括全部人生体验。

然而，对"味"的认识有拦路虎，即现代汉语词汇、语义的严重混乱。一提"味"，同名的三个事物就一齐涌现，令人莫辨谁何。只好权借英语：1. 鼻感的 smell，指一切气味；2. 舌感的 taste，狭义仅指中药的"五味"；3. 美食给口腔的综合感觉 flavour，即味道。

分析饮食之"味"首先要区分两大领域：主观方面指人的生理感觉，客观方面指食的审美价值。世代都吃特异饮食，会导致感官上的功能演变及对象上的概念嬗变，最终形成文化隔阂。主观方面，

---

① 陈平原编：《闲情乐事》，人民文学出版社，1990 年，第 22 页。
② 钟叔河编：《知堂谈吃》，中国商业出版社，1990 年，第 147 页。

华人的鼻感、舌感高度融汇，"味"是合二为一的；客观方面，中餐独有鲜、香两个审美标准，"味"是一分为二的。

咸酸等舌感简单到几乎无美可赏，造成"不可胜尝"的是鼻感要素。解开口鼻两要素的纠结须从鼻感入手：不仅气味无限繁多，吃之感官本身的巧妙构成更预设了不易泄露的天机。不同于耳、目之独立：舌含在口中，口又与鼻联通，后来更发现集中在舌上的味蕾有少数"逃逸"到鼻腔后门，这都注定了"味"的极难分析。堪称中国哲学教材的《内经》用鼻/舌来配比气/味、天/地（《素问·六节脏象论》）。舌、鼻感知的分别是溶入水、空气的物质分子。套用阴阳模式，鼻与口、气与味就像夫妻的"天作之合"，难以分离。

华人的嗅觉退隐、味觉弥漫

造出"鼻感"一词是为避免混淆。现代汉语没有专用词来表示嗅觉对象的 smell，老《辞源》说"嗅之曰'气'，在口曰'味'"，"气味"是两回事。单说"气"虽够准确，又嫌其义项繁多，且不合于汉语词汇的多音节化。其实古汉语中不仅有名词"臭"（形象地由犬、鼻构成，表示一切气味，包括香气，如《易经》说"其臭若兰"，香囊古称"容臭"），更有动词"齅"（《说文解字》精确地解释为"鼻就臭也"），胜过 smell 的动、名兼任。

笔者追溯发现，"气（味）"变成"味（儿）"的缘由在于"臭"变得臭不可闻，还考据出这发生在战国到西汉末（《孔子家语·六本》"……入鲍鱼之肆，久而不闻其臭"，在更早的《大戴礼记·曾子疾病》中上下句都秃尾，并无"香臭"二字）。臭的变臭，关键在于香的吃香，孔颖达注《左传》说："既以善气为香，故专以恶气为臭耳。""香"（篆字为黍＋甘）本来专指吃黍米饭的微妙感觉，花草的气味得说"芬（芳）"。芬芳是对外在气味的一般嗅觉，而香是对口中食物气息的特殊感觉。香字语义的外化，曾经历"馨"的过渡（《诗·大雅·凫鹥》"尔肴既馨"）；声字头的"馨"意为"香之远闻者"（《说文解字》段注，馨字上部为古磬字，像人手敲击编磬），这是借助磬声能远扬的特性，使内秀的香气扩散为一般嗅觉的对象。

先秦诸子频频论及对花之芬芳的享用，不逊于巴黎香水，如《荀子·礼论》"椒兰芬苾，所以养鼻也"（与色彩"养目"等句并列）。对吃的过度专注使"香"涵盖了芬芳，竟导致古华人嗅觉的独立享受被边缘化。

Smell 跟舌感的 taste 混同为"味"，鼻旁的"齅"错乱成口旁的"嗅"，汉语词语的这种退化只能用饮食文化的畸形进化来解释。由于吃的无比重要，长期对特定食物的调适、对相关享受的追求，使华人的感官及心理发生变异，可谓嗅觉退隐、味觉弥漫。

鲜、香：华人美食二元标准的形成

台湾地区一位哲学教授说，洋人称赞美味只有一个底里射死（delitious）。① 古华人起先也只会说"甘"（或"美"，《说文解字》二字互释）。"甘"即不苦，本指谷类舌感的淡而无味，其字形含有奥义（《说文解字》解释为口中含着"一"，"一"就是"道"），似乎暗示华人饮食审美的标准将一分为二。这与《道德经》的"道生一，一生二"、《周易》的"太极分两仪"若合符契。

继食与味的阴阳之分后，味本身再次分为阴阳。随着饮食文化的演进，美"味"逐渐从单一口感的"甘"，分化而形成嗅觉的"香"及味觉的"鲜"，笔者称之为中餐审美的"二元价值标准"。鲜香对应着水火，两大概念都形成于中华。"鲜"纯属本土产物，"香"则是自西域引进继而提高而来。两者的形成都漫长而曲折。

先说"香"。"香"不离火，主要来自高温的油。谁能想到古华人只知（牛羊）脂（猪）膏而不知有油。油字的解释是河名，《太平御览》辑录宋以前有关油的记载 23 条，几乎都用于点灯放火。中餐煎炒烹炸不用油？烹、煎本是水煮，炒、炸〔阳平声〕二字迟至《康熙字典》尚未收录。脂膏也不懂得用于烹调：肉料因珍贵而被切碎作调料与蔬菜同煮，无缘成为烹饪的热介质。汉代张骞从西域引进芝麻油，用于烹饪始见于南北朝，如《齐民要术》卷九的"焦茄

---

① 张起钧：《烹调原理》，中国商业出版社，1985 年，第 164 页。

子"（细切葱白，熬油香……）。唐代芝麻随烧饼（胡饼）而常见，但芝麻油太贵，到了用菜（茬）油才普及炸法（豆硬榨油难榨，"色厉内荏"说明菜籽软）。"香"观念的成熟以元代"香油"（原称芝麻油）之名的大流行为标志。[①]

再说鲜。"鲜"不离水，字本是鱻，《说文解字》解释为"新鱼精"。经典中的鲜字意为新鲜，恰好活鱼味也最鲜。与"新鲜"的纠结，使鲜味虽被感觉却长期无法命名，曾用妙、味长、醉舌等词语来描述。据《齐民要术》卷八，南北朝已会提取骨头汤；明代朱彝尊《食宪鸿秘》中有"提清汁法"，"鲜"的概念又泛化到蘑菇等植物，豆芽汤也可用来调味；同书说酱油"愈久愈鲜"[②]，明确排除了新鲜的歧义，鲜味才告确立。清汁实即液体味精，因缺少脱水技术才被留德的日人抢先提纯为"味之素"，证实"鱼精"的神秘预言。吃烤肉者因没有水溶液而难以觉察鲜味。咸酸等四种味觉（辛属于刺激）增加一种，当属华人对文明的重大贡献，但西人不肯正视，洋文至今未接受"UMAMI"（日语鲜味）一词。

"味道"观念的成熟　"倒流嗅觉"的发现

鲜香两大要素阴阳结合成为"味道"。但据《辞源》条目引《汉书》，"味道"本意是对"道"的体味。章太炎考证，此词的流行要迟至清末（《新方言·覃》："今人通谓'味'为'味道'，本'味覃'也。"按：覃意为长）。中餐"味道"的观念成熟过程漫长：从一元的甘（美）出发，经过吃之感官的一分为二（口、舌），再经"味"之成分的合二（鲜、香）而一，整轮螺旋上升后，华人吃的审美才臻于高境界。

味的奥秘至此大白？哪里，它的核心奥秘更在于笔者发现的"倒流嗅觉"，不妨简称为"倒味"。竹笋正面闻起来是无味的，咀嚼及下咽时则会感到醇厚的回味。大不同于花香的正面嗅觉，作为

———————

① 《居家必用事类全集·饮食类》，中国商业出版社，1986年，第6页。
② 朱彝尊：《食宪鸿秘》，中国商业出版社，1985年，第49页。

"味道"的鼻感要素，被感知的是进食时从口中冲入鼻腔的、随呼气而倒流的气味。味道的这一核心奥秘未见古人触及。现代智者林语堂一度逼近这一暗堡，他谈到在品鉴竹笋时口中有"神出鬼没"的感觉，还把饮茶的类似感觉称为"回味"[①]。

人人都体验过唾液弄到口外会有臭味。"倒味"与一般气味有质与量的不同，可以分析出四大机理：1. 咀嚼使食物内部的味分子释放出来；2. 唾液造成食物的酶变（林语堂谈到唾腺及"化学作用"）；3. 口腔"倒喇叭"对气味的集中效应；4. 口中的体热导致气体分子活跃与味的强化。研究嗅觉的两位美国学者于 2004 年获诺贝尔生理学和医学奖，他们提供的鼻腔图显示，感知气味的神经触角有些是向后生长的。人的胚胎先有鼻子，嗅觉可能是人体最后的奥秘，还远未弄清。

《水浒传》描写武松咂（品）酒，专用动词"咂"是评鉴倒味的"录音"铁证。此字独特的吸气发音，古音为［tsap］：先造成口腔负压以搅动汁液，突然开口吸气，迅即闭合双唇［p］使气体从鼻孔逸出，同时响亮发声。对比西人，据说美国新泽西州曾有法律禁止喝汤出声。反观中餐有"七咂汤"，咂得理直气壮，气死洋绅士。

"味道"与"阴阳"模式的配比

古华人早就模糊认识到吃与道的关联。《易·系辞》一语道破："形而上者谓之道，形而下者谓之器。"（《说文解字》："器，皿也。皿，饭食之用器。"）可见，依赖鬲、甑等器皿的中餐烹调影响了华人的哲学。

"道"分阴阳。饭菜分野、食味异化可能诱导阴阳观念的发生。借用《幼学琼林》对开天辟地的通俗说法："混沌初开"后，上升的"轻清者"就是无形的味，下降的"重浊者"是有形的食。顺便注意，华人思维方式惯于所谓"两分法"，而中餐特有的种种体式，像干与稀、荤与素、酒与肉、家常饭与宴席、正餐与小吃等，莫不对

---

① 聿君编：《学人谈吃》，中国商业出版社，1991 年，第 8 页。

立而成双。

提示阴阳之"道"的"器"必非简单的容器，而是古怪的鬲、甑。粟米致熟的难题逼出了水火交攻原理的运用，《文子·上德篇》道破其奥秘，说"水火相憎，鼎鬲其间，五味以和"（更早的《淮南子·说林训》中"鼎鬲"作"鐼"）。《尚书·洪范》已认识到水火本性相反（"趋下、炎上"），鬲却通过"隔"而使之相成。《汉书·艺文志》用水火比喻争鸣的百家，看似水火不容却能"相反相成"。"相成"即协力创生新事物，如生米做成熟饭，更高级的是"五味以和"的羹。唯华人独有"水火相济"的智慧，《周易》"既济"的卦相是"水在火上"，反自然的烹饪装置是孕育"道"的子宫。

假设据以抽象出"阴阳"的重要现象有三对（"三生万物"），则除了自然层次的日月、生物层次的雌雄，关键当在文化层次的水火，前二者为人类共有。"味—道"产生于水火对立统一的发现和驾驭。水灭火是自然现象，火灭水只出现于煮蒸过程中，水随时减少直至干锅糊饭。更明显的是烧开水，华人生活中随时有水在沸腾，才会捉摸该"扬汤止沸"还是"釜底抽薪"。对于吃烤肉出身的西人，水、火是远离的，词语上也罕见连用，翻译还得先水后火（water and fire）。连"相灭"都无缘得到启示，更别说"相成"。笔者初步考证西人历来没喝过开水，先前饮牛奶，16 世纪意大利就制定了城市饮用水标准。①

食→味→味道→道，华人饮食实践之分与合，是"道"的形成理路。难言的"道"只有借着亲切的"味"来意会。老子就是这么做的，《道德经》中就有"道之出口，淡乎其无味""味无味"等句。"天下万物生于有，有生于无"，菜肴的万千美味就来自饭的"无"味。

"道"的另一内涵是老子认知的运动法则："反者道之动"，其与

---

① ［德］贡特尔·希旭菲尔德著，张志诚译：《欧洲饮食文化》，台湾左岸文化出版社，2004 年，第 156 页。

"倒味"的契合值得深思。

调和的艺术

"和"与烹调：生活艺术、人生哲学

中餐及其体现的中华文化，本质上可以用"和"来概括。"和"字古体为"龢"，主要部件"龠"像多管的排箫，其含义涵盖了音乐→烹饪→伦理，最宜用居中的烹调来象征（齐桓公爱吃御易牙做的菜肴，《淮南子·精神训》就说"桓公甘易牙之和"）。《左传·昭公二十二年》中智者晏子阐述君臣关系的伦理，完全是借羹的烹调为喻："和如羹焉，水、火、醯、醢以烹鱼肉……"各有个性的臣下譬如多种佐料，共同调理肉料以呈现美味，接着还结合到乐器的合奏。

中西菜肴的根本差异在于调和的有无。林语堂以"白菜煮鸡"为例："鸡味渗进白菜里，白菜味钻进鸡肉中"，对比西餐把烧鸭跟煮菠菜一起摆放在碟中。① 据《国语·郑语》，先于晏子的智者史伯曾更简括地断言"以他平他，谓之和"。鸡与白菜在冲突中互相改变，"不打不成交"。

"和"的三大内涵都属于人文领域，哲学色彩浓厚。哲学是"聪明之学"，西人思考的重心在自然，华人的聪明都用于人生。林语堂的英文名著《生活的艺术》曾轰动西方，几乎博得诺贝尔文学奖，书中列举笋炒肉等美食体验，提出"生活艺术的哲学"②。

牟宗三先生说，中国学者"十分聪明，什么都可以研究"③。不睬自然而死盯人生，只能用没有解决饱肚问题来解释。饥饿导致争夺，甚至造反变天，这是"民以食为天"的本意。政治伦理的"天"遮蔽了自然科学的。政治斗争致命的凶险使士人渴望闲适，耽于美食及音乐，享受生活。这符合李泽厚先生说的"乐感文化"及"审

---

① 聿君编：《学人谈吃》，中国商业出版社，1991年，第15页。

② 林语堂：《生活的艺术》，陕西师范大学出版社，2003年。

③ 牟宗三：《时代与感受》，台北鹅湖出版社，1988年，第220页。

美的天人合一"①。

西方直到近代的叔本华才涉及"人生哲学"（有同名著作）。林语堂说"中国的学者不能冷静地观察一条鱼"，因为"想吃掉它"，这不能视为幽默而一笑置之。

"百姓日用"："水火"范畴中华特有

"和"以烹饪为典型，它的积极方面是创生新事物（史伯谓之"和实生物"），从物质科学上看，就是体现于烹饪的极为奇妙的水火关系。愚夫都知道"水火不容"，《汉书·艺文志》论百家争鸣时更说水火"相反相成"。水火在高明厨师的控制下竟能合作，生成之物便是羹菜的美味。

中餐烹饪技艺的发展，可以分析为水火关系的三次飞跃：煮的水火平衡（保持100℃）→蒸的交融为"汽"→炒的直接冲突。煮法、蒸法都旨在解决较低级的熟饭问题，用于烹羹及清蒸菜肴也能创生美味；然而炒法才是"和"的高级体现，此法颠覆了人类常识，有点儿像"可控爆炸"：水（含于肉料及蔬菜）火（高温的油）短兵相接，战火熊熊，杀声震天（炒字前身为"吵"），使洋食客目眩心惊。

"道"主要抽象自生活实践，《易·系辞》说："一阴一阳之谓道……百姓日用而不知。"笔者认为，"百姓日用"特指华人烹饪必须的"水火"，《孟子·尽心上》就说"民非水火不生活"。孙思邈《千金食治·序论》论及饮食说："百姓日用而不知，水火至近而难识。"

西人生活也离不开火与水，希腊哲学家恩培多克勒认为水火土气四元素为宇宙本原，然而四者不过是平行关系。对于华人，水火的重要在于它是阴阳、五行、八卦三大观念体系的共同构件。"水火"是中华文化与哲学中特有的范畴，应用于诸多领域：用于中医，《内经》说心属火、肾属水，对心肾不交的患者要补肾阴以使"水火相济"；用于伦理，水火又与"仁义"德目对应，如《孟子·告子

37

---

① 李泽厚：《美学三书》，天津社会科学院出版社，2003年，第41页。

上》："仁之胜不仁也，犹水胜火。"

顺便猜想，五行观念或许也来自烹饪。水火木土都是自然存在，人为之金的纳入值得注意，需要解释。想象古人生活中最常见的烹饪图景：土灶中燃烧的木以及被金属釜底隔离的水火，五要素聚集于等待熟饭者的狭小视域中，此最能提示五行的思维模式。

德人的和声　华人的"和味"

烹调属于艺术，最生动的表述莫过于袁枚写的《厨者王小余传》，家厨小余有大艺术家风范，视做菜为高强度的创造，"一看上，则吾之心腹肾肠亦与俱上"，不多年累死，袁枚每到用餐就想哭他。小余也把主人的批评视为享受，感慨"知味"正如"知音"。

烹调与音乐堪称孪生的综合艺术。末代皇帝的弟妇、日本公主著有《食在宫廷》，学者奥野信太郎在序言中把京剧与烹调并称为中华文化"最大的两座高峰[①]。两者都是经历漫长演进而在清宫中成熟的。京剧要素以音乐为首要，观剧得说听戏。平民饱肚为先，难顾音乐。京剧崛起公认以 1790 年"徽班进京"为标志，烹饪成熟以 1792 年《随园食单》的问世为标志，两者年代的基本同时岂是偶然？

调和是体现于绘画、音乐的艺术原则。孙中山曾以美食与音乐、绘画并列，说"是烹调者，亦美术（即艺术）之一道也[②]。洋人则不同，黑格尔断言艺术只涉及视听两种感觉，"嗅觉、味觉和触觉则完全与艺术欣赏无关[③]。这显然与德人较为缺少美食相应。孙先生说法国本为"烹饪之冠"（后被中国夺冠），《简明不列颠百科全书》"烹饪"一节详谈意、法，并说法受意影响（或说意大利经由马可波罗而受到中国影响），却对德不置一词。

音乐讲和声，烹调讲"和味"。金圣叹临刑时说黄豆配腌菜"其味至美，圣叹可死，此法不可不传"（易宗夔《新世说》）。袁枚最早

---

①　[日]爱新觉罗·浩，王仁兴译：《食在宫廷》，中国食品出版社，1988年，序言。

②　孙中山：《建国方略》，中州古籍出版社，1998年，第62页。

③　黑格尔：《美学》（第1卷），商务印书馆，1981年，第48—49页。

提出"交互见功"法则，举例说韭菜、茴香宜配荤，这相当于音阶 do、sol 共鸣则和谐。他还提到反面现象，说刀豆、芹菜忌配荤（《随园食单·搭配须知》），这相当于 re、fa 齐鸣则逆耳。莫扎特的和声杰作《安魂曲》（1791 年问世）与《随园食单》（被法文译者尊为"美食经典"）的问世又是几乎同时。

炒绿豆芽配韭菜、白菜配豆腐、白菜忌配韭菜，华人主妇无不遵循的大量类似经验，原理可能在于生物化学、心理学等复杂纠结，其难解远超和声学，这或许是科学探索的最后目标。

何以华人独嗜口感

华人爱吃木耳、粉条，洋人很不理解。不鲜不香，图什么？口感。杨东平所译饮食史《东食西渐》中提到的英籍中餐业者苏恩洁博士曾断言，世界上只有华人"如此强调菜的质地"，例如鱼翅"本身没有多少味道，只因脆、韧、滑而成为无价之宝"[①]。林语堂曾把口感定义为"进食时口腔内各部位对食物触觉的总和，包括热度"。他说国人青睐竹笋是因为它"给我们的牙齿以细微的抵抗"。鲁迅在《华盖集续编·送灶日漫笔》提到孩子酷嗜的"胶牙饧"，则对牙齿的开合形成双向抵抗。好吃竟因"难吃"，道理在于好玩，原来高级动物的感官具有"游戏功能"[②]。

"味道"构成于鲜、香的阴阳结合，似乎容不得"第三者"，但"口感"却是中餐审美绝不可少的。这最适合用音乐来譬喻：节奏、旋律两大要素虽能满足阴阳格局，但没有乐器（含声带）则难以发音，而提琴的华丽、吉他的清幽各具美感，这使人联想到庞朴先生提出的"一分为三"的重大命题。[③]

华人口感的由来只能用粒食来解释。《礼记·内则》中"滑"被置于甘之前而为美味价值之首，而口感的"滑"英文无以对译。消极方面，对"滑"的重视显然是被粟米饭"涩"吓怕了；积极方面，

① 《恩洁氏菜谱》，《中国烹饪杂志》，1986 年，第 3 期。
② 汪齐生：《系统进化论的美学观》，北京大学出版社，1987 年，第 48 页。
③ 庞朴：《一分为三——中国传统思想考释》，海天出版社，1995 年。

脆、嫩、软、酥等口感能使口福大增，当是粟食的长期刺激导致口腔触觉发达，以及习惯上的游戏需求。正如盲文，经过练习的指尖可以分辨出六粒突起的变化。白面比杂粮好吃，但却没人受得了毫无口感的糨糊，而宁肯吃棒子面粥。

林语堂说口感包括热度，其实中餐的热吃需要独立研究，笔者曾专论"热吃是中餐的灵魂"。梁实秋《雅舍谈吃·豆汁儿》说，夏天也要喝烫嘴的，脱光脊梁还满头大汗。袁枚在《随园食单·戒停顿》中说，品味菜肴全在起锅时，略一停顿就像绸衣发霉。台湾地区的张起钧教授说："从来没听到洋人吃西餐说要趁热吃，反之，美国人到了任何馆子都是先倒一杯冰水。"① 温度提高使气味分子活跃，大大提高美食享受。西人凉吃是不大懂"味"的又一证明。

刀口、火候与时空转换

都知道中餐讲究刀口、火候，两者总是并列，没见有人谈过其同一性。要认识两者的互动关系，需要引用"时空"范畴：刀口属于空间形态，火候属于时间过程，两者的讲究，实质上是用改变空间形状来适应时间长短。

火候的"候"提示其属于时间范畴。往长里说，可以借口"熊掌未熟"来等待救兵（《史记·楚世家》），唐代《酉阳杂俎》卷七更惊人地说"物无不堪食，唯在火候"；往短里说，近世高厨的爆炒更是间不容发。离开饥饿文化背景，西人难以理解这类可怪的事实。

"刀口（刀工）"，专家说其类型多达二百种。游牧民族吃大块烤肉，甚至没有割、切之分，洋文都是 cut。"切"指特定模式的、连续的割，同义词为"刌"，《说文解字》段注解释说："凡断物必合法度，故从寸"。《后汉书·陆续传》说："续母断葱以寸为度。""切"的字形是七刀，一棵大葱够切七刀。厨师说"寸段"，而人嘴的口径大约一寸。

炒菜要求水火速战速决，肉、菜形体必须细小。火的优势靠的

40

---

① 张起钧：《烹饪原理》，中国商业出版社，1985年，第119页。

是油的温高（时）、量大（空），所以家妇自叹弗如菜馆师傅。炒法至清代才告成熟，刀工却早有讲究。孔夫子"脍不厌细"是为了在无火情况下与所蘸佐料快速调和。曹植《七启》描写"蝉翼之割"，肉片薄到庄子《庖丁解牛》所说的"无厚"，令人想到古华人"无限小"（"其小无内"）观念的由来。

中餐的发达表现缤纷万状，归结为美学原理就是"错落有致"，即鲁迅论文学原理说的"错而不乱，亦近丽尔之象"[①]。事物存在于时空中，任何复杂的变化也无非时空关系的错综。中餐的多样性，除食料外，火候、刀口及各种技法大多可以分析为不同时空尺度及其组配。例如，饺子与面条的差别不过在饭（面）、菜（馅、卤）的内外，其他如技法上的急火慢火、口感上的外焦里嫩，分别属于时空变幻。吃年糕临时蘸糖优于蒸前搀糖，为的是在咀嚼中玩味时空关系的千变万化，原理与中国园林艺术移步换景的动态美相同。大而言之，从日常菜单的轮换到节令、季候的时鲜，道理在于时间，菜系及地方风味则在于空间。

中华时空观念超前高明，对其相对性独有认识。洋文"宇宙"是指纯空间，《淮南子·齐俗》中的定义却是"往古来今谓之宙，上下四方谓之宇"，这也能用华人烹调的独特来解释。

文明的全景

吃与中西文化的殊途

吃是最重要的实践，华人饮食的"歧路"必然导致其文化的独树一帜。这会给全人类提供参照系，有助于各自的自我认识，举三点作为代表。

饮食 vs 男女。有人说西方文化是男女文化，中国则是饮食文化。此说难以论证，会被斥为妄论，倒能借助故事来表述。《史记·

41

---

① （清）孙希旦：《礼记集解》，中华书局，1989年，第54页。

吴起列传》说军事家吴起被吴王请来练兵，拿宫女做试验，众美女嘻嘻哈哈，他喝令把两个队长斩首示众。吴王大叫道："寡人非此二姬，食不甘味！"历来读者对此不觉诧异，可见华人的口福要压倒艳福。古语说"保暖思淫逸"，这是饥饿文化的必然。"放荡"解释为耽于酒色，汉语是酒先色后，英语中对应的 debauchery，解释为 in relation to sex and alcohol，酒后色先。中华文化不仅认为"色"与食同属人性（"食色性也"），更强调男女关系为"人伦之始"。可见，成问题的是西方人。

味道 vs 营养。中西饮食观的根本差异在于价值追求上的味道与营养之殊途。宋人《菽园杂记》卷十说苏东坡"盛称河豚之美"，问他其味如何？答曰："值那一死！"《老学庵笔记》卷一说，东坡在流离中曾跟同僚一起在饭摊上买面条吃，他囫囵吞下后嘲笑那人还嫌味恶难咽。吃河豚为赏味，吞面条为充饥，两个苏东坡截然相反，说明吃分味道、营养两个层次。孙中山先生说西人只要尝过中餐，"莫不以中国为冠矣"。冠军是赛吃出来的，1988 年中国首次参加奥林匹克世界烹饪大赛，听领队李耀云说赛场只有电磁炉，经他力争才许用明火，获得多项金奖却饱受质疑，因为营养上丢分太多。营养像中餐的"味"一样，是食物的"轻清者"；洋人虽不懂味道有鲜香之别，总还有相应的 flaviours 一词，而对译 nutriment 的"营养"是日本人生造的，笔者考证才知"营"字借自《内经·灵枢十八》"（谷气）清者为营、浊者为卫"。

很少有人知道孙中山先生曾写过营养学论文（含在孙文学说中[①]）。饮食文化圈内营养、味道两派争论不休，孙先生精通营养学却盛赞中餐。味道派以美食家梁实秋为代表，对立一派最有资格的代表者是他的女儿、美国营养学教授梁文蔷，不过她却很尊重其父迷恋味道的立场。味道属于艺术、营养属于科学，两者像父女一样不在同一辈分上。宇航员食物的周折是一大教训，据维基百科中航

① 孙中山：《建国方略》，中州古籍出版社，1998 年，第 61—70 页。

天食品词条，起先俄美都用牙膏袋装着食物，只重视配比营养而忽略味道，结果令宇航员缺乏食欲导致头昏目眩，最终采用通常的美馔。

"礼"与"民族性"。以上对比都是文化殊途的例证。要认识全面，当然须侧重于"歧路"的一方。现今人们谈论中西文化，常用"礼治"与"法治"来区分。"礼"可说就是饥饿文化的产物。《荀子·礼论》指出"礼"是"养也"；制礼是为防止争食而致乱。《礼记》开篇的《曲礼》大谈"食礼"，一连串规矩都为叫人"不争饱"。在外做客要"食三飱而告饱"，有古人解释为吃三口饭就得喊饱[①]，"须（等）劝，乃更食"。然现今酒席上菜肴堆积如山、惊人浪费则是反面表现，可见华人民族性的假谦虚也是饿出来的，爱面子也是。

万本位←谷穗　"气"←水蒸气

中华文化元素的最基本者，当为计数法的"万本位"、文化哲学的"气"。两者都来自独特的吃。

"万本位"来自谷穗，史家黄仁宇最重视"数字管理"[②]，那就看看数字及度量衡。华人计数用万本位，直至1953年国内才规定会计改用千本位。萬（万）字形象蝎子，一次生出的小蝎难以计数；"万"当有较准确的原始依据。唐诗名句说种"一粒粟"能收"万颗籽"，"万"的由来，笔者的假说是谷穗。依据哪里找？互联网查得的结果令人兴奋。[③] 棒形粟穗长25cm，由90多个小穗组成，小穗百余粒，每穗共约10000粒。还可参照哲学家朱熹所说："粟，一穗（当指小穗）百粒。"[④] 粟粒在计数上的重要，更在于计量制度的由来。《汉书·律历志》明言，度量衡的最小单位都根据黍米粒制定，各级长度单位都是一粒中等黍米直径的倍数，黍粒的直径是一分，

---

① （清）刘宝楠：《礼记集解》，中华书局，1989年，第55页。
② ［美］黄仁宇：《放宽历史的视界》，中国社会科学出版社，1998年，第223页。
③ 《荆州农业》网站，2001年。
④ 《朱子语类》卷六十五。

十个为一寸。

对照西方，英语度量的基点"英尺"与"脚"foot（feet）为同词，猜想或许因为打猎靠脚追踪。如果也在洋人食物中寻找千本位的依据，首先会想到羊。西方常把"数羊毛"的谚语用于失眠，很多博客文章都说"睡不着就数羊；再睡不着就数羊毛"。《圣经》证实了"千"最早用在羊群的计数上，《旧约·撒母耳记》："一个大富户有三千绵羊，一千山羊。"参照中国史料《汉书·卜式传》说，卜式（边疆畜牧家）有羊"千余只"。西方"千"的具体由来，也提个猜想：一群羊最多百只，一个家族或部落能牧羊十群。美国名著《晨星之子》（卡斯特将军传记）记述，印第安人部落联盟有羊 5000 只[1]，假定为 5 个部落，则各有羊 1000 只。

哲学之"气"来自水蒸气

这是笔者提出的重大假说（另有专文论证）。近代《圣经·创世纪》流行前，汉语迄无"空气"一词，这只能用气、汽的混淆来解释。甲骨文"气"用三道曲线象形，《说文解字》解释为"云气也"。不同于其他古文明之地处热带，华人生活的北温带较寒冷，无形的水蒸气遇冷则现形。韩愈《杂说》说"龙嘘气成云"，人畜劳作时呼出的白气加大，这一现象会启发汽与"力"相关的思路。《国语·周语》用"天地之气"解释地震的缘由，说"阴迫而不能烝（蒸）"，"蒸"更能证实"气"概念的能量内涵来源于蒸锅水汽的升腾之力。

堪称哲学教材的中医理论则认为人体的能量来自"谷气"。《内经·灵枢经·五味篇》说，"谷始入于胃，其精微者，……出于肺"，吃进的谷物潜含的热能，与由肺吸入的"天地之精气（可视为氧）"化合，就是人体能量的由来，正像锅炉烧煤生热。所以"谷不入（人体），半日则气衰"。中医所谓"气机运行"就像肉体的蒸汽机。

思维方式：三角形 vs 三角鼎｜羊皮逻辑 vs 龟甲诗

李泽厚曾说："自然界中没有三足动物，而中国人做出了三足

---

① ［美］伊文·康乃尔：《晨星之子》第 7 节，见网上"亦凡图书馆"。

鼎。"^① 对于中华文化，三脚鼎极其重要，但西方从来没有。对于西方文化，三角形最为根本，但"三角"一词《辞源》里找不到，表明传统文化中不存在这一概念。直到明末，皈依基督的徐光启与来华传教的利玛窦一起翻译《几何原本》，才造出新名词"三角形"^②。几何学第一课就讲三角形，世人公认，西方文明的大厦建立在几何学的基础上。哲学家罗素断言，几何学"从自明的公理出发"，"根据演绎的推理前进"，就"可能发现实际世界中一切事物"，包括法国的人权学说、美国的独立宣言。^③

　　三脚鼎出在中国、三角形出在西方，道理未见解释。笔者从比较饮食史的角度试着提出假说。三脚鼎来自煮米，从它身上只能抽象出三个点来；三角形则来自远古欧洲猎人烤肉的三脚架。中国由于较少大兽，烤肉的三脚架没等抽象就失传了。三脚鼎、三角形共同的是"三"。《道德经》说"三生万物"，对"三"重视最早的是古华人。《周易》从"物"抽象出"象"，又从"象"抽象出"数"（《左传·僖公十五年》）。三脚架是"物"，三角形是"象"，"三"是"数"。古华人从三脚鼎之物直接抽象出"三"之数。中华文化的图形元素，由直线构成的是"方"。"方"能再分为两个三角形，华人却止步不前，显然是缺少分析头脑。

　　几何学的思维方式应用逻辑来演绎。华人逻辑的缺失，更重要的缘由可能在于文字；再深究一步，又归因于饮食。西方古文字拼写在大张的羊皮上，古汉字则刻在零散的龟甲上。肉食文化，羊皮多的是；古华人"大夫无故不杀羊"（《礼记·王制》），哪有光板羊皮。洋人更想不到龟（鳖科）曾是古华人的主食之一：管子、庄子屡次提到"鱼鳖"，其"不可胜食"还成了孟子的理想（《孟子·梁惠王》）。三国时有个成语掌故"老龟（烧柴万车）烹不烂，移祸于

────────────

　　① 李泽厚：《美学三书》，天津社会科学院出版社，2003 年，第 41 页。
　　② 黄河清：《利玛窦对汉语的影响》，见《中国经济史论坛》。
　　③ ［美］罗素著，何兆武译：《欧洲哲学史》（上册），商务印书馆，1981年，第 63 页。

45

枯桑"，对于洋人，煮烂老龟的念头简直匪夷所思。

书写的难易对语言及思维方式会有重大影响。从甲骨文开始就决定了古文献的极端简略及跳动，《论语》无一句没有不同解释，尤其"三嗅而作"一句古今无解，猜想多达十几种。《亚里士多德全集》卷帙浩繁、推理缜密，因为语法是古希腊一大学科。金岳霖说华人缺乏逻辑，是由于语法关系不明，辜鸿铭说汉语是"诗的语言"①。

吃：西人的生趣及学术的新大陆

文化是吃出来的（《礼记·天运》断言"夫礼之初始诸饮食"，前辈社会学家认为"礼"与"文化"相当②），此说会使西人吃惊：林语堂说他们甚至羞于谈吃，似乎觉得吃近于动物本能③，尤其还涉及宗教"原罪"。饮食在中西文化中地位的悬殊，还表现于文献的多寡。先秦诸子几乎个个借吃说事，《论语》主题零乱，《乡党》篇谈吃却够集中。专业学者发现在西方典籍中涉及饮食烹饪的文献相对较少（推想或许因食物充足而无话则短），直到近代才有法国人傅立叶（Fourier，1772—1837）论及饮食观④，还可能是间接受到中国影响。《欧洲饮食史》可能迟于《欧洲洗浴文化史》。⑤

现代学科体系是西方的，有些中华瑰宝被排除在外，饮食文化就毫无学术地位。中国饮食史的开拓者、日本学者篠田统曾感叹其研究烹饪的论文被某学刊退回，只能发表于英国的生物化学杂志。⑥周作人说过其师章太炎曾责怪考古学家忽视出土陶器的饮食功用。

---

① 辜鸿铭：《中国人的精神》，海南出版社，1996 年，第 106 页。

② 李安宅：《仪礼与礼记之社会学的研究》，四川人民出版社，1990 年，第 9 页。

③ 聿君编：《学人谈吃》，中国商业出版社，1991 年，第 14 页。

④ 杜莉：《西方饮食文化》，中国旅游出版社，2006 年，第 23 页。

⑤ ［德］克劳斯·克莱默等著，江帆等译，刘芳本校：《欧洲洗浴文化史》，海南出版社，2001 年。

⑥ ［日］篠田统著，高桂林等译：《中国食物史研究》，中国商业出版社，1987 年，第 227 页。

新时期旅游业带动的饮食史开拓是由商业部主导的，其成果多涉公共学术，应为文史各科所汲取，却无人知晓。中图分类法"烹饪"竟被归于五级小类目的"杂工艺"而与纸扇制作平列，而纳入此类的图书几乎百科兼备，臃肿不堪。

西方直到后现代以"大众文化"为对象的"文化研究"学科（cultural studies）兴起，借着对麦当劳快餐及摇滚乐等低俗文化的批判，饮食才得以进入文化领域。饮食文化的归属当是文化人类学，此学以偏僻文化为对象，以田野考察为方法，对中华文化敬而远之。学科生存迫使其转向，张光直先生在提倡与文献结合的中国学派的同时，开始关注饮食问题，指出"近一二十年来，在文化人类学上，有可称为'饮食人类学'的发展，在西方，法国人也有人研究饮食文化"。饮食文化显然是人类学有待开拓的广大处女地。

关于食物及食者的知识涉及文理百科。学科发展进程早已趋于"分极而合"，或许就合在吃的研究上，因为最能"究天人之际"的莫过于此。况且口福是生趣新的半边天。有朝一日西方学术将会为这一"新大陆"的发现及其迟至而惊异。

全球化：教主的箴言、"国父"的诠释

放大时空眼界鸟瞰中餐的发展轨迹，可以看出它按神州大地水流方向，呈现为西北（羊为代表）→东南（鱼为代表）的美食大运动。"鲜"的追求在明代到达福建后，又由无味的燕窝、鱼翅引导而趋向远洋。古佚书《本味》中的寓言好像神秘的预言，商代伊尹（被尊为"厨圣"）之母在生他的前夜做一怪梦：神人嘱她见石臼冒水，就往东跑别回头。石臼是粟食的起点。取鱼翅而杀鲨鱼为普世伦理所不容，糟粕的凸显似乎表明美食运动已近尽头，终将汇入人类文明的大洋。

孙中山先生早有预见：他说中华近代"事事皆落人之后"，"唯饮食之一道，至今尚为文明各国所不及"①。西方主导的全球化趋势

①　孙中山：《建国方略》，中州古籍出版社，1998年，第62页。

47

势不可挡，中华文化的最后堡垒无疑是中餐。爱国或民族情怀的依托，只有争取一体化文明中含有尽量多的中华元素。

从肉食阶段的"炮"法（稀泥裹烧）开始，中餐的烹饪就以水为前提（《本味》"水最为始"），水压倒火。俞平伯曾称西餐为"貊炙"①，中餐西餐可分别用水、火来象征。

华人的火神属于凶神。羿射九日、夸父追日等神话都透露着对火的恐惧、对水的渴望。饮食文化的象征意义更能扩大到文明的比较。从用火开始的文明进程符合熵的热力学定律，对"绿色"的呼唤也显示人类陷入"红肥绿瘦"亦即"火盛水亏"的生态危机。《老子》说"上善若水"，孔子有"见大水必观之"，公认中华文化贵水，这对由文明带来的灾难也许有抑制功用。

老子教导"知其白，守其黑，为天下式"，五行以黑配水，故可视为我华人面对文明发展所应牢记的箴言。归结到具有象征意义的饮食，不妨把孙中山先生关于中餐的叮嘱看作老子箴言的鲜活解读："吾人当保守之而勿失（守黑），以为世界人类之师导。"② 百年后的今天来看，了解西方文化的"知白"更为紧要。

说明：

本文是作者所作饮食文化专著的随笔体提要，发表于《社会科学论坛》2012 年第 9 期。

由于"吃"的研究没有学科地位，专著的出版难以避开"美食—菜谱"类的纠结，导致多种不同题名之书的出现。理想文本题为《食—味—道：华人的饮食歧路及文化异型》，2013 年先在香港三联书店问世（被改题为《从饥饿出发：中华饮食与文化》），内地简体版迟至 2019 年才在北京三联书店出版（被改题为《味即道：中华饮食与文化十一讲》）。

① 聿君编：《学人谈吃》，中国商业出版社，1991 年，第 103 页。
② 孙中山：《建国方略》，中州古籍出版社，1998 年，第 64 页。

"水火"范畴与中华文明（论纲）

小 引

华人连不识汉字者都常说"水火不（相）容"，稍有知识的更懂得"水火相济"；这两个成语无法译为西文，常用词"水火"也只能译为"fire and water"（火和水）。这表明西方人认为水、火二物互不相关，火比水更重要。中西文化的这一重大差异，历来未见有人留意。以"水火相济"检索日本学术网站 cinii 等，也未见与本土哲学相关的论文。因而可说，水火互动、水贵于火的观念，体现着独异于众的中华智慧。

水、火是生命产生与繁衍的前提，任何文化都对其非常重视，古希腊哲人以火、（空）气、水、土为元素[①]，印度文化称地、火、水、风为"四大"[②]，都是水、火并列而无特殊关系。西方对火的重视是普遍的，希腊对盗火者普罗米修斯的感念演化为现代奥运圣火，

[①] 北京大学哲学系外国哲学史教研室编译：《古希腊罗马哲学》，生活·读书·新知三联书店，1957年，第5、75页。

[②] 姚卫群：《印度古代哲学文献中的"四大"观念》，《西南民族大学学报》（人文社会科学版），2012年，第8期。

波斯祆教又称"拜火教",康德的硕士论文题为《论火》①……相较而言,对水则相对漠视。独有华夏文化与此相反,亲水而畏火。贵水观念百家皆同:《管子·水地》说水为"万物之本原",《道德经》第八章说"上善若水",《荀子·宥坐》说水有"八德"……对火则更看重其有害的一面:《释名·释天》称"火……亦言毁也,物入中皆毁坏也"②,《论衡·言毒》说"夫毒,太阳之热气也,中人人毒"。反映在神话中,《淮南子·本经训》的"羿射九日……万民皆喜",《山海经·海外北经》的夸父逐日"道渴而死",都透露出恐惧火、渴望水的文化心理("太阳崇拜"之说不适于华夏主流文化)。

按现代知识,水为流体物质,火为燃烧现象,不属同类;但两者同具"有形而无定形"的特性,中西古人都视水火为特殊物质。对于火,中西文化都认识到它与"热"同一,如《释名·释天》说"热……如火所烧爇也"③;大量"火"字旁的汉字都与热相关。中西文化对火的认识路向不同,中华轻物而重人,中医理论向人体内化,如《内经·素问·至真要大论》说"诸热瞀瘛……皆属于火";中华对有形的火比较重视,火是物质的观念仍被保留,《本草纲目》中火、水两类并列,前者包括艾火、炭火等。④ 西方更关注物质世界,注重实验,经历过"燃素(phlogiston)说"的长期曲折。火的难知曾使恩格斯感慨。⑤ 近代经过热学转向能量变换等工程研究⑥,对火焰不再关注,"水火关系"亦被认为不能成立。但对于中华文化,传统的"水火"命题依然重大,由于它已深化为"冰炭对应"的独到认识,更会引起西方新的关注。

---

① [日]安倍能成,于凤梧等译:《康德实践哲学》,福建人民出版社,1984年,第3页。

② 刘熙:《释名》,中华书局,1985年,第4页。

③ 刘熙:《释名》,中华书局,1985年,第3页。

④ 李时珍:《本草纲目》,中医古籍出版社,1994年,第175页。

⑤ 《自然辩证法》,人民出版社,1971年,第106页。

⑥ 本文凡涉及科技,皆据网络百科的综合。

一、黄土地与文化基因：生存困境使水火相遇、相济

几千种世界文化中，延续至今的唯有中华一"家"。关于华夏文化的特色，认识已足够充分；但对其"所以然"的问题，历来罕见有人触及。"水火"观念的由来，理应也是解开华夏文化基因难题的突破口。

史学家汤因比（A. J. Toynbee）有个著名理论：生存逆境的挑战能激发人类创造力，创造伟大的文明成果。[①] 这与《易·系辞下》的"穷则变，变则通，通则久"法则完全契合。[②] 原文的下文又说："作《易》者，其有忧患乎？"远古圣人的"忧患"应当非指个人遭遇；大群体的忧患是天灾、饥饿及外来族群的掠夺等。"穷"可以理解为部族群体陷入绝境难以生存，迫不得已只有改变自身，才又走上"通"途，因而独能长久。据此推想，中华文化的惊人生命力，正是缘于原始逆境淬炼而来的文化基因。中西水、火观念的差异，只能用"生存环境决定论"解释，古希腊"史学之父"希罗多德断言"全部历史都必须用地理观点来研究"[③]，而这也符合唯物史观。欧洲生态环境优越，到处密林清流，没人关注水、火（燃料）。自然界中水、火很少相关（如雨水浇灭山火），那么，是在什么样的环境下，华夏先民把两者联结成奇妙的一对范畴？

黄帝要求"节用水火"

关于《史记》中的"五帝"传说，李学勤先生认为"基本是还是可信的"[④]。纵观原文中的关键：黄帝面对"死生之说、存亡之难"，

---

① ［英］汤因比等著，曹未风译：《历史研究》（中册），上海人民出版社，1997年，第74—98页。
② 王学典：《儒家文化与中国的改革》，《中华读书报》，2017年1月18日。
③ 杨展、李希圣、黄伟雄主编：《地理学大辞典》，安徽人民出版社，1992年，第1017页。
④ 李学勤：《〈史记·五帝本纪〉讲稿》，生活·读书·新知三联书店，2012年，第19页。

提示部众，除了"时播百谷草木"，还要"节用水火材物"（儒者把"物"曲解为"事"，《墨子·节用》中"去无用之费"可证其非）。西方人无法理解对火（树木）、水何以要节用。"节"有节省、控制两层意思。以黄帝为代表的游牧部落辗转来到甘肃走廊及陕北黄土高原——全球仅有的地质，半世纪前才由刘东生院士揭示给西方。[①]两千万年间，西北劲风不断搬运土壤微粒，造成大沙漠及以东的黏黄土地。这里常年缺雨，百丈厚的土层极少湿气，却有黄河穿过。植被稀疏[②]、得天独薄的生态不容牧业，使华夏未能走通普遍的"农牧互补"坦途。黄土唯独适合耐旱的粟类，加之缺乏转移空间，先民便被逼上单一务农、高度定居的"歧路"。

对于水、火，既因为其常年匮乏而必须极力节省，又因为其不时过剩而必须严加管控。先民濒河而居，稍远地区要靠掘井取得少量饮水，徐中舒解释《周易·井卦》卦辞说："（井干涸）无水可汲，（陶）瓶可能碰破，都是凶兆"，这是水的匮乏。植被稀疏，烹饪、取暖燃料缺乏，就会饥寒交迫，这是说火的匮乏；黄河连年泛滥，夺命无数，史学家徐旭生考证，洪水古称"浲水"，据《孟子·告子下》记载，其本意是"水逆行"，这是说水的过剩。[③]至于火的过剩，"骄阳似火"容易引发草木自燃，《左传·宣公十六年》说"人火曰火，天火曰灾"，《公羊传·襄公九年》说"大者曰灾，小者曰火"。此外，种粟先民的畏旱，可能导致旱与火相通的观念，火之大者威胁群体，似可以兼指旱灾。《诗·大雅·云汉》："旱魃为虐，如惔如焚……忧心如惔"，焚、惔都带"炎"字；《淮南子·本经训》的"十日并出"神话，反映对过度蒸发的焦虑；《说文解字·日部》："旱，从日，从干"，干即盾，表示用盾牌阻挡日光；《吕氏春秋·顺

---

① 中国第四纪科学研究会编：《纪念刘东生院士》，商务印书馆，2009年，第　页。

② 何炳棣：《读史阅世六十年》，广西师范大学出版社，2009年，第408—413页。

③ 徐中舒：《先秦史十讲》，中华书局，2009年，第150页。

民》记载汤王为祈雨驱旱而准备自焚谢天，郑振铎撰《汤祷篇》，借用西方人类学名著《金枝》中的巫术理论来解读这一华夏传说，认为其中透露了"以火抵旱"的原始意识。[①]

总之，由于水、火同时从匮乏、过剩两个方向，恒久威胁先民的生存，华夏文化才可能把不相干的火与水归拢为成双的范畴。"水火"二字连用曾经只表示并列的灾难，如《孟子·滕文公下》说"救民于水火之中"。由于林木匮乏，需要从远方采集，逼得初民学会预制木炭；炭、火二物古代同义，如《尚书·仲虺之诰》有"民坠涂炭"之句，涂炭即黄泥浆、炭火坑，都是黄土环境的特色。

粟食"歧路"与水火互动

"水火"的内涵在于两者互动，其简单结果是水胜火或火胜水。火灭水，只有烹煮的蒸发可使水量眼看着减少，西方生活中缺少相关的启示，"水火不相容"英语只能译为 fight like cats and dogs（猫狗互斗）。水火互动观念显然源自华夏的烹饪实践。笔者能发现历来空白的相关命题，即由于对中餐"歧路"的长期探索，书稿甫成即被香港三联书店采用[②]，《中华读书报》曾发表短文予以推介，与"水火"紧密相关，引用如下：

> 人类进化必须经过肉食阶段，中华独有历史文献证实：《白虎通·号》总结先秦记载说"古之人民，皆食禽兽肉；至于神农……禽兽不足"，于是陷入漫长的饥馑中；《韩非子·五蠹》说人们曾靠细小的"蚌蛤"之类充饥；《淮南子·修务训》说神农经过"日遇七十毒"的吃草阶段才找到"百谷"（草籽）作主食。世界主粮的麦类，神农曾熟悉在先，却弃优取劣，其动机可以论证为"春种一粒粟，秋收万颗子"的"投入产出比"。考察几个汉字便可知饥饿的悲惨：动词"茹"意为吃草、"馑"意

---

① 郑振铎：《郑振铎全集》（第三卷），花山文艺出版社，1998 年，第 576—603 页。

② 高成鸢：《从饥饿出发：华人饮食与文化》，香港三联书店，2013 年。

为草被吃光而饿死。西汉盛世的贾谊曾断言"饥荒乃天下之常"（《新书·积谷》）。对比西方，从狩猎过渡到"走享其成"的畜牧，种植谷物"极可能"是为牲畜加料[1]；继而形成农牧互补（牧业提供肉奶及肥料）的普遍模式，吃肉奶穿毛皮，丰衣足食，罕见群体饥饿。肉类致熟用烤法，面包也沿用此法。[2]

华夏文明始于"粒食"；粟米致熟的难题逼出陶鬲的发明，据《周书》佚文，"黄帝始蒸谷为饭……始烹谷为粥"[3]，粟饭粗糙干涩，必须借助羹汤才能下咽。《韩非子·外储说左上》说儿童"过家家"也要"以尘为饭，以涂为羹"。饭只管"果腹"，连咸味（人体所需的盐）都没有；羹本是煮肉，肉料不足便用野菜填充，无意中两者化合而创生美味。于是形成中餐的本质特色"饭'菜'分野"[4]。饭菜交替入口，反而导致华人"味"的启蒙，甚至"异化"为食的代称（成语"鸡肋"从《三国志》的"食之无所得"荒谬地褪变为成语的"无味"）。"味"是由舌的五种味觉跟鼻的万千嗅觉（smell，古汉语"臭"）合成的；跟舌感结合的是从来未被发现的"倒流嗅觉"。"味"的难知缘于吃的器官"口"结构微妙，舌、鼻在其中联通。"味"的演进很像哲学之"道"，起先只有"甘"（与"美"delicious互释），《说文解字·甘部》说，其字"众口含一，一，道也"。后来"甘"一分为二形，成华人特有的鲜（舌感，属阴）、香（鼻感，属阳），再阴阳合一而为"味道"[5]，鲜味不离水溶液，香味形成于高热植物油的运用，本质上都是"水火"范畴的高级呈现。

异于西方的火烤，中餐的煮、蒸以水为用火的前提。中餐

① 《摩尔根〈古代社会〉一书摘要》，人民出版社，1978年，第8页。
② 《中华读书报·书评周刊》，2013年8月5日。
③ 黄怀信等：《逸周书汇校辑注》，上海古籍出版社，1995年，第223页。
④ 张光直：《青铜时代》，生活·读书·新知三联书店，1990年，第349页。
⑤ 章太炎著，蒋礼鸿、殷孟伦、殷焕先点校：《章太炎全集》，上海人民出版社，2014年，第119页。

的演进，可以概括为水火关系的三次飞跃："煮"的平衡对峙（沸水不断吸收热量而生汽）→"蒸"的融合为汽（锅内高压高温将米煎熟）→炒的"可控爆炸"（肉蔬中的水与热油中的"火"直接冲突，速熟保鲜）。华人独有的"炒"好像水火两军交战，火光熊熊，杀声震天，不分胜负。

烹调的机理是把水火从"不相容"变为"相济"，即合作共事；实现的关键在于使水火逼近相处，用陶鬲（"鬲"通"隔"）隔离。陶器及其煮法其他民族也有，但多用于汲水；华夏发明最早，万年前的陶器就带有烟炱。① 欧洲人历来没喝过"开水"，华人自古生活中有"汤"常沸腾，以致需要"扬汤止沸"或"釜底抽薪"。执行死刑也用"烹"法，因而有"赴汤蹈火"的古怪誓言。烹饪的"饪"（熟）用于做饭；加上做菜，当称烹调。水火关系的三次飞跃，又可归为初级的"主食致熟"至高级的"美味创生"，后者的水火交攻，对象配合多样、机理复杂深奥，已进入哲学范畴。

"水火"范畴形成的漫长过程

水火"不相容"而又"相济"，是大自然的核心奥秘，华夏先民侥幸发现并能把握运用。先民对于相关机理的认知经历过漫长过程。《山海经》中水、火频频可见，却互相孤立。文字产生前的《周易》符号体系对生活经验有潜意的超前流露：坎、离二卦用结构相反的卦象，昭示水火的对立；六十四卦中的"既济"，《象辞》是反自然的"水在火上"，这显然是从烹粥的原始场景中抽象的，但卦名及文字解释没有提到烹调，表明"水火"观念不够成熟。公认《吕氏春秋·本味》为"烹调经典"②，它对商代烹调原理的精详记述中，水、火二字尚未连用，只说"水最为始……火为之纪"。水火互动的关键机理，直到西汉才有透彻而准确的揭示，见于《淮南子·说林训》：

---

① 赵朝洪：《中国早期陶器的发现、年代测定及制陶工艺的探讨》，《陶瓷学报》，2000年，第4期。

② 王利器：《烹调之圣伊尹说》，《中国烹饪》，1980年创刊号。

"水火相憎,鳝在其间①,五味以和。"

"水火"范畴很早就超出烹调,像"阴阳"一样成为认识模式,广泛运用于一切领域。所以,它的成熟标志是摆脱饮食语境而用于学术或哲学领域。最为标准的例证,见于东汉班固所撰《汉书·艺文志》,其中总结百家争鸣的学术史说:"诸子百家……其言虽殊,譬犹水火,相灭亦相生也。仁之于义、敬之于和,相反亦相成也。"不同于先前的借烹调设譬,这是出于严密思辨的论断。然而它的提炼还是不离厨艺实践的启发:两汉烹调的重大进步以"汤饼"为标志,它的发明出于水火关系的熟练掌握(沸水下面条,其中的蛋白质凝固不散)。

"和":从烹调到政治

烹调工艺及成品古称为"和",齐桓公爱吃易牙烹调的菜肴,《淮南子·精神》就说"桓公甘易牙之和"。"和",被认为是"中国哲学文化的最高价值标准"②,它的内涵涉及音乐、伦理、哲学。先秦文献对"和"的论述,主要有《老子·第四十二章》:"万物负阴而抱阳,冲气以为和。"《国语·郑语》:"夫和实生物,同则不继。以他平他谓之和。"及《左传·昭公二十年》:"和如羹焉,水、火、醯、醢、盐、梅,以烹鱼肉。"三种解说的共同处,可概括为"相反或不同的诸成分,在特定条件下,通过互相改变各自的本性而创生新的存在物"。《国语》与《左传》提到的"和"都以烹调品为主,又兼指音乐。虽然"和"的字形本是与乐器相关的"龢",但根据文字学上的"右文"原理③,右边表音的"禾"更有表意功用,"禾"通过木而与"未""味"相关,《说文解字·未部》:"未,味也。""和"内涵中最严苛的条件是"以他平他",烹羹中肉料与佐料正是互相改变,生活实践中想不出任何其他作为更符合这一定义;用于音乐及人际关系的和顺等,不过只是接近这一定义而已。

① 《文子·上德篇》作"鼎鬲其间"。
② 李中华:《"和"论》,《光明日报》,2008年9月22日。
③ (宋)沈括撰,胡道静校注:《梦溪笔谈》,中华书局,1957年,第153页。

经典中提到"和"，其语境不离政治，这有久远的传统。据《吕氏春秋·本味》等多书记载，商代的建立就靠厨师伊尹用烹调之"味"比喻政治原理说服了汤王；据《古文尚书·说命》记载，商高宗称赞丞相傅说的贤能，就说"若作和羹，尔惟盐梅"；《旧唐书·裴度传》载宰相裴度以年高多病上疏请辞机务，唐文宗诏书中有"果闻勿药之喜，更俟调鼎之功"之语，"调和鼎鼐"遂成为比喻宰相处理国家大事的成语。① 从原理来看，君臣关系中的臣僚较多，要发挥各自的优长而结成高效团队，需有"和羹"般高妙的调和手段。这种中华特色的政治，被称为"礼治"。于是，有必要对水火互动的背景"礼"加以考察。

二、"水火相济"与政事："礼"缘于物资匮乏、人际紧张

严防"争饱"："礼"的由来

"礼"是中华独特的社会文化形态，形成于黄土地，是同化力极强的文化基因。《孟子·告子下》说"天将降大任于斯人也，必先……饿其体肤，空乏其身"。笔者认为"礼"来自饥饿，根据是权威的《荀子·礼论》，原文论证明确、不容置辩："礼起于何也？曰：人生而有欲，欲而不得则不能不争；争则乱，先王恶其乱也，故制礼义以分之……"，结论断言"礼者，养也"。

"欲"首先是食欲②，右边的"欠"，《说文解字·欠部》释为像小儿张口，当是表示吃的要求；"养"（羊＋食）主要指食物。③ 华夏制礼，旨在避免因食物匮乏引起争斗，而猎牧部族罕见由争吃而引发重大内斗。《易传·序卦》曰："饮食必有讼。"郑玄曰："讼，犹

① 刘昫撰：《旧唐书》（第十四册卷），中华书局，1975年，第4431页。

② "欲"左边的"谷"与穀通，《老子》古注曾释为"养"（朱谦之：《老子校识》，中华书局，1963年，第16页）。

③ "物"属牛部，代表上古初民肉食。

争也，言饮食之会恒多争也。"① 其他古代农业文明，罕有黄土地的饥饿，例如中古印度孔雀帝国"血缘关系的部落共同种植作物，收获时各取一年给养所需之量，烧毁其余，以求此后有事可做而不致怠惰"②。《礼记》开篇的《曲礼》谈共餐，种种规矩都为防止抢吃，如"毋抟饭"，孔疏说："取饭作团则易多得，是欲争饱。"做客时，吃三飱（饭团）就得"告饱"，等主人"让"才再吃。③ 御寒之衣虽然也是重要欲求，但上古它曾是肉食的副产。④

世界史上的战争都是勇力的较量，而中国的战争"斗智不斗力"（《史记·项羽本纪》），其反差突出体现于"木马计"与"空城计"之令人惊诧的对比。《墨子·天志上》说"贵者不傲贱，多诈者不欺愚"；《史记·酷吏列传》说"（张）汤为人多诈，舞'智'以御人"，"舞"显示非正当的运用，即今天俗语所说的"耍"，被耍的"智"俗称"心眼儿"。健康的"智"竟变态为扭曲的"多诈"，这反映非常境地中人际关系的复杂。中国的王朝循环往往由于饥民暴动，《汉书·郦食其传》总结规律说："王者以民为天，民以食为天"；群体饥饿会导致"变天"，亦即政体垮台，因此约束群体行为的礼仪必然受到极度重视。政权的最高理念仅只是"长治久安"，社会的全部智力资源都要服务于这一目标。华夏礼文化对未开化民族具有强大的同化力，其内涵后来竟超出血缘与地缘，即所谓"诸侯用夷礼则夷之，进于中国则中国之"⑤。

内外压力与"家国同构"

黄土地的生态不容游牧，来此的部落都想定居务农，最初立足很难。《史记·周本纪》说，周人"务农耕""在戎狄之间"，其收成必遭游牧者抢掠，如《史记·匈奴列传》："候秋孰，以骑驰蹂而稼

---

① 李鼎祚辑：《周易集解》卷三，中华书局，1985 年，第 51 页。
② 刘家和主编：《世界上古史》，吉林人民出版社，1980 年，第 186 页。
③ 孙希旦：《礼记集解》（上册），中华书局，1989 年，第 55 页。
④ 陆贾《新语·道基》："民人食肉饮血，衣皮毛。"
⑤ （唐）韩愈著，严昌校点：《韩愈集》，岳麓书社，2000 年，第 147 页。

稿耳。"据《孟子·梁惠王下》，周人先祖古公亶父面对侵略者只是再三纳贡，最终被迫放弃家园；其孙文王能在岐山建成强国，靠的是"善养老者"招来"远人"，尤其要多生子嗣，凭借人多势众而能"以柔克刚"，于是形成"繁生聚居"的文化基因。人多又不挪地，必然导致"生态破坏→灾荒→饥馑→夭亡→繁生"的循环。这一假说可以解释何以中国独能成为历史、人口的两个世界之最，这是笔者在承担国家史学课题中提出的，成果《中华尊老文化探究》①受到季羡林先生手书推荐②，被史学界评为"有开拓之功"③。聚居以老人为核心，尊老是中华文化的精神本原。④ 笔者正是在尊老史的探索中对古怪中餐的由来发生兴趣，转而探究中华文化的"物质本原"，才得以发现"水火"范畴这一研究空白。

黄土地带是游牧民族入侵的走廊。许倬云先生说："北方的族群都受寒冷气候的影响纷纷南移……就是历史上所说的'五胡乱华'。"⑤ 据徐中舒考证，北方民族的种种名称多是"胡"（匈奴）的变称。⑥《史记·匈奴列传》说，猎牧民族天天骑马射箭，战时奋勇争先，农夫自然不是对手。世界数千种文化都被游牧者冲散，何以唯有华夏能延续至今？恩格斯说国家是在"氏族制度的废墟"上建立的⑦独有中国自古就是家的放大，血缘纽带特别强固。张光直更说："氏族或宗族在国家形成后不但没有消失……甚至重要性还加强了。"⑧

繁生—聚居群体譬如枝繁叶茂的大树，反映在倒立生长的家谱

① 高成鸢：《中华尊老文化探究》，中国社会科学出版社，1999 年，第 1 页。
② 蔡德贵编：《季羡林书信集》，长春出版社，2010 年，第 121 页。
③ 李岩：《近二十年来中国古代尊老养老问题研究综述》，《中国史研究动态》，2008 年，第 5 期。
④ 高成鸢：《尚齿：中华文化的精神本原》，《传统文化与现代化》，1994 年，第 4 期。
⑤ 许倬云：《"五胡乱华"的起因：全球气候改变 北方温度剧降》，《凤凰网·历史栏》，2012 年 4 月 22 日。
⑥ 徐中舒：《先秦史十讲》，中华书局，2009 年，第 31—35 页。
⑦《马克思恩格斯选集》（第 4 卷），人民出版社，1972 年，第 165 页。
⑧ 张光直：《青铜挥尘》，上海文艺出版社，2000 年，第 202—203 页。

中。"累世同居"以《旧唐书·孝友传》中张公艺的九世之家为典型,唐太宗曾亲往慰问,引出的"百忍堂"名号①,恰好是内部关系紧张的真实自供。

稻从属于粟:楚文化的反证

礼文化与食物匮乏伴生。"禾"的本意是粟,"稻"也属于"禾"部,表明南方的稻作文化曾处于从属地位。稻作绝不晚于黄土地的粟作;良渚文化的玉器甚至领先,后来变得相对落后,凸显其生态优越。《史记·货殖列传》说:"楚越之地……饭稻羹鱼……无饥馑之患。"从衣来看,《易·系辞下》说:"黄帝尧舜垂衣裳而天下治","礼"需要"衣冠"作为区分王者和贵族等级的标志。《白虎通·衣裳》说:圣人制衣服的一项主要功用是"别尊卑也"。衣主要为御寒,而江南温暖,人们可以"断发文身"地裸体生活。考古学界公认中华文明的发源地犹如"满天星斗",各自与黄土高原文化(周人为代表)千差万别,后来竟能变为同一文化,表明用"周礼"凝聚起来的文化基因具有极为强大的同化能力。良渚文化的玉器可能是最早的礼器,但决定性的文明标志是度量衡体系。据《汉书·律例志》,中华度量衡的起点是黍米的长度,官员的薪俸历来以小米的度量来折算,直到20世纪50年代初。

儒家本是百家中的一家,百家争鸣表明当时华夏文化尚未定型。追求个体本位的老子、研究逻辑与科学的墨子,两大学派曾形成强势地位。楚王曾与周王"分庭抗礼",楚文化或许可算健全的"原生态"。《楚辞》《庄子》中充满浪漫的寓言和想象,反映人性中的探索欲望。笔者的上述观点已从许倬云先生的论述中得到印证,他断言:"楚国……多丘陵、湖泊、溪流、森林……与北方黄土平原完全不同","北方生活艰难,人人必须约束、节制,必须尊重自己与他人之间的界线;南方容易维生……尊重个性,甚至离弃集体,不愿有

---

① 《旧唐书》(第十五册卷一八八)。

强大的集体妨碍个人自由"①。与黄土高原相比，江南的"容易维生"，近似于"水火"丰裕的欧洲。

三、"水火"范畴是中华文化的轴心

"气"与"水火"：气≈炁＝汽＝水＋火

张岱年先生说中国哲学的基本观念首先是"气"②。笔者提出"气"来自华人生活实践中的水汽。③ 近代《圣经·创世纪》流行前，汉语迄无"空气"一词，这只能用气、汽混淆来解释：猎牧者由于烧烤，其他古文明因为地处热带，都罕见水汽；中原粒食蒸煮发出的水汽遇冷则现形，人畜劳作时呼出的气团加重，会启发"汽"与"力"相关的思路。《国语·周语》中用"天地之气"解释地震的成因，说"阴迫而不能烝（蒸）"，"蒸"表明"气"的"能量"内涵来于水汽升腾之力。《诗·大雅·生民》中描写蒸饭说"释之叟（溲）叟，蒸之浮浮"，《说文解字》段注，"浮"为"火气上行之貌"④。"浮"同于"浮"，即轻于水的物体在水中的浮力（Buoyancy），"浮"显示先民已认识到水蒸气的能量来自火。正式把水火认定为"气"的是北宋张载："水火，气也；故炎上、润下，与阴阳升降"⑤。蒸气把水性的"趋下"变为火性的"炎上"，表明"气"的实质是水火融合。郭齐勇先生的定义说："气是物质、精神、能量与信息的统合。"⑥ 唯有蒸汽，在有形无形之间，既是物质又是能量。堪充哲学教材的中医理论认为，人体的能量来自"谷气"，谷物潜含的热能与

---

① 许倬云：《中西文明的对照》，浙江人民出版社，2013年，第60页。
② 张岱年：《中国古代哲学中若干基本概念的起源与演变》，《中国哲学发微》，1981年，第11—14页。
③ 高成鸢：《哲学之"气"来自华人生活实践中的水汽说》，《社会科学论坛》，2012年，第10期。
④ （清）段玉裁：《说文解字注》，上海古籍出版社，1988年，第481页。
⑤ 王夫之：《张子正蒙注》，中华书局，1975年，第43页。
⑥ 郭齐勇：《郭齐勇自选集》，广西师范大学出版社，2000年，第178页。

由肺吸入的"天地之精气（氧）"化合，所谓"气机运行"正像肉体的蒸汽机。西方近代名著也有近似观点："人体是一架会自己发动自己的机器……体温推动它，食料支持它。"[①] 有形的水汽掩盖了无形的空气，导致"气"的概念在中华文化中的无限泛化、长期难以确知。相关的混乱是由于缺少特定的字（词）来代表"元气"。其实先秦就有"炁"字，见于天津历史博物馆藏战国后期古玉器的铭文。该馆学者结合《抱朴子·内篇》中的"行气"与"行炁"之别，论证"气"为后天的呼吸气息，而"炁"即先天的元气[②]，可惜此字后来却限于在道教典籍中流行。经过以上论证，"气"与水火的关系似可用公式表示：水＋火＝汽＝炁≈气。

"水火"是"阴阳"归纳的关键依据

古今讲述"阴阳"学说的文本都会列举众多的对立现象，如天地、昼夜、明暗、寒热、男女、刚柔、君臣、内外……，其中不少相近现象之间有派生关系，属于逻辑混乱。《易·系辞下》提出的"三才"之说（《三字经》通俗化为"三才者，天地人"）是华夏文化的基础观念，据此，笔者主张"阴阳"模式据以归纳的依据也应当确定为三项：宇宙层次的"日月"，生物层次的"雌雄"，以及人文层次的"水火"。日月运行于天，雌雄孕育于地，水火操纵于人。"日月"及"雌雄"对于动物和人类各种族都是共同攸关的，唯有"水火"一项为中华文化所独有的，所以"阴阳"学说只能产生于中华。

分别考察三项依据。宇宙层次的"日月"：中华文化"天"的内涵有层级之分：宇观的"天"即宇宙，包含空间、时间；宏观的"天"包含"地"；中观的"天"是与大地相对，为日月所居的天空；鉴于后两个层次涉及逻辑重复，莫如提倡舍弃"天地"词语（唯有华人习用）而通用"日月"。《易·系辞下》说："日月相推而明生焉"，可见确立阴阳理论的《周易》本身就重视日月。月与日并列，

① ［法］拉·梅特里著，顾寿观译：《人是机器》，商务印书馆，1959 年，第 21 页。

② 赵松飞：《〈行炁玉柱经〉探释》，《中国道教》，1999 年，第 6 期。

符合现代科学的发现观。《月亮对地球的贡献大于太阳》一文被纳入中学教材中。[1] 古人对于日、月自始就有顽固的迷信，见到"阳燧（凹面聚光镜）取火于日"，就推想"阴燧（或"方诸"，即大蛤）取露（水）于月"（《淮南子·览冥训》）。[2] 生物层次的"雌雄"：动物多有雌、雄之分。《春秋繁露·循天之道》说："天地之阴阳当男女，人之男女当阴阳"；《周易》中常用的"男女"，是"雌雄"用于人类的特称，不如"雌雄"有概括力，故应改良提法。人文层次的"水火"：《内经·阴阳应象大论》说："水为阴，火为阳"。中华古代智者已拿"水火"类比"阴阳"及"日月"，如《淮南子·天文训》："积阳之热气生火，火气之精者为日；积阴之寒气为水，水气之精者为月。"

上述"阴阳"归纳的三大依据，其实已由明代思想家何瑭明确提出，他曾说："万事万物皆分阴阳，如天为阳，地为阴；火为阳，水为阴；男为阳，女为阴。"

"八卦""五行"与水火

类似"阴阳"的思维模式还有《周易》的"八卦"及《尚书·周书·洪范》的"五行"，其中都包括水、火。假如没有水—火做阴阳、八卦、五行三者的共同轴心，中华思维体系将陷入混乱。

八卦是用符号"- -/—"的八种不同排列组合分别代表天、地、风、雷、水、火、山、泽。天—地、水—火的卦象都是两两相对，其他四者则比较散乱。《明儒学案》介绍何瑭的《阴阳管见》时说，八卦是由天地、水火推演而来的："天变而为风，地变而为山，火变而为雷，水变而为泽。"[3] 又据王充《论衡·自然》载："天地为炉，造化为工。"可见"天地"不过是舞台，"水火"才是主角。演为六十四卦后，"水火"的意义尤其突出；火在上、水在下的"未济"卦，与

---

① 《月亮对地球的贡献大于太阳》，《中学物理教学参考》，1998年，第6期。

② 唐兰：《历史语言研究所集刊》（第5本第2分册），中华书局，2009年，第271页。

③ 何瑭著，王永宽校注：《何瑭集》，中州古籍出版社，1999年，第394页。

水在上、火在下的"既济"卦，分别表示趋势的形成与变化的完成。

在五行的金、木、水、火、土中，虽然水、火未被突出，但在《尚书·周书·洪范》的简述中，"趋下"的水与"炎上"的火，以其本性相反而成为特别的一对，后来演进成五种物质循环地"相生相克"之说，掩盖了水火"相灭"的本性，对于科学的水火互动观，这反而是严重的退步。科学认识不容倒退，果然宋初放弃"五行循环"（战国阴阳家提出的"五德始终"）学说，至明代更受到质疑，如王廷相说"五行家谓金能生水，岂其然乎"[①]。五行学说的形成晚于阴阳和八卦，其实际应用范围也只限于中医理论及民间方术等领域，远不如阴阳、八卦重要。五行学说还有个问题：不容易与阴阳学说接通。同时运用阴阳、五行两大学说的中医理论中，二者也未能满足"逻辑上的自洽"[②]。笔者发现的水火互动关系却是贯通这两大体系的关键。

"水火"与"天人合一"

张岱年晚年撰《论中国文化的基本精神》，把"天人合一"提前为四项之首。[③] 它有久远的形成过程，《尚书·周书·泰誓》断言："惟天地万物父母，惟人万物之灵"，所以《礼记·礼运》说："人者天地之心"。《中庸》说人"可以赞天地之化育"。人不仅能大量繁育生物，更能创造器物，滋生事务。随着自然知识和社会经验的积累，人对群体和个体自身的结构与功能有了系统认识，汉代总结为两部理论专著，即政书《春秋繁露》和医书《黄帝内经》（其余科技成果都因儒学的无视而未能留存）。两书分别从政体和人体方面与天地类比，是天人合一观念成熟的体现。对两书的比较研究还较少见，只检得一篇。[④] 此文认为《春秋繁露》已实现了先秦阴阳、五行两大学

---

① （明）王廷相：《王廷相集》，中华书局，1989年，第752页。

② 张其成：《〈太极图说〉对张景岳医学思想的影响》，《吉林中医药》，2007年，第12期。

③ 张岱年：《心灵与境界》，北京联合出版公司，2014年，第23—24页。

④ 张登本：《〈春秋繁露〉与〈黄帝内经〉理论的构建》，《山西中医学院学报》，2012年，第5期。

说的结合；成书在后的《黄帝内经》，则吸收并大大发展了前者的思想体系。

宋代朱熹倡导"理学"，稍后又有"心学"兴起，后者发展成精致的学说体系，认为"人心"与"天地之心"具有同一性。①

"天人合一"与水火互动的关系，可谓直接而显明。生物的出现是水、火（热）长期酝酿的结果，生物萌生场合是宇宙中的"天地"。"天人合一"最精密的结合体，是高级生物的血肉之躯。血液的温度及流动性都是"水火相济"的结果，与自然界水受热而流动以致汽化的原理全同，只是把同样的过程封闭在血管体系之内，同时用消化器官来补充水和"燃料"，用呼吸器官实现"燃烧"（水火结合）。心脏则是这一动态系统的主导者，"心"的功能一旦停止，血液立即开始停滞冷凝。《孟子·告子上》说"心之官则思"（推想人脑本身不易被思维者觉察，用脑高度耗氧，需要心脏加力供血，因而被古人误认）。思维可以发明器物，远古最高级的"器"莫过于水火融合于其中的甑甗（蒸锅），它是人类最早的蒸汽利用装置（steamer）。

［附］中医理论何以成为中国哲学概论

在社会层面，汉代《春秋繁露》中的"天人合一"以《公羊传》的"大一统"为指导，为服务于集权政治而充满武断的比附；但《黄帝内经》必须以病体的康复为检验标准，当然要汲取扁鹊等世代名医的实践经验，因此其理论体系无比缜密，这是因果关系思辨的结晶。另一方面，当政者依赖医学保命，这使医术得以不断积累提高，逃脱了墨子学派那样被剿灭的命运。因此，可说医学和生理学是儒学统治下的物理学"特区"。

中国学术有个突出而又为人所忽视的特点：哲学概论都以医学理论面目而存在，笔者认为这有其必然性。"水火"范畴的思维成果也曾依附于医论，到明代王廷相的《慎言》才算独立；更先进的何瑭"八字真理"，也经历了用医学外衣遮蔽的曲折（见下文）。

---

① 陈来：《宋明儒学的"天地之心"论及其意义》，《江海学刊》，2015年，第3期。

四、"水火"与经学悬疑的新解

"百姓日用"即"水火"

《易·系辞上》说："一阴一阳之谓道……仁者见之谓之仁，智者见之谓之智，百姓日用而不知，故君子之道鲜矣。"网上常见提问："百姓日用而不知"的宾语是什么？"经学"中这一悬疑罕有答案，更不会有"聚讼"。笔者从饮食史的特殊角度悟出，只要比照《孟子·尽心上》中："民非水火不生活，昏暮叩人之门户求水火，无弗与者"，稍加思考便知答案就是水火：暮夜向邻居借水火，当然为了烧水做饭。《易·系辞》的"百姓日用"与《孟子》的"民（非……不）生活"，显然同义。如果仍嫌思路衔接不密，还可参考《中庸》名句"人莫不饮食也，鲜能知味也"，其上句是"子曰：'……道之不明也，我知之矣：贤者过之，不肖者不及也'"。"贤者"把"道（味）"说得过于玄虚，而"不肖者（百姓）"停留在形而下的吃（饮食）上，不能通过思辨加深认识，可见"味"正是"道"与"水火"之间的中间环节。朱熹向悬疑的破解再跨一大步，他在注释《周易》的"一阴一阳之谓道……仁者见之谓之仁……"时，引用《中庸》关于"饮食"与"味"的关系之句说："'日用不知'，则'莫不饮食，鲜能知味也'……然而莫不有是道也。"[1] 可见，"鲜能知味"与"日用不知"说的都是"道"，不过饮食之味更为具体，因而是"道"较浅层次的表现。笔者在饮食"味道"的探究中曾提出"道可道，即'味道'"命题，论证"道"与"味"的同一性。[2]

---

[1] （宋）朱熹：《周易本义》卷三。

[2] 《易经·系辞》《中庸》《孟子》的三项判断，可以成为逻辑推理的"三段论"：A段为"百姓日用而不知"（《易·系辞》）；B段为"'百姓日用水火'（《孟子》）＋'饮食而不知味'（《中庸》）"；C段为"水火互动创生美味"（高著）。高成鸢：《从饥饿出发：华人饮食与文化》，香港三联书店，第99、170—188页；高成鸢：《味即道：中华饮食与文化十一讲》，生活·读书·新知三联书店，2018年，第132—165页。

还有《诗·小雅·天保》中的"民之质矣，日用饮食"，是歌颂国君的，下文引向与"道"相关的"德"，也是佐证。

"百姓日用"即"水火"，直接的文献依据也已发掘到两条：1. 汉初《尚书大传》之《甘誓传》一章有佚文说："水火者，百姓之所饮食也。"[1] 结合下文"金木者，百姓之所兴作也；土者，万物之所资也；是为人用"，显示五行分三个层次，底层是承载一切的"土"；中层是百姓生活（饮食）必需的水、火；顶层是百姓生产（兴作）所必需的金、木。金、木可能为部分百姓或有些日子所不用，饮食则为每人每天所必用。正因如此，《易·系辞》的文本可以不提饮食，只强调"日用"。《尚书大传》宋代已亡佚，清代才出现多种前贤未见的辑佚本；根据上述《尚书大传》佚句，可以做出判断：《易·系辞》的"百姓日用"与《孟子》的"民非……不生活"完全同义，不过各有省略。2. 从冷僻医学文献中发现重要参证：西汉大医学家张仲景谈食疗时说："夫含气之类（动物），未有不资食以存生……百姓日用而不知，水火至近而难识。"[2] 特别值得注意的是，佚文中的"水火至近而难识"与《易·系辞上》的"百姓日用而不知"恰成天衣无缝的对偶：很难看出后半句是《周易》原文或是引用者的领悟，甚至令人想到它是否曾有《周易》的另一汉代文本为据。无论如何，观其全句，"道＝水火"是可以成立的。

《易·系辞》的原文，诚然历来少有人对之提出异议，却不能说不容置疑。其中有一问题明显有悖事理：原文说先民春粟的工具是"断木为杵，掘地为臼"，用木杵捣土坑必然使细小的粟粒深陷土中；古佚书《黄帝内经》在"掘地为臼"之后补加"以火坚之"四字[3]，依据虽不可靠，却应"以理揆之"，视为必要的补阙。今天对待经

---

① 转引自《尚书正义》，《十三经注疏》，中华书局，1980年，第188页。

② 据唐代孙思邈《备急千金要方·序论》引文，医史上公认此为张仲景的佚句。孙思邈：《备急千金要方》，中国中医药出版社，1998年，第427页。

③ 《黄帝内经》，《影印文渊阁四库全书》（第365册），台湾商务印书馆，1985年，第109—110页。

典，已没有必要再用神学态度。

"水火"与"日用"问题，还有另一方面：百姓日用之衣也必需水火。汉语惯言"衣食"，假如在先的"衣"无关于水火，则"百姓日用＝水火"的等式不能成立。汉语的先衣后食，可能因为华夏冬季寒冷（与其他古文明发源地相比），饿几天尚能耐受，冻一夜即会毙命，所以杜甫诗曰"朱门酒肉臭，路有冻死骨"①。衣的重要更在于文明标志，黄帝的衣裳质料是丝绸。考古学家夏鼐说："沸汤缫丝法是个窍门，外国人偷运蚕种出境，……蚕蛹变成蚕蛾后咬孔钻出，便损坏了蚕茧的长纤维。"②缫丝必须经过煮茧（使丝胶溶解）工序，相关技术可以视为水火烹饪的扩大运用。又，据《天工开物·乃服》，御寒较差的麻布，纤维加工中也要先用稻灰煮过。衣食的备办都开不开水火，至此"百姓日用＝水火≈饮食"证明完毕。

必须说明，在儒学领域，对"百姓日用"另有心性修养方面的深度诠释，这是与佛学相通而形成的"心学"，都自有其高深的内在学理，本文的新说对传统的解释并不否定。

"格物"诠释的两歧

儒家课本"四书"之首的《大学》，设定"止于至善"为教育的最高目标，并讲解实现目标的八个步骤：格物、致知……治国、平天下。"格物致知"字面上不难懂，却成为争论两千年、"答案"上千种的学术疑谜。《大学》文本中，"格物"较之其余步骤，缺乏解释文字（《格物补传》），而西汉郑玄简单的古注把"物"明确解释为"事也"，而且只限于善事、恶事③，"物"字的本义反被公然排除。这显然出于秦汉中央集权的政治需要。华夏群体自古就处在超强的内外压力下，为了生存，必须用礼教把人群凝聚为整体。当"礼"重要到压倒一切时，文教方针会收紧到"非礼勿言"；当人际伦理把博物知识挤压到零时，对士人心性修养的要求会专注到"目中无

① （唐）杜甫著，葛景春注评：《杜甫诗》，中州古籍出版社，第65页。
② 夏鼐：《敦煌考古漫记》，百花文艺出版社，2002年，第253页。
③ 郑玄注，孔颖达疏：《礼记正义》，中华书局，1980年，第445页。

物"。作为学校教材的经书会对社会文化产生重大影响，郑玄释"物"为"事"，这一曲解后世曾扩大化，例如唐人把黄帝要求"节用水火材物"的"物"也注释为"事也"①。

宋代朱熹（已有相关专著阐述他的不为人知的科学天才②）借审定儒学新教材之机，借着给"格物"一章补《传》，提出"天下万物莫不有理"，试图用"穷理"来突破"修身—治国"的教育藩篱，开启通向百科知识的门扉。他不便改动"物"的古注，就利用口头讲学的灵活性，频频引向生物③，于是造成了"格物"诠释的两歧。明代王阳明曾试行以竹为对象的"格物"实验，直至病倒；缺乏博物学的传统背景使他难以找到解剖、分类的深入之路，反而更专注于自身修养，走上"心外无物"的极端。朱熹对"格物"的新解，由于符合时代的进化规律获逐渐普及，例如明末并不关注博物探索的文人领袖王世贞，也在《本草纲目》的序言中断言此书堪称"格物之通典"④。

与"格物"相关的还有《易·系辞上》中的"开物成务"，孔颖达疏解释"开物"为"开通万物之志"⑤。由于历代注解回避"物"的本义而一直未能讲清，《大学》断言："知所先后，则近道矣"；《孟子·离娄》说："舜明于庶物，察于人伦"。根据事理先后，"开物"应指创造器物，"成务"当指办理事务（"事"古与"吏"通）。

对待"格物"问题只能运用诠释学（Hermeneutik），它认为任何文本都有多元意义，容许后世作不同的解读。"格物"聚讼来自文字的简略、脱落，这正是诠释学的用武之地。朱熹为《大学》补传就是诠释学原理的运用；王阳明的反驳更是如此，他曾宣称："圣贤垂训，固有书不尽言、言不尽意者；凡看经书，要在致吾之良知，

---

① 张守节：《史记正义》，中华书局，1989年，第9页。
② 乐爱国：《朱子格物致知论研究》，岳麓书社，2010年。
③ 集中于《朱子语类》第140卷。
④ （明）李时珍：《本草纲目》，中医古籍出版社，1998年，第1页。
⑤ 王弼注，孔颖达撰：《周易正义》卷十二，中国书店，1987年，第42页。

取其有益于学而已。"① 余英时先生说:"经过阐释的传统才是有生命力的传统。我希望寻找传统与现代衔接的内在理路(Inner logic)。"② 丁肇中断言"格物"是"探察物体而得到知识",这已进入中学教材③,但在儒学领域内,把"物"解释为"事"仍然是对的。

有形的物只占空间,无形的事则占时间。常在运动中的水火,介于物、事之间,因而与"格物"问题密切相关。水、火属于物理范畴,但作为生命的前提,又属于伦理范畴。《周易》之"德"("天地之大德曰生")、孔子之"仁"(果核内的种子)都与生命相关,而生命来自水火交融。因此水火之"理"可以弥合"格物"诠释上的两歧。

[附] 从"是非"一词看"逻辑"的薄弱

《易·系辞上》在论"道"之句中有"仁者见仁,智者见智"之分,"智"与"仁"分别关乎"善恶"及"是非"。然而儒学经典中竟很难找到真正"是非"的例句,《孟子》中列举为人的标准之一的"是非之心"也仅限于善恶。《庄子·齐物论》说过,人爬树会胆怯而猿猴不会,结论是"彼亦一是非,此亦一是非",这里"是非"近于客观的对错判断。《庄子·盗跖》说的"摇唇鼓舌,擅生是非"则指人际关系的纠纷,口语中的"是非"绝大多数都属此类。无关善恶的"是非"理应首先出现在物理领域。只有《墨子·天志上》中的这一例句才是纯粹的"是非":"轮匠执其规矩,以度天下之方圆,曰中者,是也;不中者,非也。"《大学》说"物有本末"和"事有始终",两个事例本身就有"先后"问题:"本末"是植物的空间形态,"始终"是事务的时间过程,空间比时间易于认识(何况"先后"不等同于逻辑上的"因果"关系)。

---

① 《答季明德》,《阳明全书》卷六。

② 刘梦溪:《传统的误读》,河北教育出版社,1955年,第355页。

③ 九年义务教育教科书《语文》九年级上册第14课,人民教育出版社,2003年,第111页。

"新儒家"殷海光有一本逻辑学专著，题名为"怎样判别是非"①，表明"是非"判断属于逻辑学的主要内容，逻辑学术语中常用真（true）、假（false）来表示，但日常都说"对错"。然而对、错二字都别有本义（分别为对答、错杂）。古代的传世文献大多受儒学的影响，宋代以后"对错"才随着白话文而流行。可见，"非礼勿言""目中无物"会影响到逻辑思维的发展。

五、"水火"与中华古代的科学先见

"水火相济"堪作中华的"科学理论"

由于食物匮乏，为了确保粮食生产，华夏文化向来大力压制工商；无数发明及相关典籍都随时失传，包括经典《周礼》中四分之一的技术记载，后来用《考工记》补空，这本古齐国的工艺手册可能因随时被翻阅而幸能流传。学界公认，中华的应用技术虽然曾领先世界，但却缺乏作为基础的科学理论。② 笔者在"水火"课题的涉猎中细读存世的技术文献发现：凡是需要用水又要加热的工艺，叙述中往往会意外提及水火的协同，即便两者并不在同一工序中相遇。这种"多余"的引申显然具有"科学理论"性质。只举《考工记·薙人》一例："薙人"是割草肥田的工程师，相关工艺是先用火烧草再用水浸灰，原文却说"以水火变之"。这话也出现在《礼记正义·月令》中，孔颖达疏特别解释说："先以火焚烧其草，后以水浸渍之；变此瘠地为肥，故云水火变之"。明明用火在先、用水在后，为何偏要"水火"并提？孔疏强调说："先火后水，而云'水火'者，便言也。""便言"表明"水火"并提确已成为人们的一种习惯。

明代的《天工开物》被评很少涉及科学，但笔者发现该书中确

① 殷海光：《逻辑新引·怎样判别是非》，上海三联书店，2004年，第227—290页。

② 梁启超、胡朴安等著，黄河选编：《道家二十讲》，华夏出版社，2008年，第105页。

有"基本原理"的反复运用,成语"水火相济"在书中出现六次之多。例如制陶,"宋子曰:'水火既济而土合。'"(《陶埏·前言》)按,水、土结合成坯是前提工序,异文化人士不会想到"水火既济";又如锻钢须经过用水"淬火"的工序,书中说"钢铁已经炉锤,水火未济,其质未坚"(《锤锻·冶铁》)。在华夏传统看来,"水火"协力就是"造化之机"(见下文),当然也是科学原理。

水火与天地、生物的起源

中华文化的"宇宙"除了空间还包括时间,中华文化所特有的"天地"概念小于宇宙,具有人文属性,因为人能"参(与)天地"(的造化)。"天地"常跟"万物"(初指生物)并提,智者首先会思考"天地"的形成。近年颇受重视的先秦道家古籍《鹖冠子》说:"地湿而火生焉;天燥而水生焉……水火不生,则阴阳无以成气,……万物无以成类。"[1] 这强调了"天地"的由来与"水火"的相关,但却是从天地推演到水火;后世智者则从水火推演到天地。《朱子语类》卷一提出假说:"天地始初、混沌未分时,想只有水火二者。水之淬脚便成地……"明代王廷相使这一假说更详备,他说:"(天上的太虚阴阳之气)一化而为日、星、雷、电,再化而为月、云、雨、露,则水火之种具矣。有水火,则蒸结而土生焉……金木者,水火土之所出,化之最末者也。"[2]"土"即地,地附属于天。这种由水火演化成天地的过程,就是中国的"宇宙生成论"。

从周代的《鹖冠子》到宋代的朱熹,时间及思路跨度很大,中间必有过渡。如五代时期道家学者谭峭的《化书》[3],其中难得论及火、水本身的由来,从而引出"动静"的现代力学范畴,断言"动静相磨,所以化火也……水火相勃,所以化云也……"。这段话的惊

① 黄怀信校注:《鹖冠子校注》,中华书局,2014年,第131页。
② (明)王廷相:《王廷相集》,中华书局,1989年,第752页。
③ [英]李约瑟著,王铃协助:《中国科学技术史》第二卷《科学思想史》,科学出版社、上海古籍出版社,1990年,第481—482页。

人结尾是"天地可以别构，日月可以我作"①，显示出对"水火互动"神通的无限信心。它与科学发现相当接近：无数炽热的"天"体可以看成"火"，而"地"球有"水球"之称。

然而笔者认为，更有根本意义的、最值得注意的，还是先秦智者荀子的光辉论述，其中把"水火"视为生命自然发生及演进过程中的一个独立环节。《荀子·王制》说：

> 水火有气而无生，草木有生而无知，禽兽有知而无义；人有气、有生、有知，亦且有义，故最为天下贵也。

这段话清晰而完备地揭示了生物演化的步骤：宇宙→天地→水火→草木→禽兽→人类。然而，对此，历代的研究者都没有给予足够的重视。直到当代学者如李存山先生等②，才开始强调其宝贵价值。秦汉之后，荀子的"生物演化阶段论"一直无人重视，直到明代王廷相承接荀子的创见，总结前人的片段论述，断言从雨水到草木无非蒸汽变化的现象："雨水之始，气化也；得火之炎，复蒸而为气。草木之生，气结也。"③ 从荀子到王廷相都认为生命发生过程中存在着一个高于"水火"而低于"禽兽"的"草木"阶段，它包括蛤介、昆虫等低级生物。今天看来，从单细胞到"草木"之间、因为"有气"而异于无机物的，都可归于孕育生命的"水火"阶段。

《荀子》关于生命演化的超前认识，与现代科学高度一致：海水与太阳之热共同孕育出蛋白质低级生物。1953 年，探索生命起源的"米勒模拟实验"（Miller's simulated experiment）证实，由闪电激发原始海洋与大气，经过一系列化学反应能生成蛋白质，正如恩格

---

① 谭峭：《化书》，中华书局，1996 年，第 6 页。
② 李存山：《"气"概念的几个层次意义的分殊》，《哲学研究》，2006 年，第 9 期。
③ （明）王廷相：《王廷相集》，中华书局，1989 年，第 753 页。

斯所说"蛋白质是生命的存在方式"①。1970 年又发现"深海热泉生态系统"（Deep sea hot spring ecosystem）能产生蠕虫、蛤类等低级生命，这都证实"水火"交融形成生命的假想。

何瑭"造化之机，水火而已"的"八字真理"

在宋代张载的"元气（炁、汽）一元论"中，水、火还隐身在"阴阳二气"的背后，直至明代后半期，"水火"才正式亮相。王廷相在与其学友何瑭切磋时，曾肯定"天地、水火、万物皆从元气而化"②，这肯定了"元气"与"水火"的同一性，但两者的因果关系却不够合理。何瑭号柏斋，是"百科全书"型学者，据《辞海》朱载堉条，这位首先发现"十二平均律"的音乐家"早年从舅父何瑭习天文、算术"。何瑭还迈出关键的一步，提出"天地造化之机，水火而已"，肯定了水火直接就是天地万物的本原。这十个字中的"天地"可以免去（根据前引王充"天地为炉、造化为工"之说，"天地"只是"造化"的场合），剩下的八个字就是造化的核心秘密，笔者认为堪称"八字真理"。何瑭及其真言出现的时代背景，下文将有论述。

"八字真理"何以一直少为人知？考证可知，因为它的传布经历过一番曲折。他在《阴阳管见》第二段深刻揭示了水火互动的意义（见下文），遗憾的是，开头的一句说的并非"水火"，而是倒退到阴阳："造化之道，一阴一阳而已矣。"③ 仔细考察，原来"八字真理"的原话并不见于《阴阳管见》，而是写在他的另一杰作《医学管见》中，《阴阳管见》中则用"阴阳"代替"水火"。有理由推想，这是因为何瑭顾虑自己的新锐观点会引起围攻，有《阴阳管见》的序言为证："欲著述以明之……且恐启争端也，藏之中心盖十五年于今矣……盖有待后世之君子焉。"④ 据《阴阳管见后语》，此作发表后

---

① 《自然辩证法》，人民出版社，1991 年，第 277 页。

② （明）王廷相：《王廷相集》，中华书局，1989 年，第 974 页。

③ 何瑭著，王永宽校注：《何瑭集》，中州古籍出版社，1999 年，第 394 页。

④ 何瑭著，王永宽校注：《何瑭集》，中州古籍出版社，1999 年，第 164 页。

"争辩纷然而起"①。可见创立新说之艰难。再查《医学管见》一卷，虽仅列入《四库全书·子部·医家类》的《存目》中，但却因为其哲学思想高明而被医界奉为圭臬，百年后的医学总集中还多有收录其片段者，如明末李中梓撰于 1637 年的《医宗必读·水火阴阳论》，开篇即称"天地造化之机，水火而已矣"②。清初潘楫撰于 1652 年的《医灯续焰》，其卷十一称"昔人论水病，知经义者，固惟仲景一人。近世何柏斋、张景岳二论，亦庶几焉。柏斋曰：造化之机，水火而已"③。

王廷相曾对何瑭用"水火"取代传统的"阴阳"提出商榷，何瑭已预先针对反对者可能提出的质疑做出答辩："或曰：'天地水火恐未足以尽造化之蕴，不如以阴阳统之。'予窃以为，阴阳者，虚名也；天地水火者，实体也。"（高按，十四字最能服人，显然借用韩愈《原道》的名言："仁与义为定名，道与德为虚位"）……天宰之以神，地载之以形，水火二者交会变化于其间，万物由是而生，造化之能事毕矣。"④

"造化之机"等于"天机"，发现者把它写在《医学管见》中，明儒被批评为"束书不观"，更不会读医书，以致"八字真理"未能进入哲学史领域，六百年间隐没不彰。水火生成天地万物的理论，在日本却被顺利地接受。日本古代医籍《百腹图说》（1602）在序中断言"造化之机，水火而已"（无"天地"）⑤，李中梓《医宗必读·水火阴阳论》（1637）有"天地造化之机，水火而已矣"之句，晚于日本 35 年。

---

① 何瑭著，王永宽校注：《何瑭集》，中州古籍出版社，1999 年，第 165 页。
② 李中梓：《医宗必读·水火阴阳论》，中国中医药出版社，1998 年，第 7 页。
③ 潘楫撰，杨维益点校：《医灯续焰》卷十一，人民卫生出版社，1988 年，第 252 页。
④ 何瑭著，王永宽校注：《何瑭集》，中州古籍出版社，1999 年，第 394 页。
⑤ 廖育群：《中国传统文化与日本"腹诊"的形成》，《中国学术》，2001 年，第 6 辑。

"冰炭"对举　超越现代

如果水、火的对举会使西人感到陌生，那么更有冰炭对举让他们惊叹。简单的"熨斗"出现于晋代杜预佚书中①，早于西方（17世纪的荷兰）1600年，缘由显然在于木炭的有无。"炭"在中国文献中常表示其燃烧状态，如"生灵涂炭"。"冰炭"配对的前提，是生活中对"炭热于火"的熟悉。欧洲用篝火烤熟食物，而华人独有的炒法必须高温"武火"，要以木炭为燃料；欧洲用木桩烧壁炉，而中国只有炭火盆。西方生活中没有木炭来诱发灵感，就难以想到冰炭对立。先秦韩非在谈到学派的对立时，曾做比喻说"夫冰炭，不同器而久"，此话之严谨远超"水火不容"。《荀子·劝学》说"冰寒于水"，而炭（燃烧状态）热于火，两者完全可说是水、火的固体形态。冷却的木炭乃是太阳能的仓库，火柴像钥匙。

韩非子的半句话，只从哲理上认识"冰炭"对立，过于简单，未能把冰炭之间的水火连接成同一变化过程，更缺乏细节的分析。明末博物思潮兴起，方以智给木炭下过科学定义说："炭者，火闭气而死者也。"② 更早，王廷相就曾指出："冰冻为水之本体，流动（从冰到水的变体及水的移动）为天火（热）之化也。"③ 同代的何瑭认识到融冰为水的热学原理，说："曰：'水，阴也，流而不息，安在其为静乎？'曰：'流，非水之本然也。水，体凝而性静者也；其融，火化之也；其流，天运之也。'"④ 宋应星则透彻分析了从冰到炭之变化的热学过程："尘埃空旷之间，（水火）二气之所充也。火燃于外，空中自有'水意'（氧）会焉。火空，而木亦尽。若定土闭火于内……而其形为炭，此火之变体也。水……平流于沼面，空中自有火意（热量）会焉，使之不凝。若地面沉阴飕刮，鬲（隔）火气于寻丈之上，则水态不能自活，而其形为冰……射日燃火（热）于河滨，而

① 《全晋文》卷四十四。
② 《物理小识卷二·风雷雨旸类·死性之火》。
③ （明）王廷相：《王廷相集》，中华书局，1989年，第966页。
④ 何瑭著，王永宽校注：《何瑭集》，中州古籍出版社，1999年，第395页。

冰形乃释矣。"① 这段话中包括对燃烧原理的超前揭示（尽管一些猜想不够科学），比起 1774 年拉瓦锡发现氧气要早百余年。他提到的"水意"当为氧气，这为世界化学史上曾一度被公认的中国唐代发明氧气之说（《"马和"发现氧气的问题》②）的辨析，提供了新的线索，值得专家参考。

中国的木炭还升级为焦炭（"礁"）。《天工开物》最早记述说，"礁"又名"火墨"，"其炎更烈于煤"③。方以智对"礁"有专论，说是用煤、炭再次烧炼而成的。④ 14 世纪马可波罗旅行记中提到中国用"黑石头"做燃料⑤，西方不懂用煤就难以发明焦炭。焦炭燃烧的灰烬极少，达到零时即是化学元素"碳"。"碳水化合物"实质近于"水火化合物"，是生命体构成的基础。

六、从"礼"到"理"的启蒙与"水火"观的提升

宋明礼教与理学的此消彼长

中华学术长期停滞于先秦的"阴阳之道"，直到宋代再次突进，陈寅恪先生断言："华夏民族之文化……造极于赵宋之世"⑥。"礼"源于物资匮乏，宋代经济文化重心转向南方，稻米能一年两熟。饥饿缓解，礼教在普及到平民的同时，对社会整体的束缚也趋于宽松，人的求知本性因而复苏。《宋史·张载传》说"知人而不知天"是"秦、汉以来学者大蔽"。在佛、道的严重挑战下，思辨的理学应运而生。

理学之"理"的由来和本义，历来较少讨论。清代考据家重新"整理国故"，得出的经验是正确理解经学应从"小学"（文字学）入

---

① 《论气·水火二》

② 袁翰青：《中国化学史论文集》，中国出版社，1956 年，第 221—231 页。

③ 《天工开物·燔石第十一·煤炭》。

④ 《物理小识》卷七。

⑤ 冯承钧注：《马可波罗行记》，商务印书馆，2012 年，第 231 页。

⑥ 陈寅恪：《陈寅恪先生文集》（第 2 卷），上海古籍出版社，1890 年，第 405 页。

手。据《说文解字》，"理"字"从玉"，原指玉中可见的纹理；又据《礼记·内则》，切牛肉片要"薄切之，必绝（断）其理"；恰好，鉴赏玉器、薄切肉片都是中华特有的实践。从对"道"的领悟进步到对"理"的考察，先秦已曾开始。《韩非子·解老》堪称"理"的专论，篇中出现"理"字44次，"道理"10次。原文说："道者，万物之所然也，万理之所稽也。""理者，成物之文也；万物各异理。"对理的细致分析，涉及"短长、大小、方圆、坚脆、轻重、白黑……"这显限于物质。还说"理定，而物易割也"，令人想到用于"格物"是无比贴切的。可惜这位大智者埋头于政治理论并因此丧命。

《礼记·仲尼燕居》说："礼也者，理也。"儒家的"理"是从中华发达的家族关系中抽象出来的，辈分的尊卑压倒年龄的长幼，依据的就是血缘远近之理。极少有人想到成语"知书达理"①并无出处，据《成语词典》当作"知书达礼"，其意外错用了白字而无人觉察，当属众人"理性"之下意识的显露，这应该归功于理学的普及。王国维在《释理》专论中断言："所谓'理'者"，本来只有"理由、理性二义"；宋代"理"又有了"伦理学上的意义"，强调与"人欲"对立的"天理"；专注于善恶，是"理"概念不够明晰所致的"误解"②。这对本文的观点是强力的支撑。

随着礼教的趋于弱化，具有普遍价值的理学同时兴起，这是文明发展的必然，不过实际转变过程却很奇妙：压倒一切的"礼"被压倒，实际是（也只能是）借用"天理"的权威。儒学源头固有礼教过度化的苗头（《礼记·乐记》批判"灭天理而穷人欲"，埋伏着"人欲"与"天理"的对立），但理学鼓吹的"存天理、灭人欲"，甚至极端到宣称"饿死事极小、失节事极大"③，这与孔子肯定的"饮食男女，人之大欲存焉"（《礼记·礼运》）公然抵牾。朱熹抓住这个

---

① 《红楼梦》第86回。

② 干春松、孟彦弘编：《王国维学术经典集》上，江西人民出版社，1997年，第19—32页。

③ 《二程全书·遗书二十二》。

碴口，用讲学方式做出矫正，宣称"饮食，天理也；山珍海味，人欲也。夫妻，天理也；三妻四妾，人欲也"①。这样就借助天上的神权，压制"三纲"中专横的君权。

王阳明向朱熹的反面走得更远，但其学说却获得高度评价。对此，余英时先生有透辟的认识：经过元代的野蛮统治，明代皇帝空前专断，这使王阳明顿悟到士人要实现使命只能通过社会启蒙。② 王阳明的平民弟子王艮创立新学派，重新审视《易·系辞上》的"百姓日用"命题。唐代韩愈《原道》就说："夏葛而冬裘，渴饮而饥食"，朱熹曾重复此话，却都没想到"百姓日用"与衣食等同。两人的话分别归结于"智"与"天职"，都未能与"道"相连。王艮空前重视百姓生活中的衣食，能把《易·系辞》中的"一阴一阳谓之道"跟被 24 个字隔开的"百姓日用而不知"衔接，做出"百姓日用即道"的明快判断（还说"愚公愚妇"都"能知能行"）③，至此，距离"'百姓日用'（或'阴阳之道'）≈'水火'"的认识，只剩半步。可惜这一关键局面又被游牧的八旗铁骑搅局。

晚明大变局与物质"水火"观的登场

明代，玉米、番薯等美洲高产作物引进，古来群体食物匮乏的境况基本终结，这对社会必有重大影响。更重要的是近年史学界揭示的晚明"天崩地解"大变局：以葡国航海力量为主导、由"倭寇"（实为浙闽海上走私集团）为中介的中国丝绸—美洲白银大流通，促成"以中国为中心的"世界近代化大潮。④ 西方"新史学"名著《白银资本——重视经济全球化中的东方》揭出惊人的事实：流入中国的白银接近世界总量的三分之一⑤，江浙一带已实现初步工业化。出口

---

① 《朱子语类》卷十三。

② 余英时：《宋明理学与政治文化》，广西师范大学出版社，2006 年，第10—60 页。

③ 《王心斋先生遗集》卷一《语录》。

④ 樊树志：《晚明大变局》，中华书局，2015 年，第 94—97 页。

⑤ ［德］贡德·弗兰克著，刘北成译：《白银资本——重视经济全球化中的东方》，中央编译出版社，2008 年，第 27、407—408 页。

货物是欧洲贵族亟须的丝绸、瓷器，后者居然与中国"China"同名。

王艮的隔代弟子、海商后代李贽，曾用百姓的话语大胆宣称"穿衣吃饭即是人伦物理"①。王艮的学生多有陶匠、盐工，他们的生活条件只需衣食，生产过程不离水火；然而师生谈"道"论"理"却未见涉及水火，有些难以理解。细究《易经·系辞上》的"百姓日用而不知"，其上下文分别论及的"仁者智者"及"君子"，都有较高的认识能力，容易发现水火之理，或许只是相关言论未能存留或未被发掘。笔者已有发现，理学鼻祖程颐论水火之句就没有从水火角度受到重视："凡眼前无非是物，物皆有理；如火之所以热，水之所以寒……皆是理。"② 无独有偶，中医一贯把五行内化为人体机能运作符号，然而明代医家张景岳竟抛开人体而大谈水火关系："然水中藏气，水即气也；气中藏水，气即水也。夫水在釜中，下加薪炊则水干，非水干也，水化气而去也。上加盖覆则水生，非水生也，气化水而流也。水气一体，于斯见矣。"③ 这也反映了朱熹"格物"新诠释的普及与运用。

明末物质的"水火"理论终于成熟，标志是两位新型学者的涌现。宋应星不仅在《天工开物》中总结出"水火相济"原理，还有哲学佚书《论气》《谈天》（埋没到"文革"后期才见天日④）堪称"水火"专论，把五行改称"五形"，"水火"特称"二气"："杂于形与气之间者，水火是也"（《论气·形气一》），"形而不坚、气而不隐者，水火之体也"（《论气·形气二》）。他谈到烹饪中的木柴燃烧时说："二气（合成"木"的水、火）……铢两分毫无偏重也。取青叶而绞之，水重如许；取枯叶而燃之，火重亦如许也。"（《论气·水火三》）科学史学者潘吉星先生认为这"已隐约认识到水火间的热能传

---

① 《焚书》卷一《答邓石阳》。
② 《二程遗书》卷十九。
③ 《景岳全书·传忠录上·阴阳篇》。
④ 宋应星：《野议·论气·谈天·思怜诗——宋应星佚著四种》，上海人民出版社，1976年。

递有定量规律可遵"①。方以智的博物学专著《物理小识》及哲学专著《东西均》都频频论及水火。可贵的是他能克服华夏文化轻忽于火的偏失，《物理小识·火与元气说》提出："阳统阴阳，火运水火也……水非火不能升降"，这是西方也不易洞察的。《东西均·反因》更断言"凡动皆火为之"，还能从水火变化的现象深入"理"的科学、哲学层面，说"静沉动浮，理自冰炭"。

［附］名词"东西"（物）由来难题的破解

晚明的国际货物交易甚至改变了汉语，最常用名词"东西"怎么来的？明末崇祯皇帝提出这个问题后，至今没有答案，只有年轻网民还在不断追问。流行的答案近于笑料：人问朱熹为什么称"买'东西'（而非'南北'），答曰：五行中与东、西对应的木、金可以买卖，与南、北对应的火、水不能。据《辞源》例句，"东西"（最初仅指单件商品）突然出现于明代俗话中。笔者在关于"格物"问题的涉猎中触发思绪，试图破解中华学术中这一最大的无解之谜。②丝绸装扮了全欧洲的上层社会，其产地江南家家致富，乡村教育因而惊人普及，蒙童在《三字经》后即读《大学》，"物"被确解为"事"，其不当再指实物已属常识，亟须新词语的出现。在汉语"双音节化"中，"物"理应自然变为"物事"，日语中即是如此（ものごと），但主体汉语中却通行有悖于逻辑的"事物"，只能用于抽象场合，唯有上海方言除外（可能"物事"流行极早，未被"东西"取代）。笔者考察初版《辞源》，其中"东西"即有四种说法，都难成立。近年不少青年学者以此为题，提出的新解累计达十四种之多。笔者的解答受晚明福建海商史料的启示："准贩东西二洋（货品）"出现于"开放海禁"的奏折中。③论文写成大半，意外检索发现，同

---

① 潘吉星：《宋应星评传》（下册），南京大学出版社，1990年，第354页。
② 高成鸢：《名词"东西"由来难题的破解》，《社会科学论坛》，2018年，第1期。
③ 樊树志：《晚明大变局》，中华书局，2015年，第79页。

样观点的论文二十年前已由资深学者陈江先生发表于史学名刊①，不过尚属推想，未能提供确证。拙文做出两点关键补充：从著名"买办小说"《市声》中找到例句：进口商人谈到玻璃，当所指为实物（发明史）时称之为"物事"，所指为进口商品时则必称"东西"；又提供明代仇英名画《南都繁会图》②，显示百货店幌子上大书"东西两洋货物俱全"，这与近代上海的"华洋百货"相当。陈江先生与笔者两篇专论的公布，都未能改变"东西"由来之旧说流行如故，反映出学术与现实严重脱节。

清末"西儒"编写《水学》《火学》课本

中国近代化时期的说法有三，分别在南宋③、晚明、清末。放大时空尺度来看，其实是同一过程，不过是再三被北方游牧民族冲散，随之礼教的回潮又把前代成果荡涤净尽。比较而言，元代国祚短暂，没有根绝南宋启蒙的余脉，而清代惨烈的文字狱，使宋明以来士人习得的思辨能力自限于故纸堆中，更使前代的丰硕成果连同记忆丧失无遗。《天工开物》《东西均》都成为禁毁书，前者到民国初年才在日本被"发现"，其时已被译为多国文字；后者迟至二十多年前才由庞朴先生试作解读。④

晚明的学术局面堪称空前绝后。基督教立足成功，《几何原本》风行，西学与传统学术结合，出身理学世家的方以智曾与众多西儒直接交流。同时博物学热潮兴起，几十年间竟有十来部不同学科的专著问世⑤；《本草纲目》被称为"格物之通典"，表明对物质文明的探索几乎压倒儒学。江南教育的普及使"学而优则仕"难度加大，导致"士商合流"，其重大历史意义的探讨已成为热门课题。清代思

---

① 陈江：《"买东西"考》，《历史研究》，1997年，第4期。

② 现存中国国家博物馆。

③ 日本学者内藤湖南提出"宋代近世说"（刘俊文主编：《日本学者研究中国史论著选译》第一卷，中华书局，1993年，第10页）。

④ （明）方以智著，庞朴注：《东西均注释》，中华书局，2016年，第62页。

⑤ 席泽宗：《论康熙科学政策的失误》，《自然科学史研究》，2000年，第1期。

想禁锢的恶果表现为士人整体地世代埋头于经典考据，直至颜元在北方出现。颜元"对汉宋二学都唾弃；认为舍做事外别无学问"①，这不能不说与学术记忆的丧失有关。他主张回到孔子的"六艺"及"唐虞五臣"的文化源头，说"兵农礼乐，水火工虞之类，皆须探讨"②。他在重建教育体系时，主课设置中有《水学》《火学》名目，内容当是农田水利工程及金属冶铸、陶器烧制。这倒能显示，原始儒学并不否定物质方面。

清末的再次"近代化"大不同于宋、明的主动，完全出于被迫。顽抗世界文明而惨败的统治者痛下决心引进现代学术。1902 年，钦定京师大学堂校长、精通汉学的西儒丁韪良（W. A. P Martin）在编写科学课本时，以异文化的冷眼，竟能循着水火互动的华人思维模式，重新组织"理"科知识。他把物理学课本定名为《格物入门》，其前三册分别题为《水学》《火学》及《气学》。③《气学》被安排在水、火之间，是把"气"视为水火的混合。这是以"水火"范畴融通中西学术的范例。从方以智对火的重视，到颜元的水、火分立，都能超越"水火相济"的传统，体现深入物质领域的学术新方向。

结语："水火"范畴与中华智慧

学者公认"天人合一"是中华文化的突出特色，从本文主题来看，其客观原理正在于天、人的内涵都包括着同一"水火"要素：天地由水火生成；水火交融成为兼有物质与能量的"气"；"冲气为和"，演化成生物、进化为人；华人"非水火不生活"，衣、食的制备都离不开水火；中餐饭菜烹调启发华人掌握水火"不容"而又"相济"的奥秘，由以产生"百姓日用而不知"之"道"。《易·系辞

---

① 朱维铮：《朱维铮导读〈清代学术概论〉》，上海古籍出版社，1998 年，书前《节目提要·颜元》。

② 颜元：《颜元集》，中华书局，1987 年，第 466 页。

③ ［美］丁韪良：《格物入门》，京师同文馆 1868 年刻本。

上》说"形而上者谓之道,形而下者谓之器";《说文解字》说"器,皿也","皿,食具也";"器"始于鬲,其功用在于隔(鬲)开水火使之共存并转化为汽(气)。

从"阴阳之道"到"水火之理"

春秋、战国处于世界史的"轴心时代",各大文明的光辉成果同时涌现,中国圣贤贡献了"阴阳之道"[①]。后来迫于群体生存的内外压力,对物理的关注让位于人伦,使学术停滞不前;宋、明两代的物质丰裕带来"水火之理"的创新。学术进步的内在必然,是从"阴阳"与"道"的虚泛,迈入"水火之理"的质实。古老的阴阳之"道",由易于认知的水火互动之"理"体现出来,使中华文化特具的"道理"空前彰显。水火互动的中华智慧没有脱离物质,易于被西方接受。当代西方学者已对"水火"范畴予以正面关注,美国艾兰(Sarah Allan)教授的名著《水之道与德之端——中国早期哲学思想的本喻》中特设"水火"一节,其中说:"水火至少像阴阳一样,是中国人二元论(双重性,dualism)的中心环节,甚至在阴阳理论形式化之后,水火依旧充当了重要的概念角色。"[②]

"贵水哲学"就是有理

世界公认《道德经》是中华智慧的代表,从其文本来看,对水的重视似乎是以对火的无视为反衬的:全文无一个火字。出土简书《太一生水》备受学界重视,所论宇宙生成过程,同样有水而无火。这与"水火"范畴看似抵牾,实则更为深刻,因为火就在水中。中华智慧的这一远见,日益被西方科学认同,例如寻求理想能源的无数努力已集中于"水基燃料"(H_2O Based Fuel)的方向。

以"太极图·阴阳鱼"的黑白分别代表水火,则"火盛水涸"将是人类文明的末路。"水火互动"不但能解释历史,譬如文化异型的缘由,又能预知未来,譬如天人关系的安排。《道德经》名言"知

[①] 余英时:《〈轴心突破与礼乐传统〉前言》,《二十一世纪》,2000年,第4期。

[②] [美]艾兰著,张海晏译:《水之道与德之端——中国早期哲学思想的本喻》,上海人民出版社,2002年,第70页。

白守黑，为天下式"，前四字可以延伸解读为"知火守水"（坚守"水"的立场，吸收"火"的新知）。中华"水火"智慧譬如歧路遇宝，或许能为西方主流文化提供远源的参照系，启发人类保持生态与文明的平衡。在彩色化的电子时代，黑—白已被绿—红取代。"绿色"是生态的象征，近年它的广泛流行值得中西智者深思。

"东西'均'"与世界大同

在"水火"范畴上达到更高学术水准的方以智，率先吸收西学知识，却绝不照搬西方，正如侯外庐先生指出的，他能坚守作为中华百家学说源头的《周易》体系。① 方以智最重大的贡献在于重新建构凌驾中西的学科体系，并进而设想东西文明交融的前景。这体现于其哲学专著的题名《东西均注释》，庞朴先生注解说"均"是制陶器的转轮，"东西均"意为万事万物在运转中呈现出对立的合一。② 中西文化往往表现为对立，然而也许正如前引《汉书》评论百家争鸣所说，"其言虽殊，譬犹水火……相反亦相成也"。这样，"水火"范畴的研究，或许可以成为中华文化对人类重大的新贡献。

说明：

本文发表于《文史哲》学刊 2019 年第一期，并被该刊微信公众号全文推送。

《"水火"范畴与中华文明》经过漫长的酝酿过程，早在 1991 年，我参加国际研讨会的首篇饮食文化论文即题为《"水火"范畴于中国烹饪》。2012 年，我的饮食专著完成，随即写成以"水火"为核心的纯学术论文《哲学之"气"来自华人生活实践中的蒸汽说》。此文意外难以发表，缘故竟是"涉及自然科学"，这使我决心直接写成书稿。经过三次改写，2016 年自费印成 7 万字小书，题为《"水火"范畴与中华文明》，我随即发现此书结构有严重缺陷（涉及"格物"

---

① 侯外庐：《中国思想通史》下册，人民出版社，1960 年，第 1151 页。
② 庞朴：《方以智的圆而神》，《传统文化与现代化》，1996 年，第 4 期。

的聚讼），又决定重新撰写成一篇"论纲"，争取正式发表。

2017 年中央文史馆第三届国学论坛，我以《"水火"范畴与中华文明》论文（2 万 6 千字）应之，会上与《文史哲》主编王学典先生同组，他对此题很感兴趣。年底我将压缩稿（2 万字以内）投寄给他。三四个月没有处理意见，我便将文稿寄武汉大学哲学家郭齐勇先生参阅，他立即回音给予肯定评价，说如果《文史哲》不用，他争取刊于武汉大学半年刊《人文论丛》当年第 2 辑。2018 年秋，第四届国学论坛再遇王学典主编，他告诉我论文可用。我为难于对郭齐勇先生无法交代，只好告以实情，他慨然表示仍支持我优先在《文史哲》发表，以发挥更大影响，但要我提供另一哲学论文顶替预留的空缺（后来，我自珍的文稿《"和"范畴与水火烹调论》发表于《人文论丛》总第 30 卷）。郭先生的古君子之风令人感动。

《"水火"范畴与中华文明论纲》文稿经多次审，历时年余，终于接到责编李梅老师的通知。她来信说："《水火》对于中国古代文化史、文明史的秘密有重要揭示，学术价值和现实意义并具。对于重要选题，敝刊对字数限定并不严格，两万四五也是可以的。"最终，论文发表于 2019 年第 1 期，本期开篇是一组"笔谈"，配加的"编者按"中提出"要提炼出带有中国标识的概念、范畴"。《"水火"范畴与中华文明（论纲）》题目中即有"范畴"一词。

《"水火"范畴与中华文明（论纲）》一文是我特异饮食入手从事比较文化史的最高成果。内容半涉自然科学，大大突破现今世界的学科格局。重大创新的价值认同，不免经过较长的过程，对此我很有信心。

非常敬佩王学典、郭齐勇两先生的慧眼和胆识，感谢他们的热诚帮助。

扁担与中华文明

一、极重要、特有趣的学术发现

可怪的被发现于消失之后

扁担，对于中国人，是极为常用、极为重要的，又是无比简单、无比巧妙的工具。这话非常平实、无可反驳，可背后的学术发现却会使众人惊异不已。

关于扁担，自古以来找不到任何形式的、只言片语的正面介绍。这样说的确切证据是，专收"常见古汉语词语"的《辞源》，迟至1979年修订版还没收录"扁担"一词。更加难以置信的是，同年，以简化字排印的汉语词典《辞海》收有"扁担舞"（民间舞）一词，竟依然不见"扁担"①。然而扁担在中国传统生活中无处不在，其重要性历来都远超人们对它的印象。

早在先秦，连盗贼都用扁担挑走偷来的物品，如《庄子·胠箧》说："然而巨盗至，则负匮、揭箧、担囊而趋"（揭、担都是肩挑）。《水浒传》的细节描写，读者很少注意：鲁智深从恶霸控制下解救的歌女回乡时，其父金老儿已经"雇了车儿"（给女儿乘坐，当指独轮

---

① 《辞海》，上海辞书出版社，1979年，第1575页。

车，也系由"挑担"衍生，见下文），还要"挑了担儿"①。这表明扁担已是人们的随身之物。然自古用担挑的细节经常会被省略，如《庄子·逍遥游》说"适千里者，三月聚粮"，远行需要自带充足的粮食，当然是用扁担挑着。

重庆"棒棒军"

近代，扁担跟华人生活不可分离的程度开始降低，这首次发生于城市"自来水"的普及。百余年前的十九世纪末，上海最先出现自来水厂②；20 世纪初，据记载自来水引进成都，曾使大量挑水工失去工作。③先前大城市的家家户户，都靠扁担挑水进宅，乡间则靠大人或孩子用扁担和水桶到井上去挑或抬。进入 21 世纪，城乡生产、生活的现代化使扁担失去用武之地。在此以前，进城谋生的农民工还用扁担挑行李，山城重庆更曾出现"棒棒军"的最后辉煌：为适应闹市的拥挤，民工用缩短的扁担从事短程搬运，一度聚集

---

①《水浒传》第 3 回"鲁提辖拳打镇关西"。

②《申报·上海要闻》，1875 年 3 月 31 日。

③ 王笛著，李德英等译：《街头文化——成都公共空间、下层民众与地方政治》，中国人民大学出版社，2006 年，第 181 页。

"大军"十万之众。①

　　近十几年民工大潮消退，首批回乡民工给人们还留下了挑着行李的背影，近几年回乡民工已丢下扁担而背着行李了。人们突然发觉扁担已从生活中完全消失，这才想起它曾是自幼相伴的生活象征物。为了抒发乡愁，网上回忆扁担的文字才有空前绝后的涌现。

回乡民工：扁担谢幕的背影

"百姓日用而不知"：扁担何以成为学术课题

　　我（为叙述便利，本小节用第一人称）把扁担作为研究课题也是极为偶然的，它是我在学术新蹊径探索中发现的"空白课题系列"的第四个。黄土高原生态不良，难以支撑"游牧—农牧互补"的普遍模式。最先定居务农的部落，要靠人多势众以保护收成不被掠夺，而老人是大群体的凝聚核心。先于孝道的上古尊老（"尚齿"②）礼俗尚属学术空白，这成为我的第一个课题；在黄土地上繁生聚居，必然导致世代饥饿，以致对吃的极度关注，对古怪中餐的巨大兴趣，使我转向比较饮食史的第二课题；先民以粟为主食③，生米变熟饭的难题逼出"煮—蒸"的发明，升华为"水火相济"的哲学，是为我的第三课题。黄土地的居民自古就面临水、火（树木）两大生活资

89

　　①　庞祖云导演方言故事片《山城棒棒军》，1996 年，峨眉电影制片厂出品。
　　②　高成鸢：《中华尊老文化探究》，中国社会科学出版社，1999 年。
　　③　高成鸢：《从饥饿出发：中华饮食与文化》，香港三联书店，2013 年。

源的严重匮乏，《史记·五帝本纪》说，黄帝面对"存亡之难"，要求"节用水火"，这是生态优越的欧洲人难以理解的。[①] 在干旱的黄土地，水和火（柴）需要从远处担（挑）来。若非意外"陷入"这些互相串联的课题，我绝不会通过多重遮蔽而成为"发现"扁担的第一人。

从学理上讲，上古华夏智者早已感悟到水火互动的深邃奥秘，就是《易经·系辞上》论"道"时所说的"百姓日用而不知"（及物动词的宾语可以论证为水火）。有句大白话，最能直接点破其中的道理，就是禅宗（中国化的佛教）高僧的名言："挑水担柴，无非是道。"（冯友兰引文是"担水砍柴，无非妙道"，出自宋代《传灯录》卷八。[②]）"挑水担柴"是"百姓日用"的最低条件。

扁担课题的意义还在于它跟"道"的关联，这一简单工具有挑、抬两大功用，前者是把重物一分为二，后者是人力上的合二为一。扁担更与一些重要的中华文明成果有衍生关系，例如杆秤（对应于西方的天平），又通过秤砣（古称的"权"）而关联到人治，等等。

扁担的奇妙和伟大

年轻一代对扁担已经相当陌生，所以在现象层面有必要对它做更多的描述。扁担有很多奇妙效用，例如，用它挑水桶到缸边，两手分别控制两端的铁钩，就能把水倒进缸中，免去卸肩工序。挑着两个喷水桶浇地，近似自动灌溉机。跟肩背口袋相比，挑担能把两手解放出来，同时从事别的操作。最突出的是理发匠，俗话"剃头挑子一头热"，热的一头是烧水的炭炉及洗头的铜盆，另一头是带抽屉（装工具）的座台，师傅边走边用空出来的两手拨弄响器招唤顾客。清代笔记说"剃头担所持响器曰'唤头'"[③]，它是一端固结的两扇钢片，一经拨动就会持久嘹亮地发声（插图显示两手怎样分工操作。按，本论文较多采用图像以补文献不足，其功能在于论证而非装饰）。理发匠凭一根扁担，竟能使个体"分身"成为整个工作班

① 高成鸢：《"水火"范畴与中华文明论纲》，《文史哲》，2019 年，第 1 期。
② 冯友兰：《中国哲学简史》，北京大学出版社，1985 年，第 305 页。
③ 谢国桢：《明清笔记谈丛》，上海古籍出版社，1981 年，第 124 页。

子，这怎不令异域文化人士吃惊。窑工用扁担能挑四个炽热的大瓮，只需在小口中加个横棍，重心很低、不易破碎。

民国时期的剃头挑子

华夏文化中，扁担的意义绝不仅限于百姓生活，它更是华夏一切重大工程搬运任务的基本承"担"者。黄土高原独特的地质和生态，20世纪中期才由李东生院士揭示给世界。植被稀疏，无处不种谷粮，没有草料，民间绝少役畜（马牛用于军事和祭祀，驴的引进很晚，段注《说文解字》说"驴、骡……为匈奴奇畜，本中国所不用"）；地形破碎多岇、沟，难修车路，轮运迟始于商代西来的青铜车。漫长年代中，只有靠扁担减轻人的负"担"。

黄土地带没有石料，造就"干打垒"的建筑基因，迥异于别的古文明那样用滚动木桩来搬运巨石。虞、夏、商三代，宫殿遗址无不是用土夯成的，学名"版筑"，要由人力运土。长城、运河等震惊世界的伟大工程，全靠挑夫大军。《愚公移山》中的只言片语是可贵的证据：把两座大山搬到海滨的艰巨任务只能肩挑。《列子·汤问》的原文说："（愚公）遂率子孙荷担者三夫，叩石垦壤，箕畚运于渤海之尾。"① 《汉书·食货志下》说："又通西南夷道，作者数万人，千里负担……"，这再现了扁担大军的壮观阵势。例句中只有一个

---

① 《列子·汤问·愚公移山》。

"担"字，至于细节如何？直到当代才有形象史料提供真切的参证：近年发现的民国照片，记录抗战中十万民工修建临时机场的场景：漫长的挑夫行列一往一返，人人肩头都用扁担挑着两个装土的簸箕。抗战期间修机场多次，这里权且借用另一次工程的回忆，作为这幅照片的说明："数以万计的民工，往返一次须一小时以上。"[1] 跟扁担配套的簸箕（《愚公移山》称为"箕畚"）是竹编的容器，不仅自身最轻，还带有竹板，薄刃的铲形的开口便于装土，又能借助重力下滑来自动卸土，无比省力。

抗战时期修机场的扁担大军

扁担运输的工程史涵盖当代，改革开放初期，遍地升起的高楼全靠建筑工人挑砖砌成，每挑40块，每块5斤，共重200斤，越过悬空跳板如履平地。对照非洲工人用头顶砖，扁担的神奇令人惊叹。

扁担与生活的关系极为密切，以致它常进入华人的梦中。民间广泛流传的《周公解梦》书中有《梦扁担》一章，包括种种细节："梦人授之，主有重任；梦已授人，主得人助力……梦此束之高阁，安居旷闲无事。"[2] 做梦被认为涉及灵魂的活动，可说扁担已融进华

① 岳其霖：《抗战时常德石门桥机场两修两破纪实》，常德史志网，2014年10月17日。

② 徐敏：《原版周公解梦》，中国物资出版社，2007年。

人的灵魂中。甚至有理由说，
没有扁担就没有民族生命的地
理转移和扩展。中国历史充满
灾荒战乱，历代大量人口逃难
他乡，都靠扁担一头挑着孩子，
一头挑着铁锅。用"逃难""孩
子""铁锅"这三个关键词在网
上检索，可见无数家谱、族谱
文本。典型的如福建惠安《出
氏族谱》，记载着其第十三代祖
先出光育在逃难中绊倒于山路，
铁锅打破、孩子摔伤的悲惨经
历。① 可说每个华人都可能有靠
扁担逃难的祖先。扁担真堪称
中华文化的圣物。

建筑工人用扁担挑砖，
能挑 40 块，重达 200 斤

非洲工人用头顶砖，只能运转 10 块

---

① http：//www. chinavalue. net/Wiki/《出氏家庙》. aspx。

古今妙文对扁担研究的启示

古代文献记载表明，用扁担挑重物，不但感到负担减轻，甚至反会使人变得比没有负担时更为轻捷。这里引用了书法典故《担夫争道（路）》：唐代史书记载，被称为草书圣人的张旭①，自称他的笔法是跟担夫学来的。他说："始吾见公主担夫争路，而得笔法之意；后见公孙氏舞剑器，而得其神。"② 低贱的挑夫怎敢跟公主的轿子在狭路上抢道？全凭他的高度技巧和轻捷身段，以致张旭拿来跟唐代著名女舞蹈家公孙大娘的优美舞姿相比。"担夫争道"应当是一闪而过，甚至可以理解为快速行进中"欲罢不能"的下意识动作。可见，中国人用扁担挑重物，反而会觉得更轻松、更美。

张旭的话太简单，没见过挑夫的当代后生仍会觉得不可思议。我发现一篇纪实散文对扁担的研究是极为可贵的资料③，作者是下放新疆的知青，当地恰好是中原地区与中亚地区的接壤处，即有一无扁担的过渡地带。在文中，作者以亲身感受比较了三种搬运工具，写得生动有趣，甚至把挑扁担比作韵律舞蹈。节录如下：

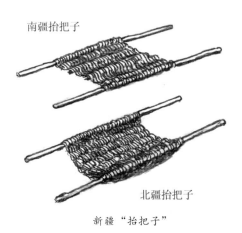

南疆抬把子

北疆抬把子

新疆"抬把子"

四十岁以上的新疆人大都用过，起码见过"抬把子"。这是新疆独有的运输工具，类似担架，用柳条编成，供两人一前一后用手抬物。我下乡锻炼、学校劳动，都得抬"抬把子"。当时就想是谁发明了这么个笨拙的工具？占两个劳力不

① 杜甫《饮中八仙歌》："张旭三杯草圣传。"

② 本社编：《唐五代笔记小说大观》（上册），上海古籍出版社，2000 年，第 163 页。

③ 王力德：《抬把子 塔哈尔 扁担》，《新疆经济报》，2006 年 9 月 14 日。

说，几十公斤重量，全部压在两人共十六根细细的手指上，说实话走不了多长的路。全身运动器官中数手指最软弱，却偏偏要它挑重担，是何道理？干一天下来，所有手指都僵硬得伸不直、握不拢，碰上个学提琴的，那手指就算废了。

南疆地区略有不同。维吾尔族老乡不用"抬把子"，而是用"塔哈尔"，类似麻袋但更大更长。不管是土还是粪，全用"塔哈尔"背，还是得用手攥紧口儿才能背起来，手指同样会僵硬得伸不直、握不拢。女社员背不动，就用裙子兜。

有一天大寨副书记来和田"传经送宝"。大寨有个著名的"铁肩膀"，一次挑个几百斤不成问题。和田搞起了"扁担化"。老乡的肩膀上从没放过扁担，压得一个个左摇右晃，被树棍儿硌得痛苦不堪。"扁担化"告失败，又重新背上"塔哈尔"。后来换了一茬知青，有位湖北小伙不愿背"塔哈尔"，自己整了一副扁担挑筐。正如晋陕民歌所唱："一根扁担软溜溜，挑起扁担走绛州。"每一步内，都有短暂间歇，就像蛙泳，故能长距离而不疲。内地灾民逃荒时，一根扁担能挑起全部家当和孩子，走成百上千里地。所以老人说，宁挑千斤，不提一斤。一根简单的扁担，体现了"等强度梁"（按，物理概念）、固有频率、受迫振动等诸多力学原理，真是个了不起的发明。不过学会挑扁担却非一日之功，而背"塔哈尔"、抬"抬把子"几乎用不着学习。

我一直想不通的是，扁担似乎主要为华人使用，世界各国都未见推广。中原通过丝绸之路传入西域的文化甚多，唯独扁担传播不到西域，这是为什么？值得沉思。

关于扁担的妙用，再引另一篇的几句作为补充，文章名《担杖》[①]，写的是作者 12 岁时挑水的经历：

太行山区的村民是离不开担杖（扁担旧称）的。担杖一般

95

---

① 王金平：《担杖》，《牛城晚报》，2017 年 7 月 22 日。

有五尺长，两头留寸把长打上孔儿，下边一段铁链、一个铁钩。担担子的姿势很优美，用右肩一甩，担杖就转了一百八十度，来一个漂亮的换肩动作。遇到冬天手冷，干脆把两只手插在裤兜里，只用身子来调节担杖的平衡。

这一篇美文富含学理性，成为问题的是，扁担这类中华独有的物事，在西来的学科体系中没有侧身之地。笔者认为扁担的研究纯属重大的学术创新，同时又是"文化探案"，像以上引用的古今妙文一样引人入胜。

西方文化有无扁担

强调"中国人常用"可能意味着"外国没有人用"，这叫人心中一愣。笔者的家乡在山东半岛成山角，从小听当海员的父亲说"高丽人不会挑担子，重东西都拿脑袋顶着"。

多年前互联网上出现了提问帖子：《古代用扁担挑东西的国家有哪些？印度人还在用头顶》[①]，从 2007 年 10 月 30 日至 2016 年 9 月 21 日，有 414 位网友参与，有人回答说还有越南和缅甸北部用扁担挑东西。最能说明问题的应该是《汉英词典》，其中"扁担"缺少对应的英语词汇，只能描写为 shoulder pole（肩头的杆棒）或 carry pole。杆棒浑圆梆硬毫无弹性，扁担常用半边竹竿，其妙处正在于弹性特大。

有个汉语成语典故无人不晓："一个和尚挑水吃，两个和尚抬水吃，三个和尚没水吃。"单人的"挑"和双人的"抬"，西方人都很陌生，修辞高手也只能英译成："Fetching water to drink for a monk, carrying water to drink for two monks and without water to drink for three monks." 多数人都会把挑、抬译成 carry，动词 to carry 和 to fetch 都是"拿"或"搬"，都得用手提水桶，水桶和两脚

① 天涯论坛中的世界概览，http：//bbs. tianya. cn/m/post-worldlook-462793-21. shtml。

同时受地心吸力支配，必然争抢垂直点，导致一路磕绊。

埃及石刻中的扁担　美国纽约布鲁克林博物馆藏

　　有网友贴出一幅古埃及刻石的照片，其中有挑担者，说明是"大英博物馆收藏"（据核查，为美国布鲁克林博物馆收藏），这是对本文的挑战。说外国没有就可能违背一条治学原则："说有易，说无难。"[①] 笔者向法国社会科学高等研究院研究员萨班（Fran oise SAB-BAN）女士求教，她回信说：法文里有扁担的对应词，源自古拉丁语，曾经流行的地区限于法兰西及瑞士的山地（In French biandan is "palanche", an old word derived from the latin word. It used only in some mountainous regions in France and Switzerland.）。笔者又参考英文版《伊索寓言》中《送牛奶的姑娘》，原文说 "She carried her milk in a pail on her head"，她的牛奶桶是用头顶着的；若是挑着，想必她就不会因为幻想而弄撒了奶。

　　再查阅维基百科，显示没有专项条目，只是建议参考词组 carry pole，其解释很简单："A carrying pole, also called a shoulder pole or a milkmaid's yoke, is a yoke of wood or bamboo, used by people to carry a load." 意为：就是挤奶女工的"轭"（yoke），人们用来搬运负荷物。

----

① 王力：《中国现代语法》（《自序》引赵元任批语），商务印书馆，1943 年。

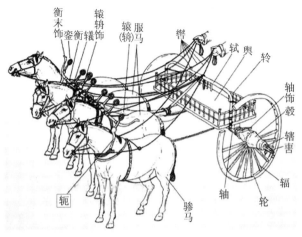

衡末饰 辕轭 辕服
衡 辀衡辕饰 (辀)马 辔 轼舆 轵
軎 轴饰毂
辖軎
辐
轭 轴 轮
骖马

欧洲的马"轭"

"轭"字直到东汉《说文解字》尚未收录,《康熙字典·车部》引唐代《正韵》解释为"辕端横木,驾马领(脖)者",就是驾车时套在牲口脖子上的曲木。这表明欧洲人把扁担视为与马具同类。车部的汉字"轭",连秀才和骡车主人都感到陌生,它跟"日用而不知"的扁担适成反衬。欧洲把中国扁担也称为"木轭",《韦氏大词典》相关条目的名著例句说:"Two Chinamen lollop along under their wooden yokes with the straining vegetable baskets."即"两个中国人用木扁担挑着菜筐,顺着道路一颤一颤地前行",句末还提到挑夫的辫子(pigtails)。这种"轭"在欧洲的存在,也仅是跟有限的地区、时间、职业相关,个别的"有"反而坐实了基本的"无"。

西方谚语说:"需要是发明之母",欧洲的牛奶妇只需要把小桶奶送到附近的大桶旁,她肩上的 carry pole 也不可能从短木杖变形为有弹性的扁担。

二、"担杖",华夏文化与生俱来的神器

扁担历史空白缘于长期无名

扁担,权威的当代《汉语大词典》解释为"一种扁而长的挑物

工具，用竹或木制成"①。这句释文中存在三处问题：1. 工具应是名词，而"担"却是动词，不该跟形容词"扁"搭配；2. "挑"物的"挑"字本义较多，对于异域文化人士，它比"担"更为难解，所以至少应说"肩挑"；3. 制作材料先说竹后说木，时序颠倒。此条目的例句取自元代《水浒传》第七十五回则较为难得，"扁担"名称大流行其实为时更晚。笔者家乡威海卫的方言称扁担为"担杖"，近年涌现的怀旧文章显示，北方广大地区都是如此（例如上引《担杖》短文）。"担杖"之称显然更古老，也更合理。

  "担"是白字，被借用为繁体"擔"的简化字，"擔"的本体又是更早的"儋"。收词最多的《汉语大词典》中另有"儋杖"条目②，释文是"扁担"，例句《华阳国志·大同志》："毋建（人名）荷儋杖（扛着扁担）"。各辞书中"担"的早期例句多出自《战国策·秦策一》的苏秦事迹，他周游列国时"负书担橐（橐，行囊）"；还有《世说新语·规箴》中的"令婢路上担粪"；雕版古籍中"担"都写作"儋"。认真核查，从《四库全书》手写本开始，"擔"字才被正式采用。③

  "擔"的另一变体更值得研究，就是通过改"扌"为"木"而把动词"擔"变为名词"檐"，这就造成严重混乱："檐"（读"言"）早已是意为房"檐"的常用字（如"既在矮檐下，怎敢不低头"）。新增字带来明显错误，这是汉字史上罕见的，居然相当流行，大型字典中也不得不收录。宋代《集韵》就把"檐"作为多音字看待，用反切方式拼为"都滥切"（dàn）。当代《汉语大辞典》也把 dàn 列为"檐"的第二读音，古书中并有例句多条，如《管子·七法》："檐竿而欲定其末"，尹知章（唐代人）注"檐，举也"。多数现代辞书中反而找不到"檐"读"擔"的内容，最有代表性的是权威机构编辑的《现代汉语词典》（1978年)④，它同时收录繁简体汉字、按

---

① 罗竹风主编：《汉语大词典》，上海辞书出版社，2011年，第9964页。
② 罗竹风主编：《汉语大词典》，上海辞书出版社，2011年，第6413页。
③ 《钦定四库全书·战国策·秦策》卷三，第4页。
④ 中国社会科学院语言研究所编：《现代汉语词典》，商务印书馆，1978年，第210页。

拼音混排，但 dàn 部却不再收"檐"，而且对"儋"的解释也只有地名（儋县），不提"儋杖"。这意味着千古流行的名词"檐（杖）"和"儋（杖）"，因为违背构词法的逻辑而终被淘汰。

以上考证确切表明，扁担有过长期没有正式名字的历史。扁担无名，当是由于它太简单又太常用，自然成为人的肢体的延长，反而无缘被"发现"了，此外难以解释。扁担研究的特殊困难是记述的缺乏，这与"无名"是一致的。

"担杖钩"（各地统称）

"杖"从木，证明扁担先前都是木质的。竹扁担比木担杖多有长处：自身重量变轻，弹性加强，弧形的表面与肩头恰好契合；又极易制作，竹竿剖成两半即成。最初用木，表明扁担发明于北方，是作为文化基因向南方推广的。唐宋以后大量竹竿通过运河传到北方，加快了"扁担"名称的普及，但广大地区仍沿用"担杖"旧称。如元代杂剧《七里滩·第一折》："拽着个钝木斧……携着条旧担杖。"清初小说《醒世姻缘传》第五十四回："四十文钱买了副铁钩担仗。"还有一项证据表明担杖确属古称：分布各地、细长善飞的绿蚂蚱俗名为"担杖钩"（拉丁学名 Acrida cinerea），在将"担杖"称为"扁担"的地区至今仍旧统一沿用此名。《天津方言词典》误作"担子钩"，"子"显然是"杖"的轻读，反映了"担杖"旧称难改。

"扁担"的"担"只是动作，这个动作古代也有繁多的称说。《庄子·庚桑楚》提到"赢粮"，古注解释为"赢，儋也"，并说这是齐、楚、陈、宋等地的方言。[①]《管子·小匡》说商人的运货方式有

---

① （清）段玉裁：《说文解字注》，上海古籍出版社，1988 年，第 371 页。

"负、任、担、荷"。据《孔丛子·小尔雅·广言》载："荷、揭，担也"，可见"荷""揭"等也是"担"的方言别称。"荷"古作"何"，《易·噬嗑卦》孔颖达疏说"何，谓担何"；《说文解字》："儋，何也。"段玉裁注也提到"檐"字："儋，俗作擔，古书或假'檐'为之。"[①] 在后世印制的古书中，儋、擔、檐、担等异体字都可能互相代用。"担"的无名状态混乱到这种程度，真切的溯源几乎已无可考。"擔"字还有非常非常可怪之处，主要部件的"詹"，《说文解字》只解释为"多言也"，对其字形的来由只字未提。"詹"跟"担"毫无关联，是否纯属同音借用而与担杖的无名相关，有待研究。

华夏先民也曾用头顶物

关于先民搬运物体的各种方式，很早有一段文献总结，《国语·齐语》说："令夫商群萃而州处，……负、任、担、荷，服牛、辂马，以周四方。""负"是背着，"任"是抱着，"担"是挑着，所列六种方式，分别适应于被运物体的不同形状和重量。从轻到重，大致可以整理出如下顺序：

抱着（任）→背着（负）→扛着（荷）→挑着（担）→用牛驮着（服牛）→用马拉车载着（辂马）

"任"，抱在腹部前方，适用于较轻的器皿；"负"，背着适用于不值得用担挑的袋装散物，例如"子路负米"故事，《说苑·建本》说他"家贫亲老"，可见背米不多；"荷"，肩扛适用于长形物体，例如荷锄；"担"，挑担，适用范围最广；"服牛、辂马"，大宗货物则需要牛驮或装车马拉，即《易·系辞下》所谓"服牛乘马，引重致远"。以上搬运方式，只有挑担为中华独有。

中华所无的搬运方式是用头顶着，它流行于朝鲜、印度和非洲广泛地域。然而笔者考证发现，华夏先民也曾有头顶方式。这当然要由动词来表示，就是"戴"。据东汉《列女传·楚接舆妻》记载，

---

① 陆德明《经典释文》引《方言》。（清）王先谦《庄子集解》卷六，中华书局，1954年，第35页。

远离黄土地的楚国一对隐士夫妻的避世行为，说："夫负釜甑，妻戴纴器……不知所往"。较轻的釜甑由丈夫背着；"纴器"即木纺车之类，容易碰坏，就由妻子顶在头上。从文字学来看，头顶可能也曾是中原基本的运物方式，因为甲骨文中已有"戴"字，而没有"擔""负"等字。甲骨文的"戴"，据《汉语多功能字库》解释，"像一个人头上顶着'甾'，两手向上捧着，会'顶戴'之义"。"甾"是陶器，于省吾说读如"载"，兼表"戴"的读音。[1] 朝鲜人用头顶，其典型形象正是顶个陶质大盆。头顶起初要用手扶，熟练了不扶着也能顶起更重大的物体。

朝鲜妇女头顶重物

头顶重物客观上更有优越性？有人类学家提出这种看法，理由是头顶能垂直地发挥脊柱强大的承重能力。测验表明，孟加拉国女人头顶着相当于体重 20％ 的重物行走时，居然不需要额外付出体力。[2] 木结构建筑传统的华夏人，本该最懂"立柱顶千斤"的道理，却放弃了顶的优势，值得思考。

① http：//humanum．arts．cuhk．edu．hk．
② 旅行摄影师 Tarzan 的博客《走过大地》，http：//ttarzan．blog．163．com/2018 年 04 月 23 日《头顶上的孟加拉国》。

人体结构上有一事实非常不利于肩挑的流行：学会用扁担的过程必须经历巨大疼痛的磨炼。网上最早讨论扁担的帖子中，不止一人强调挑担是需要磨练的，网友"曹大侠"说："我高中时挑过水，锁骨头上的一个小骨头包被压得痛死了"（按，肩头骨骼有两个凸起，即锁骨高端和肩峰骨），后来他才知道，原来经常挑担者"锁骨头上的小骨包基本是平的"[①]。小骨包的疼痛，天然阻碍了扁担普及于其他民族。只有离开扁担无法生存的黄土地先民才会被迫承受这种特定的磨难。这适用于《孟子·告子下》的名言："天将降大任于斯人也，必先……劳其筋骨……增益其所不能。"当代挑山工每天挣扎在重压之下，不断换肩导致肩背骨骼整体变形，令人看了心酸。

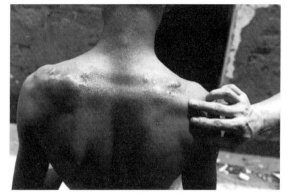

挑夫的痛苦磨炼

"担子""挑子"出现很迟·抽象成为政治术语

　　动词"担"从南宋又变为"挑"，例如陆游诗《自题传神》有"担挑双草履"之句。"挑"字的本义与担无关，据《康熙字典》，"挑"与"佻"通用，后者意为轻佻，演变为动词"挑"，如"挑刺"意为使之凸出；挑担的动作恰好会使扁担上跟肩头接触之点向上凸出。汉语构词法的演进要求"担""挑"的动作获得名词形式。按照通常途径，应是变"擔"为"檐"（例如扛→杠），但碍于早有另一"檐"字，于是只能添加名词词尾"子"或"儿"。汉语史一般认为，

---

①　天涯论坛中的世界概览，《关于扁担的历史》，2007 年 10 月 30 日。

添加"子""儿"的构词法始于唐代，先是用于人和动物，宋代才普遍于器物。南宋学者朱熹的白话讲义中就用过"担子"一词："须是认得个'仁'，又将身体验之，方真个知得这担子重。"① 闽粤方言极少有"儿""子"等名词词尾，朱熹生活于福建，可见以社会责任为内涵的"担子"一词到南宋已普遍流行。"担儿"可能出现稍晚，例句如《水浒传》第十二回："叫一个小喽啰，把昨夜担儿挑了。"

担子、担儿还带来了名词内涵的充实和完备：担杖起初不过一根木棍，而"担"的含义是由独特的工具、动作与其作用对象的"被搬运之物"结合而成的。为了避免"习焉不察"的局限，可以参考汉英词典怎样向西方人解释"担子"："a carrying pole and the loads on it"，即"扁担和它两头的物件"②，还引用闻一多的诗《罪过》为证："老头儿和担子摔一跤，满地是白杏儿红樱桃。"正如"担"通过加词尾"子"而变成名词一样，后来"挑"也衍生出"挑子"一词，例如，清代小说《负曝闲谈》第五回："催雇了个挑子，把行李挑至……小火轮船码头。"担子、挑子，因为具备名词词尾而免除了动词"担"的学名问题，但仍留下了缺憾：违背"儿""子"只能加于名词尾部的构词法。这个"悖论"永远提示着"担"的特殊性，发人深省。

细心考察，"挑子"一词出现很晚，而其含义较"担子"为优，因为它具备"担"这个行为的三要件：扁担、货物，以及行为人（"担子"可以不包含后者）。"挑子"更注重从业者，书面语叫"挑夫"。这个词出现更晚，辞书中的例句是近代小说《二十年目睹之怪现状》第二十一回："一班挑夫……都一哄上船，招揽生意。"再与前引唐代书法家所说的"担夫争道"比较，从担夫到挑夫，也增加了职业化的含意。

担、担子、挑子这些词语，由于人们极为熟悉，很早就被抽象

---

① （宋）朱熹：《晦庵集》卷十五《经筵讲义》，《四库全书》集部（八十三—八十五）别集类。

② 姚乃强等编译：《汉英双解新华字典》，商务印书馆，2000年。

化而成为社会关系中的习用语。这可以追溯到"负""责""任"等汉字的本义，都关联着人的社会角色。"负"的甲骨文字形为"人＋贝"，意给人群守护财富；任，比照"妊（怀孕）"，有"抱"之意，涉及精神上的"抱负"（志向）；"责"也关乎财富，负、责（债）都有"倒欠"意味，属于义务范畴。"担负重任"历来主要用于人事。在当代政治语境中，"担子""挑子"特别常用，如《纪念白求恩》："不少的人对工作不负责任，……把重担子推给人家，自己挑轻的。"同时还出现了跟担子配用的量词"副"，如"这副担子你挑不起"，"两副担子（局长、书记）一肩挑"等。"一肩挑"违背"挑"的实际，这表明它已异化为惯用的纯政治术语。因而可知，扁担一词在实物消失之后仍将跟意识形态一起流行。"挑子"也同样，例如近年流行的新词语"撂挑子"，根据"撂"的读音（"略"的韵由入声一变再变，成为复合元音 liào），就能肯定它源自北方土话。由此可见，扁担的衍生能力仍然在发挥中。

挑"担"的习惯同化了"石"（dàn）的读音

"担"对中华文化的另一重要意义，是影响到粮食的容量单位，竟同化了"石"的读音，从 shí（古音为入声，如人名"介石"英译为 kai-shek）变为 dàn。"石"作为粮食的容量单位（基本单位是"斗"，十斗为一石），自古流行到近代。汉以后的古文中常见"儋石"一词，据《汉语大词典》，"儋（担）受一石，故称儋石；一说，二石为儋，为一人所担"①。显然一人用担杖通常能担起的粟米之重量，与容器的大小是有意取得一致的，正如根据"杖"（跟丈夫，即一般成年男子的身高相关）的长短来确定"丈"的长度（古代为八尺）一样。

石头之"石"从何时因为什么多出了与"担"相同的读音？根据上引词源资料，自然会产生猜想：由于容量与重量关联紧密，世代的日常使用就会导致"石"的读音被"担"同化。《吕氏春秋·异

---

① 罗竹风主编：《汉语大词典》，上海辞书出版社，2011 年，第 1693 页。

宝》："荆国之法，得五员者，……禄万檐。"汉代高诱注："万檐，万石也。"①

关于"石"的读音变化，当代学者史杰鹏有详确的考证。他引吕叔湘《语文常谈》断言："因为一石粮食恰好是一个人所能挑担的重量，于是一石又称为一担，可是仍然写作'石'，于是'石'在 shí 之外又添了 dàn 这个音。"但根据白居易《咏怀》诗以"石""昔"二字为同韵，可知唐代知识阶层尚未改变读音；宋以后，变音日趋普遍；明末安徽人黄生《字诂》说，连汉代作职官代称的"两千石（以粟米为俸禄）……亦如此音"，不然（按，指依本音读为 shí）反会被人笑话。② 可见，"石"的读音经历过逐渐改变的过程，这也反映了扁担与华人生活的结合日益紧密。

古秦石权

根据客观事实应当肯定，"石"的读音、字义不论如何变化，必然仍跟石头的本意密切关联，然而历来未见对这种关联有任何说法。笔者悟出一个思路：谷米之容量与其重量的结合点，就在石头上。广袤的黄土地带找不到石头，文字上就能看出："坚如金石"的"坚"字竟属不坚的"土"旁，然而合理的、"石"旁的"硬"迟至

① 罗竹风主编：《汉语大词典》，上海辞书出版社，2011 年，第 6413 页。
② 史杰鹏：《谈谈两千石的石的读音》，《文汇读书报》，2012 年 7 月 11 日。

唐代才出现（《广韵》）。对谷物的计量，衡器比量具更重要，华夏特有的杆秤（下文将论证其由扁担衍生而来）须有秤砣（"权"），青铜传来之前，秤砣只能用石块制作，而石块也需要从远处用扁担运来。一人能担起的石块，应跟能挑起的谷物相等，因此适当大小的石块自然成为秤砣（石权）。"担"与"石"同音的由来，只能这样解释。统一的度量衡制度始于秦代，笔者已查到古秦石权实物，其上的铭文"石"与"禾"连用，将另文论证。

扁担能挑更能抬·"抬"字清代才流行

扁担能用于挑也能用于抬，后者同样重要。近年涌现的怀念扁担的文章都以挑水为主，但多数都会提到童年先于挑水的抬水经历。一篇回忆说："姐姐和我只能抬上半桶水。姐姐总是把扁担上滑向低处的水桶朝自己的一处拉近。"抬的运用应当晚于挑，适用于搬运需由两人分担的重物，连孩童都可以承担，可见其妙。

人们对"抬"这一动作更加视而不见，众多字典里找不到例句。笔者发现元代《异域志》转述《山海经·海外南经》中的"贯胸国"故事说："穿胸国，胸有窍……尊者去衣，令卑者以竹木贯胸抬之。"[①] 网上检索只有一条《儒林外史·第六回》："直到上灯时候，也不见回来。抬新人的轿夫……又催的狠。"可见动词"抬"字的普遍流行要迟至清代。

抬的动作，旧时最常见的是"抬轿子"。《汉书·严助传》提到"舆轿"，但唐代颜师古注释说"今竹舆车也"，"舆"被认为属车类。据笔者查获的最早线索，晋代陶渊明曾乘坐"篮舆"，可知最初的轿是抬个竹篮。陶渊明"素有脚疾"，只好由其门生的二子"共舆（'举'）之过山。"[②] 清代人考据竹舆先出现于江南，前后两人抬在肩上"有似于桥"，转音为"轿"[③]。抬竹舆要用两根竹竿。《隋书·舆服志》有"肩舆"，说"用人荷之"，后来"荷"罕见用之于抬。文

---

① 袁珂：《山海经全译》，贵州人民出版社，1990 年，第 196 页。
② 吴泽顺编注：《陶渊明集》，岳麓出版社，1992 年，第 123 页。
③ 张舜徽：《清人比较条辨》，中华书局，1988 年，第 53 页。

言文中专门表示抬的有个古僻的"舁"字,《说文解字》说:"舁,共举也",下边"廾"的篆字像合捧的两手。此字用于民间记事,曾出现在明末遗民傅山的《事略》中。傅山躺在床上装病以拒绝清帝征召:"先生称疾,有司乃令役夫舁其床以行。"①

"抬"的繁体"擡"来自宫殿的臺(夯土建成,属"土"部),擡的本意是众人一齐把臺基状的大物体举起来,但那用不上扁担。能准确表示"抬"的是"扛"字,《说文解字》说:"扛,横关("关"繁体为"關")对举也。"段注解释说"关,以木横持门户也",就是古式大门里面的木栓;注文还引"项羽力能扛鼎"的典故,说扛鼎是"以木横贯鼎耳(鼎有两耳)而举其两端",因此"两人以横木对举一物亦曰扛"。②"扛"字金文为"𢦏","工"表示巨大(大水为江、大穴为空),"木"则表示承重的杆杖。后来改进为扁担。"抬"的关键是须有贯穿重物的杆杖。或许因为扛鼎被误以为只用单肩,项羽故事又无人不晓,以致需要另有一字来替换扛,就是后出的"擡"。抬轿要求平稳,"杠"的两端必须持平,由此衍生俚语"抬杠"(故意辩论),例句始见于清代小说"姑老爷先不用合我们姑太太抬杠"③。

扁担之"抬"的功用尽管出现在后,却比"挑"有更大的发展空间,这也是扁担功用的扩大。"肩舆"虽至隋代才有记载,但抬者人数的倍增却很快。据《明史·舆服志一》载,"弘治七年令,文武官例应乘轿者,以四人舁之。违例乘轿及擅用八人者,奏闻。"但八抬大轿出现不多年后,首辅张居正衣锦还乡所乘的大轿就发展到三十二人抬(内分卧室、客室,还有小僮伺候)。④远程抬行,木杠当然会改进为扁担。抬轿群体的合力必须借助多层次杠杆系统,可能

---

① (清)全祖望:《阳曲傅先生事略》,《鲒埼亭文集选注》,第 253 页。
② (清)段玉裁:《说文解字注》,上海古籍出版社,1988 年,第 603 页。
③ 《儿女英雄传》第四十回。
④ 李国文:《张居正返乡:乘 32 人抬"巨无霸"轿子》,解放网,2015 年 12 月 28 日。

日益流行的"官架子"一词，也与扁担相关。

三十二抬大轿

三、"杖—杆"对华夏文化的主干意义

杖：人类进化曾借助·华夏生存长凭依

扁担学名"担杖"，属于杖类。杖的截面本是最缺乏弹力的圆形，后来变扁是为跟肩头接触面积加大，单位压力相应减小。经过这一改进，名称应该是"扁担杖"，这个称呼不顺口，主体的"杖"字便被省略。所以，对扁担的研究，必须从"杖"的概念出发，才能发掘其初始的文化信息。

突然想到远古人类，从猿进化到人，第一步是直立行走，这不免先有过渡，就是手持树棍拄着地面。人直立后，树棍随之成为万能工具。新石器时代的标志是人对工具的加工，博物馆壁画中常见猿人拿石头砸掉树枝上的分杈，这已属于工具加工。恩格斯说："（类人猿）用手拿着木棒抵御敌人。"[1] 手杖和武器正是"杖"兼有的功用。《康熙字典》引《集韵·漾韵》："杖，所以扶行也。"《吕氏春秋·贵己》："操杖以战。""杖"泛指武器，"杖"与"仗"通，所以战争俗称"打仗"。《说文通训定声》引《风俗通》："杖，刀戟之

① 《自然辩证法》，人民出版社，1962 年，第 157—158 页。

原始人加工木杖

总名也。"① 武器要有长柄，《说文解字》说："柄，柯也"，段注说"柯"字从斧柯，引申为柄的总称。② 后世担杖的确也兼作武器，如晋代《华阳国志·卷八·大同志》："毋建（人名，老臣）荷檐杖曰：'吾虽不肖……终不属（降）贼也！'"胶东谚语说"贼走了抢担杖"，有作家写过以此为题的短文。③ 一贯的随身武器功用，也表明了木杖和担杖的同一性。

最早能够不赖木杖而行走的当是平原上的猿人。崎岖的山间，古代无路，永远需要木杖帮助身体平衡。最初的木杖自然会成为"登山拐杖兼携物扁担"的两用工具。《水浒传》第 97 回有拿扁担当登山拐杖的实例："忽见崖畔树林中走出一个樵者，腰插柯斧，将扁担做个拐杖，一步步捉脚儿走上崖来。"

黄土高原地形破碎，布满特有的塬、梁、峁、沟，比一般山路更加难行。设想辗转来此的先民，不得不重新手持猿人的木杖。这在早期神话中可以找到证明。《山海经·西山经》记载："自钤山至于莱山，凡十七山，四千一百四十里……其七神，皆人面而牛身，四足而一臂，操杖以行。"④ 按，神人本该有异能，但在四千多里的广阔山区，长着四条腿外加一只胳臂的神人，却仍要拄着木杖行走，这应当出于适应特殊地形的需要。手杖能大大提高走路效率的事实，

① （清）朱骏声：《说文通训定声》，中华书局，1984 年，第 907 页。
② （清）段玉裁：《说文解字注》，上海古籍出版社，1988 年，第 262 页。
③ 孙英山：《贼走抢担杖》，《烟台日报》，2017 年 8 月 8 日。
④ 袁珂：《山海经全译》，贵州人民出版社，1991 年，第 32 页。

突出反映在不少中国神仙故事中，例如，东汉著名仙人费长房曾获得神秘老翁赐给的竹杖，骑着它想去哪里转眼就到。[①]"骑竹马"的儿童游戏在中国一直流行到近代。黄土地的先民恢复猿人的持杖习惯，使文化记忆前后连贯，而甩掉杖的中间经历会被淡忘。纵观典籍记载，从古圣到周王，再到战国时代的贫民，日常同样有杖随身。《庄子·知北游》说"神农隐几拥杖而起……"；《淮南子·道应训》说："大王杖策（意同策杖）……逃往岐山"；《韩诗外传·卷一》说："原宪（人名）……黎杖而应门"。这种持杖的生活方式，可能与后世的使用扁担的生产方式衔接，因此担杖对于华人会有超出工具的特殊意义。

神话《夸父逐日》新解·"中杆"是华夏图腾

"杖"的文化意义，涉及《山海经·海外北经》中"夸父逐日"神话的解读。"逐日"的动机历来没有弄懂。曾占主流的"太阳崇拜说"跟《羿射九日》神话有严重矛盾，后者才能反映黄土地带"旱魃"似火的真实生态。怎样才是合理的解读？笔者在"水火"范畴的探究中认为当是"对水的渴望"[②]。近年有篇短文提出与此近似的观点，其中参考《山海经》中夸父的其他事迹，足以否定旧说。[③] 进一步推想，"逐"或者并非追求，而是驱赶。这样解读的依据是原文的"篇末点题"，夸父最后的行为是"弃其杖，化为邓林"。夸父是壮汉，他携杖狂奔，能佐证杖确是华夏先民随身不离的。"邓林"的结尾历来深受重视，晋代陶渊明诗曰："（夸父）余迹寄邓林，功竟在身后。"[④] 即把邓林视为英烈理想的实现，这反映黄土高原树林的严重匮乏；唐代韩愈诗曰："邓林岂无枝？"[⑤] 更值得玩味。《山海经》

---

① 《后汉书·卷八十二·方术列传第七十二下》。

② 高成鸢：《"水火"范畴是中华文化的轴心》，《社会科学论坛》，2014年，第8期。

③ 云弓：《夸父追逐的不是太阳》，《西安晚报》，2012年12月23日，第10版。

④ 《读山海经十三首》之八。

⑤ 韩愈《海水》诗，《全唐诗》卷345—347。

有多处提到树木"无枝",夸父神话的文本随后就说:"三桑……其木长百仞,无枝"。"枝"是跟"干(榦)"对别的。《康熙字典》说:"凡器之本曰榦",直径不大的幼树树干最适于做武器及工具的木柄。树木"无枝"就是天然的杖,这种违背自然的奇想,反映了"杖"材的匮乏。

挂地、挑物兼防身的万能木杖,世世代代随身不离,其功用自然会融入黄土高原的文化基因中,并实际体现于生活的诸多领域。首先考察词语方面的扩展。

"杖"来源于"丈",手杖首先会成为初民度量长度的单位。《说文解字》解释"丈"的篆字说:"十尺也。从又(手)持十。"段注引申说:"周制,八寸为尺,十尺为丈;人长八尺,故曰丈夫。"① 这样"丈"又引申为成年男子的代称。现成的"杖"是幼树的干(榦—幹),中华天文历上的"干支"即来自树木的"干—枝"。

中原文化向南扩展,有了更现成的竹竿。"竿"很早就代替了"杆",如《管子·七法》:"檐竿而欲定其末。"这显然跟竹竿天然理想的直径相关。生活中"杖"与"杆"分工,后者表示高于一丈的"杖"。"干"的字义很多,综合各字书,其本义为"干犯"(即现代词汇"干涉"),引申为捍(卫)等意思,这显然都是从随身工具的原始意义衍生而来。"杆"更从工具衍生出万能动词"幹"(简化字为"干"),泛指人的一切主动行为,甚至要"干犯"造物者的职能,而与天地并立。中华文化"参天地"的自信,可说始于手中的杖及后来的担杖。

裘锡圭先生说:"《说文》以'犯'为'干'的本义'十分牵强',"大概是错误的"②。近年的新解释多与"中杆"相关,根据是上古的"建木"神话。《山海经·海内经》说:"建木,百仞(仞是稍短于丈的长度)无枝。"《吕氏春秋·有始》说:"建木之下,日中

---

① (清)段玉裁:《说文解字注》,上海古籍出版社,1988年,第89页。

② 裘锡圭:《文字学概要》,商务印书馆,2012年,第190页。

无影……盖天地之中也。"《淮南子·墬形训》:"建木……众帝所自上下。"无枝的神树,三皇五帝都凭着它上天下地。"皇"来自"王",《说文解字》解释"王"的字形说:"董仲舒曰:'古之造文者,三画而连其中谓之王;三者,天、地、人也,而参通之者,王也。'"关于建木已有不少专题考证,有学者认为指枧树(热带杉)。[①]杉树比较符合"无枝"条件,它在黄土高原是极为珍贵的。

建木立在大地正中(无影)而与"中"的内涵相通。《说文解字》解释中字的部件"丨"字就说"上下通"。有学者还称之为"中杆",它与农业生产所依据的"立杆测影"相关,"具有一定的神性"。由它衍生的"示"(部首"礻")的甲骨文含义,正是设杆祭天。[②]中杆又是旗杆,高矗在光秃的黄土地上足够醒目,成为分散农夫集合的信号,所以被比作华夏文化的图腾。前文说担杖是华夏先民的神器,追溯"杖—杆"的历史意义,可见扁担从其远古近亲的"中杆"开始就具有神圣性。

担杖像"一"字·"一,道也"

公认"道"是中华哲学的最高范畴。《易·系辞上》说:"形而上者谓之道,形而下者谓之器",没有有形的器,就没有无形的"道"。如果异域文化人士追问"道"形成于华夏文明之"所以然",文献中是找不到说法的。这样,文字学上的诠释就值得认真看待。汉字最简单的是"一"。形容文盲的老俗话就说"扁担倒地,不认得是个一字"。"一"(或"丨")字本是极简单的一段直线,而担杖的形状与"一"字完全相同。

汉字始于象形,但裘锡圭先生说,原始文字产生前,先民已会用抽象符号来会意,举例就是一、二、三。汉字的部件,分为形符、义符两类,现代汉字中"真正用形符造字的,为数极少",只有一、二、三及凹、凸等几个。[③]扁担形体的"一"(字),既是象形的,又

---

① 侯伯鑫:《〈山海经〉"建木"考》,《中国农史》,1996 年,第 3 期。
② 张法:《中国古代建筑的演变及其文化意义》,《文史哲》,2002 年,第 5 期。
③ 裘锡圭:《文字学概要》,商务印书馆,2012 年,第 2、42 页。

是抽象的，是独一无二的形符与义符合二而一的汉字。

《说文解字》释"一"

　　《说文解字》书中头个字就是"一"，但其释文却无比深邃："惟初太始，道立于一；造分天地，化成万物。"名著《说文通训定声》对"一"的解释，还引用《道德经》的"道生一，一生二，……"；《淮南子·诠言》的"一也者，万物之本也，无敌之道也"；《易·系辞》的"天下之动，贞夫一者也"三句名言①，来论证"一"既是万物、万事的由来，也是一切运动、变化的法则。名著《说文解字义证》中，"一"的释文长达 1600 多字②，其中引用《道德经》第 31章："天得一以清，地得一以宁，神得一以灵，谷得一以盈；万物得

---

①　（清）朱骏声：《说文通训定声》，中华书局，1984 年，第 641 页。

②　（清）桂馥：《说文解字义证》，齐鲁书社，1987 年，第 1—2 页。

一以生，侯王得一以为天下正。"综合以上各字书对"一"字的解说，可以总括为白话两句：1. 有了"一"就有了一切；2. "一"可以做"道"的符号，两者的内涵基本重合。据此可说，扁担就是所谓"大道至简"的象征。

老子所言，只是"道"的由来。"道"的最简明的表述，是《易·系辞》的"易有太极，是生两仪""一阴一阳之谓道"。"道"是发展的，其规律是从"一"演变成"二"。扁担的挑、抬，是华夏初民生活中特有的、唯有的，可以启示"一分为二、合二为一"观念的实践。

隋代医家正式总结提出"一分为二"的命题："一分为二，谓天地也。"[①] 宋代朱熹从哲学上阐述说："一分为二，节节如此，以至于无穷……"[②] 与此相关的观念，至今在国人的头脑中根深蒂固。"一分为二"的必然倒影是"合二而一"。明代方以智在《东西均·三征》中说："有一必有二，二本于一。"[③]

抬的功用是后发的，在人们的印象中，"挑"远比"抬"重要。然而从哲学角度看，"抬"更能体现"道"的内涵之无限发展。《易·系辞》又说"……两仪生四象，四象生八卦"，这即如阴、阳各自可以而且必然再分阴阳。正如《素问·阴阳应象大论》所说，"阴阳者，数之可十，推之可百……"，以至无穷。这个过程的增长模式，就是连续地乘以2，即数学语言所说的按算术级数增长，结果是 $2 \rightarrow 4 \rightarrow 8 \rightarrow 16 \rightarrow 32 \rightarrow 64 \cdots\cdots$

数学是高度抽象的，其超越经验会使人难以想象。太极→两仪→四象……的增长也足够抽象，然而旧时的国人却对它毫不陌生，因为"$n \times 2$ 抬大轿"这种社会生活舞台上的大戏不时上演。n 的数值不断加大，顶峰是清末慈禧太后出殡，抬者多到124人。如果说

① 《黄帝内经·太素》卷十九"知针石篇"注文。
② 《朱子语类》卷六十七。
③ 冯契主编：《哲学大辞典·中国哲学史卷》，上海辞书出版社，1985年，第246页。

"挑"具有艰苦劳动的正面意义,则"抬"纯属统治者的豪奢,是传统文化的糟粕。这恰好体现了价值观上的阴阳之分。据此可见,把扁担与中华哲学联系起来加以思考,实不为过。

四、扁担与杠杆(上):桔槔、独轮车

古老的中华杠杆——桔槔

人类进化是与工具进化同步的,中华文化把通称为"器"的工具分为两类,段注《说文解字》说:"有所盛(chéng)曰器,无所盛曰械"。粒食生活必然重视煮饭用的"器",肉食生活必然重视猎杀用的"械"。已知中原的青铜是从西方传来的,肉食阶段的华夏先民没有金属,肯定会对木械更加依赖。

担杖的"杖",材料是"杆","杆"与"杠"大致同义,联系到汉语发展史上的双音节化,可以把"杠杆"视为"杖"的新名词,至少是同义词。当代城市青年没见过扁担,但读过初中的都知道杠杆。一般词典解释杠杆为"简单的机械",举例包括跷跷板、撬棍、螺母扳子等。古希腊阿基米德发现杠杆原理:"二重物平衡时,它们离支点的距离与其重量成反比"。稍后,中国的墨子也曾从平衡角度记述过类似原理(《墨子·备城门》)。

《庄子·天地》说,子贡南游楚国时,见有人抱瓮入井、取水灌田,就告诉他可以用桔槔提水,说:"有械于此,一日浸百畦,用力甚寡而见功多……凿木为机,后重前轻,挈水若抽,数如泆汤,

桔槔图

其名为槔"。但那人却说他早知道这种机械，只是不屑于使用，因为"有机械者必有机事，有机事者必有机心"，意思是运用机械来取巧，其影响会有损于人心的淳朴。

桔槔结构简单：横长杆中间用木柱支撑，其一端用直杆连着汲器，另一端绑着一块重石。当不汲水时，石头位置较低，汲水时，人借体重把汲器一端向水面下压，另一端的石头随之上升（人的体力变为石的势能），汲器水满后让重石一端自然下降，通过杠杆作用使汲器上升，就能借助由石头储存的势能，来减少提水的劳累（《庄子·天运》篇概括为"引之则俯，舍之则仰"）。

旱地务农必须灌溉，所以桔槔发明很早。这类器械未见西方记载，可能是杠杆原理在中华文化中特有的运用。《墨子·备城门》最早出现"颉皋"的记载，"颉"当与"桔"通。《诗·邶风·燕燕》有"燕燕于飞，颉之颃之"之句，《毛诗古训传》说"飞而上曰颉，飞而下曰颃"。提水的桔槔或上或下，其方向与人力取水时付出之力的方向相反。这显然与现代词语"拮抗"相关，只是罕见有人加以联系。据网络检索，"拮抗作用"当今仅限于药理学的狭小领域，意为两种药物的作用相反，这与传统"颉颃"内涵的广泛很不相称。生理学上有"拮抗力"（resistance）概念，定义为"人做动作时，阻止正向运动的力"（与"协同力"相反，由相邻的肌肉发出）。印度瑜伽术创始人艾扬格大师（Iyengar B. K. S. 1918—2014）曾运用"拮抗力"来分析其奇术的原理。[①] 瑜伽术为西方所无，被认为是东方智慧的体现。中华文化的一些独特成果，包括太极拳和筷子，就可能适用于拮抗力来解释。据日本学者研究，使用筷子需要五十多根肌肉共同发力。[②] 就是说，中华特有的筷子、太极拳都跟扁担有间接的某种程度的相关。

117

---

① ［印］艾扬格著，王晋燕译：《瑜伽之光》，当代中国出版社，2011年。
② 刘云主编：《中国箸文化大观》，科学出版社，第187页。

挑夫换肩中的拮抗肌群

一根扁担本身构成杠杆机械

西方文化中的简单杠杆常指一根长杆，用小石头当支点，人体在一端发力，撬动另一端的大石。这样，作为杠杆作用要素的支点和重物，都处在长杆和人体之外。扁担则有很大不同：被分为前后两部分的重物都压在扁担上，作为支点的肩膀则属于人体本身。比这些表象更为重要的是，挑夫都经历过长期磨炼，像寓言"庖丁解牛"（《庄子·养生主》）所说的那样，扁担、重物与人自身都自然地被连结为一个有机整体，达到了"技进乎道"的艺术的自由境界。艺术要合乎科学，作为机械的扁担，其原理更已达到极高的精确性。

有三条大鱼，一个人没有扁担就无法搬动；用扁担挑，同样大小的鱼，一头挑两条，一头挑一条：让一条鱼的那头跟肩头的距离比两条鱼的那头长一倍，扁担就会平衡。这个例子最为简明，让肩头在扁担上的接触点，根据两头的鱼之重量变化而做适当的前后微调，则扁担上的力矩可以是任意值。

扁担挑重物，完全符合杠杆原理，用公式来表示，就是 $F_1 \times L_1 = F_2 \times L_2$。挑夫在实际动作中当然不需要任何演算，他单凭神经的直感，通过肩头肌肉群的一系列耸动，就能精确适度地改变着力点。挑夫的神功（庖丁之"道"）不逊于驱动一部精密的机械。

扁担的杠杆功能，更超越地表现在"抬"上。"抬"的力学更为复杂，各种场合都有诸多因素之间的数学关系。较为简明的是身高

挑三条鱼的杠杆原理

相等的甲、乙二人抬水，这常成为中学物理课的计算题，如果甲"让大头"，则与上述挑三条鱼的模式同理而又相反；按公式算出，甲承担的水的重力是乙的一倍。更为常见的情况是两人身体差异较大。旧时裹脚的妇女行走不便，常常要儿童帮助抬水，水桶总要保持在扁担上离开儿童更远的位置。在这种情况下也有适用的计算方法，但参与计算的要素比较繁多，除了物体的重量及两人肩头离开重物的距离外，还涉及两人身高之差、两人对物体的不同弹力等；在斜面上工作时，更要考虑被抬物体与水平面的夹角等，各项数值都要按照一定的公式来运算。^① 对此，山路上的村妇却都能无师自通。

"抬"的工程力学，突出表现在建筑巨石的移动上。由于中国传统建筑多为砖木结构，古代没有这种场景，后世也远不像"N抬大轿"那样为人常见。八抬大轿的力学跟母子抬水相比，反而显得简单，无非是大轿加乘坐者的总重量除以抬轿的人数。但在抬者特多

---

① 龚兴美：《关于两人抬物体所蕴含的力学原理》，《中学物理》（半月刊），2012年，第17期。

the情况下，难点在于方阵集体转弯时的指挥调度和协同行动。有一篇专题研究论文考察过 12 人、24 人、48 人、64 人，甚至 128 人的阵容，"抬的重物能超过两吨"，文章说"以 4—8 人为基本队形，32 人抬，就是 4 组 8 人抬的队形"。"转弯是对整个抬工团队的一次考验，高难度的动作，是个人与集体协调配合的艺术，是力与美的统一。"①

"软扁担"与华夏车祖——独轮车

读者会感到诧异：独轮车是推的，扁担是挑的，风马牛不相及，怎能扯到一起？

诸葛亮发明"木牛流马"无人不晓，但据信此物早已失传；宋代高承《事物纪原·卷八》说木牛、流马是两件发明，现今一般认为它只是又称"羊角车"的高效运输工具。著名史学家徐中舒先生论证，双轮车从北狄传来之前，中原只有古称"鹿车"的独轮车，它是中华"车祖"②。它能载重六七百斤，主要重量固然通过轮子压在地面上，但它在凹凸不平的土径或山路上行进时，怎么能避免倾覆？关于物体的超稳定平衡，华夏文化早有天才的发明，就是独有的"三足鼎（鬲）立"③，独轮车像古老的陶鬲一样也有三个支点，除了车轮与地面的接触点，还有车夫的两脚，重心就在由此固定的三角区内。两脚轮流离开地面时，重力的多方向动态调节以及推车前行，如果仅靠车夫把持"羊角"的两条细胳臂，其力远远不能胜任。观察分析可知，原来靠的是独轮车的关键部件——车袢带。"袢"是借用字，本字为"襻"。襻带两端挂在两个车臂的把手处，其宽厚的中部则紧搭在车夫的肩头—颈背上，所以应称为"肩襻"。

肩襻本质上就是一条"软扁担"，它的存在也像扁担一样，从

---

① 徐宁：《巴蜀抬工文化研究》，兰州大学硕士论文，2018 年。
② 徐中舒：《先秦史十讲》，中华书局，2009 年，第 46 页。
③ 高成鸢：《味即道：华夏饮食与文化十一讲》，生活·读书·新知三联书店，2018 年，第 415 页。

华夏幽境辟蹊——中华文化史源头课题论集

120

"软扁担"：独轮车的肩襻

来未被"发现"。例如，八国联军侵华时，一幅西方漫画画着慈禧推独轮车出逃的情景，错把肩襻作肩绳，证明画者完全不懂拮抗原理。通过肩襻，独轮车夫会根据行进中不断发生的轻微失衡，本能地耸动肩膀以改变压力的左右分布，这样就会借助"拮抗肌群"的微妙变动，调节左右车把的相对高度。"襻"字在多数回忆独轮车的文章中都曾露名，但也仅此而已。[①] 它的功用我们只能自行分析。

漫画《慈禧推独轮车出逃紫禁城》

襻常用于旧式衣服上的扣套襻，一般字典解释为衣带。它来自

---

① 王述辉：《父亲的独轮车》，《大众日报》，2018年3月16日。

动词"攀",后者本意为手抓树枝引身向上,所以"攀"字含有强大的张力。查阅《汉语大词典》,意外发现有古词"攀舆",曾是"肩舆"(轿子)的别称①,其例句出自《南史·萧范传》。《资治通鉴·梁武帝太清元年》的引文所附胡三省之注说:"攀舆者,舆搁(杠)施攀,人以肩举之。"可知最初只有两人抬肩舆时,因为过于沉重,是不用扁担而用攀带的。它的面积较大,质地较韧,能让重力分布在整个颈背及两肩上,而与拮抗肌群贴切地结合。"肩攀实为软扁担"之说于是得到确证。读者会觉得扁担与独轮车之间缺乏"中介"史料。这一缺陷是由于本课题的特殊:扁担的文献尚属空白,何况其衍生物?只好权且用"以理揆之"代替论证,聊胜于任其空白。

史学家徐中舒考证认为华夏先有独轮车,古称"鹿(辘)车"或"辂"("路"的由来,先前只有狭窄的"径"),两轮车("辆"的由来)需要马拉,是从北狄民族输入的。②笔者认为此说极有见地。按"理"应当先有人行的径,后有车行的路。生态不良使华夏未能经历游牧阶段,由于缺乏拉车的役畜,引重致远的重担命定地落在农夫肩上。扁担尽管神奇,毕竟运力有限,巨量而远程的运输要求工具升级,在单肩挑的现实基础上,只能逼出双肩并用的肩攀,于是"木牛流马"便应运而生。

独轮车经过不断改进,加之驾驶技艺提升,变得轻捷省力,驮货载人无所不能。陈毅将军曾坦言,淮海战役的胜利"是农民用小车推出来的"。旧时农村家家有扁担,人人会推独轮车;进城打工者必须使这用两种工具才能推水进巷,挑水入户。这有旧时天津竹枝词《水车》为证:"运水担夫压赤肩,独轮车子亦争先。"③城中也流行独轮车载客,清代笔记说济南职业车夫"可推四人,以赡家口"④。

---

① 罗竹风主编:《汉语大词典》,上海辞书出版社,2003年,第12670页。
② 徐中舒:《先秦史十讲》,中华书局,2009年,第49页。
③ 来新夏主编:《梓里连珠集》,天津古籍出版社,1986年,第158页。
④ 谢国桢:《明清笔记谈丛》,上海古籍出版社,1981年,第100页。

直到近代日本的"东洋车"（黄包车）传入，才取代了城市中的独轮车。迟至抗战胜利后，女作家张爱玲在温州还坐过独轮车，跟女友一起，一边一个。①

独轮车载客

见过世面的近代国人可能会为独轮车的落后感到丢脸，岂知洋人却对它的奇妙大为叹服。欧洲多平原，中世纪骑士跨马，贵妇乘四轮马车。西方人看重独轮车，在于它的巧妙原理及在特殊场合的灵便，例如工地上运送建筑材料。据维基百科，英国科学史专家路易斯（M. J. T. Lewis）考定，欧洲的独轮车记载始于1222年。

把扁担称为"马轭"的欧洲人，没有必要学会使用中式独轮车，更不会关注关键的"软扁担"肩襻。他们长于力学分析，发现中式独轮车的重心离不开车轮触地之点及车夫两脚确定的三角区。他们对独轮车的改进是将车轮变小而位于前方，装载较轻的货物能在平滑地面上快速推动。

当代，独轮车历史又记上了光辉的一笔，1971年登月的"太空人"曾用独轮车运送月岩样品。无论如何改进，它仍是诸葛亮"木牛流马"的后代。

① 张爱玲：《异乡记》，凤凰网读书频道，2015年2月19日。

法国为"一战"华工改进的独轮车

五、扁担与杠杆（下）：杆秤及"权（秤砣）"的意义

扁担如何巧妙地变成杆秤

上文讲到用扁担挑三条大鱼，如前边一条后边两条，只需将肩头跟扁担的接触点保持在离扁担前端三分之二的位置。可见，扁担能把两点之间的长度跟被挑之物的重量准确地对应起来，实现自动变换。这跟杆秤完全相同，表明杆秤就是扁担的转化。

杆秤跟扁担的不同，只在于杠杆的支点从挑夫的肩头（由下边顶）变为杆秤的提绳（由上边提），同时把杠杆一端的物体变为固定的秤砣，提绳跟被称量物体的距离固定在很近的位置上。秤砣相对很轻，之所以能跟重物取得平衡，全靠它在秤杆上的位置可以移动。扁担向杆秤的转化，没有借助任何复杂装置的发明，依然是最简单的木杆一根。如果没有世世代代使用扁担的独特经验，原理深奥的杆秤岂能凭空出现。诚然，扁担、杆秤之间，像独轮车一样，缺乏中介史料，但好在"扁担挑三条鱼"与杆秤的直观比照，像公理一样明白，而公理无须证明。

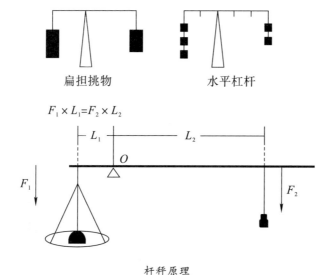

扁担挑物　　　　　　水平杠杆

$$F_1 \times L_1 = F_2 \times L_2$$

杆秤原理

传说多把杆秤的发明归之于古代工匠鲁班或商人范蠡，然而以理推之，杆秤应该追溯到黄土地原始部落之间最早的以谷子换取其他货物的交易。中华传统的衡量单位是"十六两为一斤"，这种"十六进位"的计数法，在其他方面罕见应用。笔者认为它的由来应当用扁担所体现的"一分为二"来解释。相关的"二进位"体系，更紧密地关乎扁担的抬物：随着物体的加重，抬的人数要按 $2n$ 的格式来增长："四→八→十六"。

杆秤的长杆（力臂）上有一连串标志刻度的"星"（揳入铜线，截断锉平），通过秤砣悬绳在"星"间的位移来标示斤、两。秤杆上的众"星"中有个关键的"定盘星"，它的设立是为抵消秤盘（秤钩）的自重：当秤砣悬绳位于此"星"上时，用手提起空秤，秤杆要能保持水平状态。至于"十六两为一斤"，古人笃信来自民间熟悉的北斗七星，加上较陌生的南斗六星，以及福、禄、寿三星。这种安排蕴含的"天理"，意在利用人们对天象的敬畏来自行约束交易中的不公平行为，即违反"天理良心"。此词大流行的社会背景，据余英时先生的研究，恰好是明末以徽商为代表的理学新形态（商业伦

理）的勃兴时期。

传说多把杆秤的发明归之于古代工匠鲁班或商人范蠡，然而以理推之，杆秤应该追溯到黄土地原始部落之间最早的以谷子换取其他货物的交易。中华传统的衡量单位是"十六两为一斤"，这种"十六进位"的计数法，在其他方面罕见应用。笔者认为它的由来应当用扁担所体现的"一分为二"来解释。相关的"二进位"体系，更紧密地关乎扁担的抬物：随着物体的加重，抬的人数要按 $2n$ 的格式来增长："四→八→十六"。

杆秤的长杆（力臂）上有一连串标志刻度的"星"（揳入铜线，截断锉平），通过秤砣悬绳在"星"间的位移来标示斤、两。秤杆上的众"星"中有个关键的"定盘星"，它的设立是为抵消秤盘（秤钩）的自重：当秤砣悬绳位于此"星"上时，用手提起空秤，秤杆要能保持水平状态。至于"十六两为一斤"，古人笃信来自民间熟悉的北斗七星，加上较陌生的南斗六星，以及福、禄、寿三星。这种安排蕴含的"天理"，意在利用人们对天象的敬畏来自行约束交易中的不公平行为，即违反"天理良心"。此词大流行的社会背景，据余英时先生的研究，恰好是明末以徽商为代表的理学新形态（商业伦

125

理）的兴起①，在杆秤的使用中，违背良心将会给自己招致缩短寿命等祸殃。②

西方从远古埃及、巴比伦开始就普遍使用天平。天平原理浅显，中国也曾有使用，据冷僻史料，还出现过向杆秤过渡的"不等臂"青铜衡器。③ 可见，杆秤是科技进步的产物。"杆秤—秤砣"为中华文化所独有，与西方的"天平—砝码"形成对应。两者的结构和原理根本不同。天平要求砝码跟被称量的物品等重，整套大小砝码的搬移和使用，都远不如"以小博大"的杆秤方便。

罗马青铜秤

根据维基百科，远古中亚的游牧部落在交易中曾使用过"不等臂天平"（重臂缩短、力臂加长），它也有秤锤，能称量比秤锤重得多的物体。这种近似杆秤的衡器，在耶稣诞生前曾由西亚游牧部落

① 余英时：《士与中国文化》，上海人民出版社，2013 年，第 527 页。
② 王向阳：《手艺：渐行渐远的江南老行当》，广西师范大学出版社，2017 年，第 94 页。
③ 刘东瑞：《谈战国时期的不等臂秤"王"铜衡》，《文物》，1979 年，第 4 期。

传入西方，被称为"罗马秤"，仅限于东罗马帝国，未能久远流传。那为什么高级的杆秤不能取代低级的天平？

天平：公平与法治·杆秤：人情与人治

"罗马秤"在西方未能广泛流行而最终消失，可以用中西社会文化观念类型的根本差异来解释。西方海洋商业文明的发展，必然以交易的公平为首要价值标准，后来自然演进为法制社会。天平能直观地体现公平，因而被奉为法治的象征物。

蒙眼正义女神

古希腊神话里有主持正义和秩序的女神忒弥斯（Themis，罗马神话叫 Justitia，just-即"公正"的词干），她的形象是左手高举天平，右手仗剑，两眼总是被布带蒙紧，以显示绝对不徇私情，用汉语说就是"六亲不认"。法律本身另有直接的象征物，就是木质的法槌，现代执法场合经常张挂一幅图像：画着以正义女神为背景的法槌。中国在世纪之交已开始使用法槌，但民众对蒙眼女神仍然很

127

陌生。

西方法律徽记

西方的衡器成为社会治理法则的象征，中华衡器也是一样，不过原理不同，天平代表法治，杆秤代表人治。天平女神双眼被蒙紧，这个细节的重要意义在于法治面前人人平等，绝不允许执法者上下其手。但用杆秤交易则大有"灵活掌握"的空间。不少比较研究的论著都对杆秤使用中交易双方的人情味予以正面评价：卖者见到亲近的买主，必定会让秤杆高高的以示优惠，这种一团和气会使陌生买主也感到喜悦。

公认中国是注重亲缘的人情社会，人们总想方设法把外人拉近成为自家人。老顾客与商贩之间都有互惠关系。秤杆高低的主观性，难免派生"看人下菜碟"的世情。这种交易法则，扩大到广泛的人际关系，再上升到高层的社会治理，就是与法治对立的人治之由来。人类早期文明的物品交易需要衡器，在原始衡器上产生了西方天平和华夏杆秤的差异，这可以视为文化殊途的最初标志。比较而言，杆秤的智力含量更多，它的发明需要独特的灵感激发，扁担世代运用的积累中，显然可能有相关的启示生成。

《庄子》否定提水工具的桔槔，理由是"有机械者……必有机心"，注释说"有机变之心"①。此话本来比较难解，但借助杆秤的隐

---

① 《南华真经疏·天地篇》。

喻，机心的负面价值就易于显露，它体现在杆秤操纵者的"耍秤杆"上。商业最重公平，但华人观念却普遍认为无商不奸，这固然出于以农为本、"崇本抑末"的文化类型，但与杆秤的易于机变当有密切关系。老俗话说"南京到北京，买的没有卖的精"，卖的会用种种方法蒙骗买的，"耍秤杆"是其中重要的一招，其具体手段繁多，包括"定盘星"不准、锉轻秤砣、用隐蔽动作使秤盘一端下沉，等等。

卖者的人情最初肯定使买者感到享有高于公平的优惠，然而实际上却可能远非用天平那样单纯，"机心"可以运用于各种动机。最突出的负面表现是所谓"杀熟"的现象：卖方故意利用熟人的信任，反而施以比对生人更甚的蒙骗，而被杀熟者尽管已有察觉，却碍于情面而装作不知。这种现象始于"秤杆高高的"小把戏，但网络时代竟能发展成"大数据杀熟"的惊人现象：这一新概念已被定义为"互联网厂商利用自己拥有的用户数据，对老用户反而实行价格歧视（给老用户的价格高于新用户）的行为"①。社会关系中人情的温暖，与体现于天平的人际冷漠相比，当然有其正面价值，但上升到制度层面，以人治与法治对比，则对杆秤蕴含的文化基因不得不作客观的审视。较好的做法是设法结合两者的优长。

"权"（秤砣）与掌权者的"权术"

《史记·五帝本纪》说，上古的帝尧开始"同律'度量衡'"，表明"重量计数"的正式名称是"衡"。"衡"字的本义是拉车的牛双角上的横木，它跟衡器的关联不够直白，但至少可以表明横木的"秤杆"才是杆秤的主要部件，而被称为"权"的秤砣本来居于次要地位。《墨子·经说下》说："衡加重于其一旁，必捶，权重相若也，相衡则本短、标长。"科学史家解释说："（秤）二臂（力臂）一大一小；大者为本，小者为标。"② 然而后来通行的双音节词语却反客为主、前后颠倒，把衡量称为"权衡"。

① 《光明日报》评论员：《大数据杀熟，无关技术、关乎伦理》，人民网，2018年3月28日。

② 谭戒甫：《墨辩发微》，中华书局，1964年，第261页。

"权"先于"衡",先是流行在古文中,后来单音节的"权"甚至取代了"衡",如《孟子·梁惠王上》:"权,然后知轻重。"早期"权"只是用作动词,东汉郑玄注释《礼记·月令·仲春之月》中的度量衡制度,对"权"的解释才肯定"秤锤曰权"。南北朝著作《颜氏家训·书证》记载:"长安民掘得秦时铁称(秤)权。"① "秦权"之名开始流行。由此推知,"权"成为秤砣的学名,可能从统一度量衡的秦始皇开始。

为什么把秤砣称为"权"(繁体"權"),这还是谜。从文字学上找不到"权"字与衡量的任何关联。据《说文解字》,"權"是树名或草名,但植物界并不存在此物。《诗·秦风》有一篇题为"权舆",古注说意为"草木初发",历来没人能讲出其所以然。秤砣小而重,理应以石或金为质。据汉字构字法的"右文"原理,"雚"当含有相关意义,但此字仅见于《说文解字》,原解不明,所引"诗曰雚鸣于垤",而段注说《诗·豳风》中的"雚"实作"鹳"。② "雚"早于"權"而又别无意义,这表明秤砣的来历就像扁担的"擔"及其前身"詹"的意义一样,尚属等待破解之谜。笔者推想,权字属于木部,或因黄土地带没有石头相关,所以"秦权"才用石制。

"权"的本义是中性的,表示在特殊场合下采取确属必要的变通手法,《孟子·离娄上》举例说:"男女授受不亲(不可肢体接触),礼也;嫂溺,援之以手者,权也。"《公羊传·桓公十一年》说:"权者何?反于《经》然后有善者也。"起初"权"限于为救急而偶然一用。

"权"先是衍生出"权谋","谋"与阴谋相近,已含贬义,如《荀子·王霸》说"义立而王,信立而霸,权谋立而亡"。"权"又衍生出"权术",先是正面地用于军事领域(《尹文子·大道下》:"以权术用兵,万物所不能敌")。"权术"多含诡计,与"信义"相悖而

---

① 王利器:《颜氏家训集解》,上海古籍出版社,1980年,第415页。
② (清)段玉裁:《说文解字注》,上海古籍出版社,1988年,第144页。

带有恶性。汉代以后的下层造反领袖最擅长权术，如《明史·陈友谅传》："友谅性雄猜，好以权术驭下。"现代汉语中，"权"已成为极重要的观念，其首要义项其实是"权术"，大型词典中"权"字打头的词条156条，绝大多数都与"权术"相关。①

"权"的含义与西方的 power、art of politics 等五个词语都有部分重合，很难翻译。有学者认为"权"的重心含义在于"威势"②。《史记·平准书·索隐》说，乡间富豪并无官位，却能利用非分获得的威势来干预纠纷。俗话"狐假虎威"的势力，源于官员职能之难以节制的滥用，其本质在于治理制度的固有缺漏。西方法律女神要蒙住眼睛，表明法治制度的前提在于假设滥权徇私的可能是永恒的，"人性之恶"是普遍的。反观中国的人治，杆秤的操纵者就是本该先被假定为奸商的卖家，他的眼睛无比灵光，长于见机行事，他的"'权'势"源自其本人就是杆秤的主人。"以小博大"的秤砣由他摆弄，用文言语体来表示称量中的这类动作，正是"弄权"。有学者引用电视剧《宰相刘罗锅》主题歌歌词："天地之间有杆秤，那秤砣是老百姓，称秤子挑江山，你就是定盘的星。"其实秤砣和"定盘星"都由打江山的帝王操纵。杆秤又代表民心，清醒的帝王也会心存敬畏。

美籍史学家许倬云先生擅长于中西文化史的比较研究，他在解释《墨经》中的"衡"时曾生动地论及："所谓'本短标长'……标的这一端会下坠，中国俗话所谓'四两拨千斤'也不过运用这一杠杆原理而已。"③"四两拨千斤"是来自杆秤的老俗话，出处难以查考，最先见于明代武术家王宗岳的《太极拳论》一文，文中强调太极拳要求"立如枰准，活似车轮"，太极拳研究专论认为此话是用杆秤和车轮（当指独轮车）比喻练拳者肢体的平衡和灵巧。④ 其"渐至

① 罗竹风主编：《汉语大词典》，上海辞书出版社，2011 年，第 6432 页。
② 黄芳：《马基雅维利政治权术思想研究》，《理论观察》，2016 年，第 1 期。
③ 许倬云：《求古编》，新星出版社，2006 年，第 144 页。
④ 文声国：《王宗岳〈太极拳论〉研究》，河南大学硕士论文，2013 年。

从心所欲"都需要长期磨练,正像争路的挑夫之于扁担一样。

杆秤的发明是华夏文化的必然,它像独轮车、太极拳一样都是扁担的衍生发明。我们应该像钱穆先生所说,对民族历史保持"温情与敬意"(《国史大纲》之扉页)。扁担不仅是陷入困境中的华夏祖先赖以生存和发展的神器,它更派生出种种华夏独有的文明成果。我们要实现文化上的自我认识,不可不重视对它的研究。

最后一代身怀绝艺的挑夫每天都在衰老去世,眼下的当务之急是抢救制作消失中的扁担影像资料。要有文化基金的强大支持,前提是文化事业主导者对扁担重大意义的认知。稍有延迟,就会铸就中华文化的千古遗憾。

说明:

本文发表于《社会科学论坛》2019 年第 2 期,文章名为《扁担的研究——及其对中华文化的影响》,编者并注明为《文史哲》2019 年第 1 期发表的《"水火"范畴与中华文明论纲》的续篇。(按,根据本文论及的扁担溯源之古、影响之广,决定改题为《扁担与中华文明》,以与《"水火"范畴与中华文明(论纲)》匹配。)

与内容的创新相应,本文形式上也有很大创新,即收录图像多幅。可惜学刊限于条件,未能采用。这些图像的功能绝非装饰,而无不具有论证作用,足以补充文字史料的匮乏,及表述能力的局限。相信这大有利于扁担不被国人遗忘,并引发世界的关注。

石在华夏基因中的缺位

——兼及中华文明"所以然"的追问

引　言

　　地球外表由石构成，部分石壳覆盖着厚水或薄土。唯有生成华夏文明基因的黄土高原，土层之厚以百米计，广大地域内片石俱无。世界学术认为文明始于石器时代、陶器发达的华夏仰韶文化属于新石器时代，然而权威的《易·系辞下》说，神农耕田只能用木犁（"斫木为耜"），更惊人的是谷粒脱壳要靠"掘地为臼"（因悖理过甚，古佚书《黄帝内经》曾补加"以火坚之"①。坚硬，是日常观念，但成语"坚如金石"的"坚"却属于"土"部；"石"部之"硬"竟迟现于宋代字书《集韵》（宋初徐铉为《说文解字集韵》增收"新附字"，仍无"硬"字）。笔者面对大量缺石史料也不免疑惑：黄土高原非无山冈，又距嵩山、华山不远，何至弄不到做臼之石？后来悟出的缘由极为简单：石头太重无法搬运。

　　埃及建造大金字塔，两吨重的巨石要用 23 万块②，何以可能？

---

① 《黄帝内经》，《影印文渊阁四库全书》（第 365 册），台湾商务印书馆，1985 年。
② ［德］汉尼希、朱威烈等编著：《人类早期文明的"木乃伊"：古埃及文化求实》，浙江人民出版社，1988 年，第 177 页。

尼罗河顺流船运，再用群牛牵引巨石在成排木桩上滚动，农民为信仰出力不以为苦，因为洪水年年送来大丰收。① 反观华夏，"灾害之河"的黄河不能行船，千沟万壑的地表难以行车；唯一运输工具是扁担，这一万能神器历来未被发现。② 拙文还论证扁担通过肩襻（"软扁担"）衍生独轮车。游牧民族传来的两轮大车需要牛马牵引，而牛到战国时才用于耕田。③ 造大车须用青铜，青铜车轮在商初才出现在二里头遗址中。笔者在本题的探究中想到，华夏青铜发明之晚，或因缺乏"矿"石（《说文解字》把硬于土块的都视为石）。这样，"缺石"的问题又回到出发点。《孙子兵法·势篇》说："如环之无端，孰能穷之？"对华夏基因形成背景的问题，就像由种种缺乏合成的圆环，谁也找不到缺口（"端"），无从深入。

从古希腊智者到近代地理学家，大都用"环境决定论"（Environmental determinism）来解释文明的差异④，笔者对此高度认同。然而西方先贤对环境的分析多限于气候和地形，显出对华夏所处甘陕高原地质特性的无知。全球仅有的古怪地质面貌，由 20 世纪 50 年代才由本土学者刘东生院士彻底揭示，较晚才为西方详知。⑤ 远古人类的一支（以"神农"或"黄帝"为族群称号），辗转向东来到黄土地带。甘肃走廊缺乏转移空间，漫长时期中他们进退都无出路。这里的生态"得天独薄"，《史记·五帝本纪》记载：黄帝面对干旱的生存逆境，指出的生路是"时播百谷草木"（植被稀疏，"草"在"木"前）、"节用水、火（柴薪）、材、物"（欧洲到处清流密林，不

---

① ［美］斯塔夫里阿诺斯著，吴象婴、梁赤民译：《全球通史》，上海社会科学院出版社，1999 年，第 126—130 页。

② 高成莺：《扁担的研究》，《社会科学论坛》，2019 年，第 2 期。

③ 徐中舒：《先秦史十讲》，中华书局，2009 年，第 46—48 页、第 159—167 页。

④ 据网络百科 http://baike. so. com/doc/6102053-6315164. html. 以下凡公共知识，出处俱同。

⑤ 潘云唐：《刘东生院士——中国和国际第四纪科学与黄土科学的领军人物（上）》，《矿物岩石地球化学通报》，2016 年，第 7 期。

解水火何必节用），这表明除"土"之外的全面匮乏，"缺石"和"壅（充塞）土"是对同一环境的反正表述。

对无石环境的适应，最终决定了华人特有的"衣食住行"四大需求，这貌似成语，其实出自熟知中西世情的孙中山先生。[1] 笔者悟出："衣"可依附于"吃"（西方羊毛织绒）、"行"可依附于"住"（无车难以运石），恰好饮食、建筑是最突出的中华特色。吃的方面：黄土地生态不良，难以支撑狩猎初民走上农牧互补的普遍坦途。互补的优势在于：畜群能提供肉、奶，吃肉—喝奶—穿毛皮，丰衣足食，又能提供力役、粪肥，借以种些农作物，调节食谱，补充饲料。华夏先民从肉食阶段已遭遇食物匮乏（汉初陆贾总结先秦记述说："民人食肉饮血衣毛皮，至于神农，以为虫走兽难以养民……"[2]）群体饥饿迫使先民"尝百草"，选出耐旱的粟类糊口；拓展空间的缺乏，迫使先民对粪便转憎为爱，这实为华夏"生业"（考古学用语）及文化转型的关键。放弃"草田轮作"，则没有皮毛御寒，冷比饿更致命（杜甫诗"朱门酒肉臭，路有冻死骨"，所以"衣"在"食"先。上古民谣说"日出而作，日入而息"[3]，《汉书·食货志》说："一夫不耕，民或受之饥；一女不织或受之寒"，又说农夫"亡（无）日休息"，这哪有余力去远方采石？住的方面：无石、缺木，先民无以建筑房舍，只能住进半地穴的居处中。古埃及和两河流域，原始建材是用烂泥经阳光晒干的土砖（adobes）[4]，黄土地严重缺水，逼得先民发明"干打垒"的奇妙技术，直接用散土充当建材。"行"要有道路，黄土高原近在咫尺也得下沟再爬墚，陕北民歌有"见面容易拉手难"，运输则全靠扁担，它只适用于散土、粟米。

黄土加上缺水、缺石，必然导致衣食住行难题。要克服这些困

---

① 孙中山：《三民主义》，上海书局，1924 年。
② 王利器：《新语校注》，中华书局，2010 年，第 10 页。
③ （清）沈德潜：《古诗源》，中华书局，1977 年，第 1 页。
④ ［英］柴尔德著，周进楷译：《远古文化史》，上海群联出版社，1954年，第 102 页。

难，只能从根本上改变自身以适应环境。相信这就是中华文明独能以柔克刚、坚忍不拔，不被外来部族冲散的缘由。笔者以浅薄的学力，不至狂妄到敢于面对"中华文明所以然"的绝问。中华何以成为唯一延续不断的古文明？迄今未见本土学者提出具体而系统的说法。这或许有其必然性：现代学术的分科研究，不容许任何专业学者整体地面对模糊事物。本文内容严重违背分科原则，不免引起对笔者身份的疑问，需作交代。笔者出身于大图书馆，养成少受分科局限的求知方式，这在学术上近于劣质，唯独对于本题的广泛探究，反而成为优长。使笔者获得学术资质的是国家史学课题"尚齿"（尊老）研究①，被评为"有开拓之功"②。先于孝道的"尚齿"是礼文化的萌芽。

精神文明源头的探究，引发笔者对物质文明特异性的强烈兴趣：转而探究古怪中餐的由来，是为第二个空白课题、也是自由探索的主体。埋头十年，论证华夏文化"从饥饿出发"（专著香港繁体版的题名）。③ 西方缺乏大饥饿的经历，饮食文化在学科体系中毫无地位，拙著中的观点体系无缘得到学界正视。出于价值自信，笔者转而萃取专著中的"水火相济"观点，撰文提出"水火范畴"，论证其为中华文化轴心、中西文化融汇之点，其长篇论纲发表于《文史哲》学刊④，是为系列课题的第三个，它使我在暌隔三十年后再次回归学界。后来又从"挑水担柴"想到扁担，它不仅衍生独轮车，更通过杠杆原理而衍生杆秤，以及内涵深广的"权"，是为本文之前的第四个空白课题。⑤ 扁担挑出了长城运河，却挑不动石头，因此中华只有

---

① 高成鸢：《中华尊老文化探究》，中国社会科学出版社，1999 年。

② 李岩：《近二十年来中国古代尊老养老问题研究综述》，《中国史研究动态》，2008 年，第 5 期。

③ 高成鸢：《从饥饿出发：华人饮食与文化》，香港三联书店，2013 年。简体版改名为《味即道：中华饮食与文化十一讲》，生活·读书·新知三联书店，2019 年。

④ 高成鸢：《"水火"范畴与中华文明论纲》，《文史哲》，2019 年，第 1 期。

⑤ 高成鸢：《扁担的研究》，《社会科学论坛》，2019 年，第 2 期。

"土木"建筑，于是归结为本文的"缺石"之题。

对空白课题系列的逐一考察显示：华夏基因正是由五个部分构成的"无端"之"环"。以上种种想法都是在本题的探索中触发的，都与华夏文化"所以然"的求解相关，弃之可惜，故以"兼及"的副题而附记在本文中，或可供未来的研究者触发灵感。

文字记载显示"石"的匮乏

西方信仰上帝创世，上古文化毫无记载，以至摩尔根《古代社会》只能拿原始部落的现状权充。前身为象形的汉字，本身就是文化人类学信息库。中华又独有漫长历史的丰富文献，本文的研究即从文字记载开始。

中华经典中少见"石"字

华夏文明较可靠的早期典籍，可举《尚书》《诗经》《周易》为代表，考察如下（不含伪《古文尚书》各篇）：

《尚书》"石"＝磬　"石"字仅有两处出现，即《尧典》中的"击石、拊石，百兽率舞"（此八字又见于《皋陶谟》篇，属于"简乱"①），据郑玄注，"石"即乐器磬，单用"石"字代表磬，则据逻辑可知，"石"之所指，别无他物。这一意外判断可由商代文字佐证：甲骨文中属于字典"石"部的唯有"磬"字，字形为𥕢②，磬是最古老的乐器，先于夏都二里头的山西陶寺遗址，已有单一石磬出土，笨重粗糙。③《尚书》中的另一"石"字见《禹贡》篇，在罗列夏代九州向王廷进贡的特产中，青州贡品有"怪石"（专名词，异于《尧典》之"石"，当为带花纹的"文石"④）。篇中另有几处带"石"旁的字，如荆州贡物有"砺、砥、砮"，据孔颖达疏，砺、砥分别是

① 屈万里：《尚书今注今译》，台湾商务印书馆，1977年，第18页。
② 徐中舒主编：《甲骨文字典》，四川辞书出版社，2003年，第1035页。
③ 许宏：《何以中国》，中华书局，2019年，第12页。
④ 袁珂：《山海经全译》，贵州人民出版社，1991年，第19页。

粗、细磨刀石，砮是石质箭头；还有梁州的"砮、磬"。这些石质贡品皆属王室必不可少，体积小、易运输；较大者唯有磬，《礼记·乐记》说："乐由天作，礼以地制"，唯有王者拥有石磬，符合"礼乐治天下"的理念。

《周易》 一句确证无石可用 书中"石"只出现三次。豫、困二卦中的解释文字为"介于石""困于石"，语义都不外生活之常，或许属于祖先来到黄土高原之前的记忆。较晚的几篇综述，反映定居种粟生活。《易·系辞上》篇所述，有一句严重违背事理，可作绝对缺石的确证：关于粟粒脱壳方法，原文说"断木为杵、掘地为臼"，这样做反会把谷粒捣进土中，后世佚书《黄帝内经》曾据理补加"以火坚之"（前文）。推想陕西仰韶文化的石刀石斧等原始器物，必为初民随身带来的轻小工具（考古学术语为"细石器"，当属珍贵物品）。石臼远重于砮、砺，无法长途搬运，只好掘地为凹形再用火烧硬。

《诗经》 "他山"之石 民歌最能全面反映早期的物质生活，但据《诗经索引》，306篇诗中含有"石"的只有6篇。① 其中的"石"字还多有非常之处，值得玩味。如《小雅·鹤鸣》的"他山之石，可以攻玉"，孔颖达疏说："他山远国之石，取而得之，可以为错物之用。"② 琢磨玉料之石何必取之于远国、他山？只因近处的山都是土质的丘陵，偶有砂页岩之石则硬度太差。《小雅·渐渐之石》篇从"渐渐之石，维其高矣"想到出征军士"山川悠远，维其劳矣"，也表明石质的山脉都在远方。最能证明华夏基因中根本缺石的诗篇，是歌颂周族领袖的史诗《大雅·公刘》，其中全面记述公刘领导族人在豳地扎根（"于豳斯馆"）过上了好日子，然而也不得不克服石料缺乏的严重困难。诗曰："涉渭为乱，取厉取锻"，"乱"字意为"用船横渡"③。有人译为白话诗："横渡渭水驾木舟，砺石锻石任

① 陈宏天编：《诗经索引》，书目文献出版社，1982年，第145页。
② （清）阮元：《十三经注疏》，中华书局，1983年，第433页。
③ 王力：《古代汉语》，中华书局，1997年，第508页。

取求。"采运石料做什么？孔颖达说："取其砺石，取其锻具，锻砺斧斤……伐取材木，乃为宫室。"[1] 石材缺乏，宫室只能是木结构的；伐木的青铜斧需要磨砺，新斧的锤锻也要有石砧（孔疏"锻金之时须山石为椹（砧）质，故取之也[2]）。做砧之石要求硬于铜铁，周族所居的豳地在今陕西旬邑县一带的黄土丘陵中，南距渭河四五百里，经常渡河搬运秦岭之石成为黄土地生活的常态。秦岭的青石在岩石硬度表中属于一级，考古学家在川陕边界山口的中子铺遗址发现专业细石器加工场，其文物包括砺石[3]，可与《公刘》篇记述的"涉渭取砺"互相参证。

早期群书一览　"石"字在较早的私家所著书中同样异常罕见：《周易》中"石"字只有一处，还是形容玉的性状（第 39 章"珞珞如石"）；《孙子兵法》是军事专著，石属于武器，但只有《势篇》一章出现"石"字，还用于比喻，与战术无关。《管子》出自半岛多山的齐国，其《地数篇》说："上有慈石者，下有铜金"，这属于工业，非单一务农的中原可见。《论语》两万多字，"石"字只有一处，还是地名（《宪问》篇"子路宿于石门"）。先秦百家之书中，唯有《墨子》在军事篇章中较多地谈到石（详见后文），但偏偏墨家从能跟儒家争雄的热门被围剿至几乎"中绝"，迟至西学传入的清代才有《墨子》的注本。

古奇书《山海经》又添大奇。为写本文而查找全书，意外发现：大山几百座，"石"字触目皆是，"土"字竟不见一个，似乎故意与诸书中的"堆土为山"形成令人不解的反衬。笔者郑重声明：保留对此的"发现权"。书中凡是特定的石都不外砥、砺（如《中山经》有七山"多砥砺"）、磬石（如《西山经》小华之山"多磬石"）、文石（或"怪石"，如《东山经》之阴山"多文石"）。这都可作为上述《尚书》《诗经》中仅有之石的参证。

139

---

①　（清）阮元：《十三经注疏》，中华书局，1983 年，第 543 页。
②　（清）阮元：《十三经注疏》，中华书局，1983 年，第 275 页。
③　王仁湘：《四川广元中子铺细石器遗存》，《考古》，1991 年，第 4 期。

"石"的文字学考察　出人意料

汉字的历史从未中断，能反映先秦文化的一切。考察汉字由来和演进，当是探究"石缺位"基因的捷径。以下考察涵盖含"石"之字。

《说文解字》"石"部只有 11 个活字　对东汉《说文解字》"石"部文字的统计分析令人惊异：此部只有 47 个字，其中竟有四分之三已是死字，活字只有 11 个：碣、砾、碑、磬、礙（碍）、碎、破、研、砚、砭、磊。参照"金"部，大量僻字都是古远器物及其部件的名词，何以石斧、石刀等种种石器不像磬、砚那样各有"石"部的单字？推想先民辗转来到黄土高原，远在造字之前，后来世代祖先缺乏石器生活经验，遮蔽了远古的文化记忆。

从反面考察《说文解字》"石"部的冷僻字，同样能显示石的缺乏。很早被新字取代的碔（陨）、磺（矿）等古字，代表的实物与石固有本质上的不同，不过由于呈现为硬于泥土的块状，而被归于"石"部（影响到现代，硅、碳等非金属化学物质的新字都加"石"旁）。"石"的这种外延扩展，足以反证当时地面上只有黄土。

出人意料的是，"石"部 36 个死字中还多有字义重复者，例如与"砺"近义的就有四个。尤可怪者：连串的死字都是"石＋表音字符"，其解释只有"石声"二字，段玉裁还总结说："自砅至磿八篆，皆儿（形容）石声。"[①] 何谓"石声"？成为疑谜。"磅"字始见于唐代《玉篇·石部》，解释也是"石声"。石头发声不可解，或指群石在洪水湍流中碰撞，使难得见到石头的黄土先民感到心理冲击。公元前 1730 年，黄河上游曾发生大地震，青海积石峡的堰塞湖溃决，巨量石块形成特大"石流"，地质、考古学者曾协同研究，认为

---

① （清）段玉裁：《说文解字注》，上海古籍出版社，1988 年，第 450 页。

其可能导致了喇家—齐家考古文化突然消失。① 至今常用"磅礴"表示势不可挡，透露石头的普及对文化心理的影响。

几个甲骨文：石器记忆少有残迹　传统字典不能涵盖近代发现的甲骨文。学界认为商代骨刻文字相当成熟，足以反映生活面貌。已识读的近两千字中，含"石"的只有 4 个。甲骨文无部首之分，幸有唐兰先生曾作《甲骨文自然分类简编》，中有"石"类，收 6 字②，除存疑及多有变形者外，与现今汉字对应的只有 3 个，即"矴、宕、祏"。此外，甲骨文字中含有"石"符号的还有"磬"字而唐文没有收入，也许鉴于古文献中最早的"石"字与"磬"完全等同（《尚书·益稷》，如上所述），逻辑上不应再属"石"部。所收三字，《说文解字》中都不属于"石"部。由于流行年代久远，前二字的读音已与"石"无关。三字分述如下。

矴（zhuó），原始砍击工具　《说文解字》解释为"击也，从斤，石声"，可知原曾读如"石"音。"斤"即斧，"击"的对象当包括地、木、兽、人，可知"矴"做名词即石斧，人类学权威说石斧是"新石器时代的显著标志"③。据段玉裁注（以下简称"段注"）《说文解字》"石"部还有"矴"的异体"磻"，段注谓即"大锄"，还议论说锄本应"以金为之，安得从石？盖上古始为之用石，如弩、砭之类"④。这表明段氏认识到原始人只有石器工具。"矴"失去"石"的读音，又为"石"部所不收，其用法比后世的"砍"宽泛得多。变为金属质料后仍沿用旧字，透露石器时代的经历，与现实生活之间已有漫长的间隔。

宕（dàng），石窟　《说文解字》解释为"过也，一曰洞屋。"

---

①　吴庆龙等：《黄河上游积石峡古地震堰塞溃决事件与喇家遗址异常古洪水灾害》，《中国科学》，2009 年，第 8 期。

②　唐兰：《甲骨文自然分类简编》（手迹影印），山西教育出版社，1999 年，第 31 页。

③　[英] 柴尔德 V. G.. Childe：《远古文明史》，上海文艺出版社，1954 年，第 80 页。

④　（清）段玉裁：《说文解字注》，上海古籍出版社，1988 年，第 452 页。

"过"字本意为放荡（空间约束小），"洞屋"即原始人的石窟，段注未能认识及此。"宕"字表明华夏先民对穴居之前远祖所居石洞的记忆已经似有似无。斫、宕二字，可说留下了文化基因经历异变的痕迹。

祏（shí），祖先牌位曾为石质 部首"礻"（示，象征神祇）是后加的，主体的"石"即代表祖宗的"主"（写着名讳的牌位）。"石"字透露，远古的神主本是石质的，变为木主，当因来到黄土地后无石可用。《说文解字·示部》："祏，宗庙主也，周礼有郊宗石室。一曰大夫以石为主。"《左传·庄公十四年》有"典司宗祏"一语，孔颖达疏解释为因"虑有非常火灾"而设于宗庙中保藏木主的石室，段注说石室"唯天子有之"。以上说法明显含有矛盾："祏"是石主还是石室？《说文解字》作者去古未远，何以要加上表示未定的"一曰"？笔者研读古今学者的聚讼，提出新说：周族先代所处环境已无石可用，只得将神主改用木质。及至文王"制礼"，除遵循祖制外，又规定用"石室"藏主。《左传》"典司宗祏"一语，孔颖达解释为"石室"，现代学者杨伯峻解释为"石函（匣）"①，各诸侯国依"礼"无资格"郊宗"（祭天并与先祖陪享），但富石国度不免僭妄，各国大夫接近庶民，更沿用本地古俗，以石作"主"。

"祏"→"社"，"大石崇拜"让位于土神 各地常见远古"大石崇拜"（考古学用语）遗迹，西欧、中亚、大洋洲都有存在。中华史籍不见大石文化的记载，人类学传来后才有所发现，都在边疆，如川南羌族地区等。② 大型类书《太平御览》所收历代关于石的零散记载③，故事多有灵异情节，如《史记·留侯世家》中授予张良"天书"的老人"黄石公"之类，都无足轻重。上古神话对石崇拜有所反映，如《淮南子·览冥训》中女娲"炼五色石补天"，但后世又出

① 杨伯峻：《春秋左传注》，中华书局，1981年，第1699页。

② 董其祥：《四川大石文化研究》，《重庆师范大学学报》（哲学社会科学版），1986年，第2期。

③ 《太平御览》卷五十二，地部七"石（下）"。

现"女娲抟黄土造人"之说①，显示土的重要性发生根本提升。石崇拜的记忆已被黄土深埋，到宋代才有恢复的迹象，表现为"石敢当"民俗的普遍流行②：不大的石碣立在里巷入口，据信可保居民平安；上刻"石敢当"三字，始见于汉初识字教本《急就篇》"师猛虎，石敢当……"，可能来自已佚秦代李斯《仓颉篇》的影响。富石的秦国曾对中原缺石文化大有裨益，见于下文。

关于石崇拜，史学名家姜亮夫曾提出大胆观点，否定《说文解字》对"示"字的解释（"天垂象……所以示人也"），结合甲骨文字形（ᛐ）及国外讲古代社会的有关资料，认为"示"是"立石顶着横石"的象形（如英格兰石阵），是"中国古代'大石文化'时期的一种崇拜，分布在山东、四川、河南、云南诸省"③。四川各地的独石遗迹，有的形似男性生殖器或象形的汉字"且"。④甲骨文常见的"且"，被解释为"借为父祖之祖"⑤。《说文解字》中解释"且"像祭几立于地面，是后世的场景。

祭祖的目标是"主"（写有先人名讳的牌位），牌位形状酷似"且"字。牌位又像墓碑，但欧阳修说"五代礼坏"后才流行"墓祭"⑥。牌位的质料理应沿用大石文化的石，但至迟从周代之初已变为木主。据《史记·周本纪》载，文王去世，武王用车载着其父的牌位进军（"为文王木主，载以车"）。宗庙中牌位繁多，为便于摆放，逐步演变为小型的。

甲骨文中"祏"是动词，如卜辞："贞：祏大甲。"（库·106）这透露商代祭祖与石主相关，"社"是名词，其字像地上的土块。偏

① 《风俗通义》，《太平御览》卷七十八引。

② 《南村录》卷十七。

③ 姜亮夫：《谢本师——学术研究方法的自我剖析》，《浙江学刊》，2001年，第8期。

④ 邹礼洪：《古蜀地区大石崇拜现象的再认识》，《西华大学学报》（哲学社会科学版），2004年，第2期。

⑤ 徐中舒主编：《甲骨文字典》，四川辞书出版社，2005年，第22页。

⑥ （清）赵翼：《陔余丛考》，中华书局，2012年，第676页。

143

旁相同的祏、社二字，直观地呈现为"石"与"土"的对照，可知华夏文化从石崇拜到土崇拜的转折。初民的崇拜对象起先只有共祖"祏"，进入父系阶段又有分宗之祖的"社"。农耕生业需要远离石而亲近土，尤其"田园庐墓"所在之土。推想原野之土不易定位，遂以特定老树为本宗族的地标。"社"又有从"社稷"（邦国）到"村社"的诸多层级，各地水土不同，"社"的树种也不同。（《周礼·大司徒》："各以其野之所宜木。"）唐、宋礼部群臣讨论认为，《吕氏春秋》曰："殷人社用石"，北朝东魏天平年间曾"迁太社石主"；唐代州、县的社主用树，宋代通石，"以达天地之气"并"取其坚久"。①环境富石的商代和东魏都用石质社主；黄土地无石，故周代及奉行周礼的后代用木主；唐宋逐步过渡到统一用石。至于家族宗祠的祖先牌位，则像宗祠建筑的木结构一样，属于核心基因，永远不变。

中原石刻文化"有限正常化"的特异进程

黄土先民一旦有可能，理应乐于享受"正常化"的石器生活。然而世代的"反常生存"已导致相关的基因变化，回归的石元素反而会引起"排异反应"（transplant rejection），能实现的只是"有限正常化"；对石的接受必须通过"礼"的过滤和节制。结果会有三类：一是顺利汲纳，如用于小麦加工的石磨；二是拒绝采用，典型为始于祭坛（行礼设施）的"土木"建筑；第三种情况，要经历曲折甚至反复，承载人文信息的石刻类即是如此，它们对于"礼"的施行既能互相促进，又有内在冲突，典型是石碑及"画像石"，都曾被迫潜入地下，其"阴阳转换"的理路较难认识。

缺石文化"正常化"的需求

中原金石俱无，圣王难垂功名 石崇拜关联着生命不朽的普遍愿望，表现于古圣先王的葬俗，如埃及的木乃伊及石棺。"石棺"一

---

① 《新唐书·列传·儒学中》《宋史·礼志五》。

词《辞源》（1979年修订本）不收，经典中只有一见：《礼记·檀弓》记载，宋国恶人桓魋为自己造石棺三年不成，孔子谴责其奢侈。孔子提倡厚葬，旨在强化以亲族关系为核心的礼教。笔者曾提出"家族生命"概念，并论证华人价值核心的"寿"，其广义实指家族的"寿昌"①。"光前裕后"的超现世追求，必然衍生"名垂后世"的强固观念。家族（以至"国家"）生命同样有超时限的追求，这就要"书之于竹帛，镂之于金石"（《墨子·鲁问》）。钟鼎等金器铭文为中华独有，其成本特高而容量很小，而石刻天然是怀念与记述文字的理想载体，其广泛流行理应成为中华文化的突出特色。据《后汉书·赵岐传》，《孟子》最早的注释者赵岐，临终幻想"立一员石于吾墓前刻之曰……'有志无时，命也奈何'"。他的异想天开终因不合礼俗（中原坟墓本无石质标志）而难以实现。中原礼俗形成于无石环境，"树碑立传"貌似古语，其词典例句却出于现代散文②，近似的古代例句只是《后汉书·桓彬传》："蔡邕等……共树碑而颂焉"。

中华重视历史，世界无双，但青史载体的简、帛，难逃火灾或朽坏，幸存的古籍"百无一二"③。埃及、印度都没有史书传世，但著名的古埃及罗塞塔石碑（rosetta stone）载有托勒密五世（Ptolemy V）的加冕诏书，用两种文字刻写，失传千古的象形文字竟借助希腊文而被破译。④ 此碑建于公元前196年，同年汉高祖写下歌颂建国的《大风歌》，按理它当刻在石碑上，然而碑的流行要到二百年后的东汉晚期。石刻的迟现及其奥秘，似乎历来无人正视。传递历史信息方式上的中西差异，凸显华夏缺石生活"正常化"的需求。

"碑"，曾用木桩充当 传递图文信息的石质史迹统称"碑刻"或"石刻"。"碑刻"是旧"金石学"名词，内容为青铜器及碑碣铭

① 高成鸢：《中华尊老文化探究》，中国社会科学出版社，1999年，第57—73页。

② 《中国成语大辞典》（缩印本），上海辞书出版社，1996年，第530页。

③ 陈登原：《古今典籍聚散考》，商务印书馆，1936年，第6页。

④ 本文的西方知识皆据维基百科等网络百科，下同。

文的拓片；"石刻"是现代考古学名词，包括石雕像及画像石。南宋赵明诚辑录的专著《金石录》以金文为重，碑帖处于次要地位。第一部以石刻为内容的专著《语石》，竟迟至近代宣统元年（1909）才问世，作者叶昌炽（1849—1917）具有新学眼光，其书分章节总结石刻的历史及分布（稍涉异国古迹），几十年间颇有权威。[①] 此书开篇就敏锐地提出：古钟鼎铭文出现较早较多，而"刻石之文"却很少，并断言古秦国"石鼓文"是石刻文字的鼻祖；又引宋人欧阳修《集古录》，明确"至后汉以后始有碑文，欲求前汉时碑碣，卒不可得"[②]。至于何以钟鼎铭文早于石刻，则未谈及，历来也未见任何说法。（按，西汉碑刻后世非无出，近现代以来常有零散的出现，1926年考古学诞生，《语石》的内容显得日益过时。）

中原石刻应从"碑"说起。关于碑的由来及功用，大量论著说法各异。这里据《文史知识》的一篇综述作一简介[③]：《说文解字》解释"碑"是"竖石也"，追溯其功用原有三种：一是王宫中用于观察日影，二是宗庙中用于拴缚祭祀的牲畜，三是陵墓中用于牵引棺木入穴，后者演进为立于墓前刻有纪念文字的墓碑。考察三种碑的质料，或曰为木，或曰为石，《汉语大字典》与《汉语大辞典》引据的各种古说未能明晰一致，当因随着时期或场合而各异。笔者经细心斟酌，最认同其中宋代孙和《碑解》给出的新说："古之所谓碑者，乃葬、祭、飨、聘之际，所植一大木耳；而其字从'石'者，将取其坚且久乎！"[④] 快刀斩乱麻的论断引人深思：经典中的周代之"碑"确是"大木"，不过借"石"旁以寄托"坚且久"的意愿。这足以显示典籍形成时期的黄土先民还保有石器生活的记忆，也可推知，前经典时期固有石碑流行。无论如何，据周礼的厚葬精神，墓

① 吴琦幸：《论〈语石〉在石刻研究中的意义》，《社会科学战线》，1988年，第3期。

② 韩瑞：《语石校注》，今日中国出版社，1995年，第1—9页。

③ 沈珊：《墓碑、墓碣、墓表、墓志》，《文史知识》，1988年，第9期。

④ 《汉语大字典》，四川辞书出版社，1993年，第2610页。

中富丽堂皇，而墓外却缺少标记，千百年间不见一方刻有名讳的石碣，在西洋文化看来确是有待解释的怪事。说法纷杂则表明古人对石器生活的记忆已相当模糊。

特别说明：以上碑刻概述是本文初稿，通过网络深入考古学、艺术史前沿才知，后来的"大开发"使相关局面根本改变。若仍凭二十年前的学术文库，会有不少读者的知识未及更新。查询当当网销售品类，书名含"石刻"者已数以千计，八九成问世于近三五年。赵超先生著《中国古代石刻概论》初版于1997年，十年后增订本所收重要石刻项目已经倍增，篇幅达七百多页。^① 更有分区（省、县）断代的大型石刻图录，如山东全集有巨帙八册。^② 以新史料为据的大量研究成果，内容多令人耳目一新，以"石碑由来"为例，李零先生大胆提出，"墓前立石"应是"霍去病北征匈奴后才开始的"，是"从草原地区带来的葬俗"。^③ 在此新形势下，门外汉的笔者只敢从"缺石"角度写些心得，以供当代及后世的方家参考。

"石刻"的冲击与基因的"排异"

汉代以后，随着地域扩展和文化交流，缺石状态的改观，"石"部新字大量涌现。有学者分析统计《汉语大词典·石部》字，按各字释文所引例句的年代，考察新字增长的势头：西汉19个，东汉57个，南北朝171个，宋代202个……^④可惜此文未能分析"石"字增加的几次高潮与异域文化的"冲击—吸纳"相关。

首轮冲击：富石的嬴政向全国推行石刻　迟至唐初，十块鼓形大石才被"发现"于陕西。思想家韩愈在名诗《石鼓歌》中认为应为周宣王所作^⑤，表明对中原缺石状况尚未觉察。金石家据字体知其

① 赵超：《中国古代石刻概论概论》，文物出版社，1997年。
② 《山东石刻分类全集》编辑委员会主编：《山东石刻分类全集》，青岛出版社、山东文化音像出版社，2013年。
③ 李零：《入山与出塞》，文物出版社，1985年，第3—16页。
④ 陶浩、高罕钰：《从〈汉语大辞典·石部〉收字看中国古代人们的生产与生活》，《集宁师范学院学报》，2016年，第1期。
⑤ 《全唐诗》卷三百四十。

出自秦国，关于时期则聚讼千年，迄今共识约在春秋末期。^① 秦文化介于蛮夷与中原之间，其文字肯定晚于中原，何以先有石刻？李学勤先生论定嬴秦氏源自山东莱芜（临近泰山），周灭商后，把忠于前朝的此族强迁到甘肃^②，其后人顽强地转移到川陕之间的南山地带，是为秦岭的由来。秦国远古就以富石文化异于中原，《史记·秦本纪》说秦的祖先蜚廉"为纣石北方"，此句不可解，古注认为有脱字。^③ 按本文的理路，当缺"采"字，"采石于北方"表明秦人固有采石技术。纣王死后，蜚廉祷告上天，意外"得石棺"。秦国的石棺葬俗已如上述。秦的强大源于吞并古蜀国，后者与石头有与生俱来的奇缘。《华阳国志·蜀志》的神话说："蜀有五丁，能移山举万钧。其王薨，辄立大石长三丈，重千钧，为墓志（标志）。"^④ 秦国灭蜀之役是惊天动地的英雄史诗。李白名诗《蜀道难》曾歌颂其事，秦蜀之间被天险阻隔"十万八千岁"，其通路"难于上青天"，经过"地崩山摧壮士死"的开山之役，"然后天梯石栈相钩连"。其神话由石牛、大力士石匠、美女、巨蛇等角色演绎出奇幻情节^⑤，留下"五丁开山""石牛粪金"等成语。

通观秦族历史，从泰山到秦岭，其文化饱受富石环境的熏陶。反映在文字层面，除了《石鼓文》，还有著名的《诅楚文》，其年代肯定远在秦灭楚之前。^⑥ 秦国石刻文字不仅超前，还相当普及，李学勤先生曾撰文记述秦国古白铭文拓本的存在。^⑦ 秦统一后，积极向全国推行石刻，据《秦始皇本纪》，始皇曾巡视山东等沿海地区，

---

① 杨宗兵：《历代石鼓文及其时代研究综述》，《励耘学刊·语言卷》（辑刊），商务印书馆，2005年，第265—281页。

② 李学勤：《清华简关于秦人始源的重要发现》，《光明日报》，2011年9月8日。

③ （汉）司马迁：《史记》，中华书局，1963年，第175页。

④ 《太平御览》卷五百三十八，礼仪部三十七。

⑤ （清）王仁俊辑：丛书《玉函山房辑佚书补编》之《蜀王本纪》。

⑥ 姜亮夫：《秦诅楚文考释》，《兰州大学学报》，1980年，第4期。

⑦ 李学勤：《记秦廿二年石白》，《秦汉研究》（辑刊），2007年。

"立石"或"刻石，颂秦德"。石刻在富石的山东等地早已萌生，只是少有声息。墓葬方面，公认最早的《麃孝禹碑》于西汉河平三年树立在山东费县，1870 年才发现①，所在地平邑靠近半岛沂蒙山区，土著莱夷族归化很晚。石刻中最普遍的墓碑从东汉中期开始流行，至后期形成高潮，碑文也成为新文体（《文心雕龙·诔碑》），作者包括蔡邕、孔融等名人，前者有 44 篇之多。②

汉代石刻流行的最高表现，是东汉晚期灵帝树立的《熹平石经》，此举像古秦国石刻一样把石刻用于思想政治。若非受限于传统，"以孝治天下"的西汉早该用石刻方式推广《孝经》。《熹平石经》由 46 块巨碑组成，刻有《尚书》等 7 部经书，被树立于首都洛阳的国学门外，书写者正是善作碑文的蔡邕。据《后汉书·蔡邕传》载："其观视及摹写者，填塞街陌，车乘日千余辆"。后来通过敷墨拓片的启示而有印刷术的发明（"雕版印刷术应溯源于石经"③）。

严重"排异"：墓碑被曹魏禁令逼入地下 东汉末年，碑在盛行中突然遭到曹操严禁，而且禁令竟延续到南北朝各代。这一史实长期不被重视，因为禁令到南朝才记载在《宋书·礼志二》中："建安十年（205 年），魏武帝以天下凋敝，下令不得厚葬，又禁立碑。"专著《语石》对碑禁的经过有简略可靠的考述④：先是"魏晋两朝屡申立碑之禁，然大臣长吏人皆私立"，"私立"表明它是人心所向，禁止理由何在？"天下凋敝"之说未免不顺，权臣曹操当时正在篡汉夺权，哪管民生？富庶而多石的南朝各代何必尊奉前朝的过时禁令？笔者认为曹操禁碑的真实动机在于政治，其子曹丕的行为可做参证：魏文帝登基前曾把群臣"劝进"的《公卿将军上尊号奏》刻成石碑昭告于世，其功用与上述古埃及"罗塞塔石碑"正同。

① 《山东石刻分类全集》编辑委员会主编：《山东石刻分类全集》（第一分册），青岛出版社、山东文化音像出版社，2013 年。
② 陈君：《东汉立碑之风与蔡邕碑文的成就》，《文学史话》，2019 年，第 3 期。
③ 张舜徽：《中国文献学》，上海古籍出版社，2005 年，第 131 页。
④ 韩瑞：《语石校注》，今日中国出版社，1995 年，第 19—28 页。

石碑既为社会所需要，又为传统所难容，现实处境只有两端折中为隐蔽的存在，即转入地下成为墓志铭。此物堪称华夏文化中的难解之谜，前人似乎未曾捉摸。它的名称违背逻辑：本是石器，但其类名"铭"却是文体。人们对"铭（文）"的关注，实际出于范文或书法的非物质角度，如韩愈名篇《柳子厚墓志铭》和欧阳询书法《郭云墓志铭》。只有宋人王应麟曾纠正"铭"的错误，他有诗题为《唐开成年墓志石》。①

墓志铭的严重问题更在于内在矛盾，其功用本像碑刻一样应传名于世，但其存在方式却恰好相反——深埋地下不见天日。余英时先生时常强调学术研究的"内在理路（inner logic）"②，而按"理"可以推断，最早的墓志铭应当萌生于东汉墓碑突遭禁止之后。"墓志铭"一词的由来，像"碑"一样聚讼纷纭，《汉语大词典》以含有"墓志铭"全称的例句为准（《宋书·建平宣简王宏传》），肯定其流行始于南朝宋代元嘉年间（424—453）③，这恰好合"理"。华夏自古重视陪葬，地下器物都供死者享用；墓志铭以活人为读者，又注定深埋地下，何以会流行起来？因为中土传统"崇文"（魏文帝《典论·论文》称文章本身为"不朽之盛事"），丧家重金聘请名人撰文，以利于在人间盛传。清人方苞所编古文选本竟收有自撰墓志铭两篇。④墓碑流行后又长期遭禁，唐宋重新普及，这一曲折过程只能用文化基因对外来补益的"排异"作用来解释。

二轮冲击：拓跋魏改进"墓志"·借"范文"阴阳两栖　嬴秦刻石对中原的影响重在政治领域。碑刻的社会普及，还要等到"石缺位"的现实得到根本改观。这是由第二轮冲击实现的，发动者是由鲜卑族建立的拓跋魏政权。他们源自大兴安岭山区，在富石文化

① 宋陈思：《两宋名贤小集》卷三百七十八《王尚书遗集》。
② 余英时：《论戴震于章学诚》，生活·读书·新知三联书店，2000年，第325页。
③ 罗竹风主编：《汉语大词典》，汉语大词典出版社，1993年，第1167页。
④ （清）方苞：《古文辞类纂》，黄山书社，1992年，第936—937页。

上酷似蜀—秦古国，其共同表现有三：一，蜀国祖先蚕丛"始居岷山石室中"①，同样，据《魏书·礼志》，拓跋氏的祖先也居于大鲜卑山的"旧墟石室"；二，古秦国有记载历史的《石鼓文》，北魏武帝拓跋焘曾向祖先所居石室致祭，留下石刻《嘎仙洞祝文》；三，秦始皇曾东巡、南巡"立石"记功，北魏太武帝也曾立《东巡碑》，罗新先生据《水经注》线索已找到残迹。后文成帝又在灵丘立《南巡碑》。② 与中原遭禁的石碑不同，北魏石碑多由官方刻制，传世名碑有《孝文皇帝吊殷比干墓文》等。

拓跋魏的第二轮冲击远超嬴秦。旧都平城（大同）宏伟的云冈石窟，以其巨大体量彰显石的威力。北魏宗教与政治互相借力，甚至佛与皇帝合为一体，据《魏书·佛老志》记载，文成帝曾"诏有司为石像，令如帝身"。继位者魏孝文帝推行彻底的汉化，把首都迁往中原的洛阳，并把云冈石窟复制到洛阳北山，逼近的石阵使黄土众生感到气势磅礴。孝文帝深知葬俗关乎中原之"礼"的核心，极力仿效已在南朝流行的墓志铭。有学者通过细节辨析复原历史事件内幕，论证墓志铭本身曾在北魏的汉化过程中成为斗争焦点：改革派中坚冯熙（冯太后之兄）在旧都平城去世，本当就地安葬，却顶住宗室保守势力的反对拖延半年，其子冯诞去世后才同时葬于新都洛阳，皇帝为冯熙"亲作志铭"（《北史·外戚传》）③。北魏对石刻的新贡献是墓葬石形制的创新和标准化：划一为正方形，配加精致的"墓志盖"（上刻墓主名讳、职官），此即后世"碑额"的由来。④ 墓志石的普遍流行，象征着由北魏发动的南北朝文化统一。隋唐以后墓碑虽已普及全国，但由于墓志铭文体的流行，墓志石并未退隐，

① （汉）杨雄：《蜀都赋》注引《蜀王本纪》，（宋）章樵注：《古文苑》卷四，《四部丛刊》，上海书店，1989年。

② 罗新：《踏访东巡碑》，《文史知识》，2002年，第6期。

③ 徐冲：《两方墓志与三场葬礼：北魏孝文帝迁都的另类风景》，《文汇报·文汇学人》，2018年8月10日。

④ 赵超：《试谈北魏墓志的等级制度》，《中原文物》2002年，第1期。

两者并行直到近代。出土墓志成为新史料的宝藏，仇鹿鸣先生总结说，十年间倍增的墓志铭，价值甚至足以与 20 世纪的殷墟甲骨、敦煌文书等"文献四大发现"并列为"第五大新发现"。①

附："石"的补益与中华通史两高峰　雷海宗先生洞见，中华通史两度强盛，分别由秦、隋肇始。② 隋代何以与强秦并提？钱穆先生说，北魏覆灭后，"北方文治势力之进展依然无可阻碍"，加上北周的强化，"中国全盛时期之再临，即奠基于此"。③ 本文的研究则发现，秦和北魏在文化传统上同样具有特具富石的特质。中华通史有一规律现象：由猎牧转向农耕的非华夏部族政体，被"半同化"后即会有"入主中原"的冲动，结果是自身融入，同时以其"尚武"精神给中原注入生气。"文治"也要借助文字才能组织民众，形成强大国力。甲骨文、金文都限用于天子诸侯内务。《左传·昭公六年》记载古郑国的创举：把刑法铸在铜鼎上向国民公布，犯罪率因而下降；同时代的秦国已经常把石刻文字公之于众，《石鼓文》和《诅楚文》分别用于鼓舞民心和攻击敌国。对碑帖深有研究的仇鹿鸣先生说，碑不但"可以借助拓本与传写，化身万千，变成有效的传播媒介"，而且"巨型的石碑不是让人读的，而是作为政治权威的象征物被树立起来，'看'才是第一要义"。④ 秦的统一，使"文"（尊卑秩序）与"武"（战争机器）空前结合，造就了中原秦汉帝国。秦国的文治、武备两方面都与"石"密切关联，担当统一使命或有必然性。秦始皇首要功绩当是统一文字，其背景当是"石"载体的功用。对于肇造第二次强盛，拓跋魏的贡献与嬴政类同。"书同文"方面，北魏是秦的继承者。汉字的标准形态楷体是通过其前身魏碑体的大普

---

① 仇鹿鸣：《十余年来古墓志整理与刊布情况综述》，《唐宋历史评论》辑刊，2018 年 5 月。

② 雷海宗：《伯伦史学集》，中华书局，2002 年。

③ 钱穆：《国史大纲》，商务印书馆，1996 年，第 290—293 页。

④ 仇鹿鸣：《读者还是观众：石刻景观与中国中古政治》，《文汇报·学林》，2016 年 5 月 27 日。

及而形成的。魏碑（含墓志石）拓片（复制加印刷）数量当远超版刻书籍，后世学童无不临摹碑帖。北魏对中原的补益更突出表现在"武"的方面，详见下文《缺石对军事的影响》。

石质人文的短暂辉煌 现代学术的重大突破

从茂陵石雕到武梁石祠　雕像、画像属于艺术，层次上高于文理而接近宗教。蔡元培曾提出"以美育代宗教"的主张[①]，但中华美术遗产的数量、水准远逊于西方（或与环境缺石，较难呈现相关）。西方图像远早于文字，如万年前描绘狩猎的欧洲岩画。中华远古也有岩画，北魏郦道元《水经注·河水经注》记载："山石之上自然有文，尽若虎马之状"。石雕在上古中原基本属于空白，西汉中期突然冒出一处宏伟的石雕群像。决战匈奴获胜的霍去病将军英年去世，汉武帝把他葬于自己预建的陵墓近旁，并特别创设马、牛、虎等14座石雕，气象壮阔。网上可见"童子问"：为什么汉代以前没有石雕？梁思成先生评论茂陵石雕群的主题之作"马踏匈奴"说："马下有匈奴仰卧，面目狰狞，欲起不能。"[②] 猜想这组石雕似有面向外敌之意——用游牧民族熟悉的石头语言警告他们。中原石加工技术不成熟，凿个石棺三年不成，突然出现艺术杰作，需要解释。现代学者时空视界开阔，认识到茂陵石雕出于波斯文化的影响。[③] 美术史前辈滕固（1901—1941）早已判断："外来因素"是汉代艺术的"母题"[④]，甚至猜想后世陵墓常见的"辟邪（石狮）"是波斯"persia"的音译（"邪"古音 sia）。中华历史上每逢强盛时代常有汲呐外来文化的胸怀，汉武帝的波斯石雕可为典型。那次大胜匈奴是趁其内部分裂，汉代国力也因战争而大减。后来"独尊儒术"，"礼治"回潮，对石元素的汲呐也戛然而止。

---

① 蔡元培：《以美育代替宗教说》，《新青年》第3卷第6号，1917年8月。

② 梁思成：《中国雕塑史》，百花文艺出版社，2003年，第31页。

③ 杨孝鸿：《滕固与汉代艺术研究——兼论汉石雕与画像石的文化成因》，《艺术探索》，2011年，第1期。

④ 滕固：《滕固艺术文集》，上海美术出版社，2000年，第71—93页。

茂陵石雕成为孤立的存在，直到北魏开凿石窟。中间 500 年间，中土较显著的石质人文遗迹，只有东汉出现在山东东南部的两处墓葬附属享堂，即孝堂山和武梁祠。前者低矮狭小，是中国最早石结构建筑，后者复原后规模堂皇。两处内部石壁上都有石刻图像，武梁祠之名 140 年前已被欧洲所知①，后来有多国艺术史学者参与复原，早已成为"汉画像石"的代名词而闻名于世界。

勇于率先将石材引进葬俗，应具有可恃的身份，才会对世人的非议较少顾忌：孝堂山的墓主是东汉孝子济北王（后被附会为《二十四孝》中"埋儿奉母"的郭巨）；武梁祠，巫鸿先生考证其墓主为特立独行的高士。巫鸿先生的研究非常杰出，下文专节介绍。这里只就与"石"相关的背景，补充一点心得：秦始皇突破中原文化的缺石基因后，汉武帝又突破墓葬文化中没有石质器物的礼俗，茂陵石雕的空前冲击对文化心理必有重要影响，传到山东的富石地带，会激活当地固有的亲石传统。放大时空尺度，不难想到武梁祠与茂陵石雕的遥相呼应。从反面看，两处榜样都未能带动广泛的仿效；石质享堂的流行近于电光火石，石室内部的画像形式也像石碑一样转入地下。

汉画像石的古怪身世　画像石（似不如石刻图像准确）历来只以纸质拓片形式流传，其石质实物，直到当代孝堂山、武梁祠作为景点开放，才率先为观光大众目睹。石刻专著《语石》有"画像"小节，还把"叶公好龙"的宅壁绘画列为同类，表明石刻画像一直缺乏"类名"②。《语石》断言："今世所藏者，唯孝堂山、武梁祠为最古"，实则当时武梁祠早已被洪水冲垮，残石埋在土中"不尽者三尺"（《嘉祥县志》）。又，1931 年河南南阳洪水冲出一座汉墓，其中石刻图像的拓片被高价买卖，导致当地大量同类文物在破坏性发掘

---

①　巫鸿：《国外百年汉画像研究之回顾》，《中原文物》，1994 年，第 1 期。
②　韩瑞：《语石校注》，今日中国出版社，1995 年，第 469 页。

中涌现，鲁迅曾收集五六千幅，并提倡研究①，后被抗战打断。社会上的分散研究，因缺乏学科归属而影响力有限。

青年学子可能不知"画像石"是当代出现的新名词，1915年的《辞源》和1931年的《辞源续编》都未收录，直到1979年《辞海》修订本，才与"沂南画像石墓"条目一起出现。早期研究者曾用"汉画像""石刻像"等名称。沂南汉墓发现于1954年，是对"'画像石'墓"的首次正式发掘和报道，新的学名开始沿用。② 当时国内进入学术低潮，因而少为考古学圈外所知。半世纪后文化热，西方艺术史及文化人类学引进后，汉画像石是两者共同的研究对象，相关研究才蒸蒸日上。笔者写成本节初稿后，幸而发现巫鸿先生的英语专著中文译本问世③，研读后获得全面的新知，已无资格多言，仅将学习心得记下。

总体觉得画像石问题头绪复杂，适于用"古怪"形容。它与东汉的石质享堂孝堂山、武梁祠一起出现并长期存在，作为葬俗创新，似应引发群起仿效，但却空前绝后。它未及像墓碑一样形成热潮而被禁，即自行"绝后"，推想当是缘于碑禁的影响，因为它的形式和内容比墓碑更为违"礼"而且张扬。它的潜入地下也比墓志铭更隐秘，居然仍能继续实现远距离的地域扩张。由于世人对绘画的珍视远不及书法、范文，它不能以拓片、文选方式在阳间广泛流传，直到乾嘉学派以其"佐证经史"，它才被重新"发现"，传到西方迅即获得高度重视，可说是"墙外开花"。

巫著中虽有"对石头的发现"小题，当然未及联系到文化源头的缺石背景，这里再就几项"童子问"试作讨论。其一，何以画像石在汉代突然兴起，东汉形成"地下辉煌"？试答：当像茂陵石雕一

① 王子今：《鲁迅读汉画——〈鲁迅藏拓本全集：汉画像卷〉简介》，《中国文物报》，2017年10月31日。
② 曾昭燏总编：《沂南古画像石墓发掘报告》，报告编辑委员会刊印，1956年。
③ ［美］巫鸿著，张琳等译：《武梁祠：中国古代画像艺术的思想性》，生活·读书·新知三联书店，2015年。

样，是观念解放的结果。巫著据画像细节提出，汉代百姓间曾兴起像帝王一样追求长生的运动①，画像常以崇老而抑孔的"孔子见老子"为题，画作多达千件（有学者参考七十多幅而出版专著②），反映汉代民间对官方儒学的逆反。其二，何以画像石在东汉以后遽然消失，以至其名称被加"汉"字？试答：石材本身蕴含人性对石的珍爱，南北朝以后各代统治者多有游牧文化背景，联想到民风的豪放，哪里看得上阴暗的地下文明？其三，何以从东汉到宋，武梁祠长期无人理睬？试答：更早时期画像石少有出土，史料罕见，经过与异域文化交流，汉人对石才不再漠视（表现为宋代的邵雍学说，见下文）。其四，何以武梁祠的抢救要迟至清代乾嘉时期？试答：明末西方传教士引进西学，影响到乾嘉学派研究方法的进步，这与画像石研究的兴起当有内在关联。

"巫鸿学案"：世界学术史的"纪念碑"　　美籍学者巫鸿先生从汉画像石研究起步，将中华"国故"的开拓与西方美术史的开拓结合起来，这或将改变世界学术格局。他中学时曾参与标点《左传》，供职于故宫又饱受金石学熏染，"文革"后于1978年攻读美术史硕士，继而成为哈佛大学美术史、人类学（师从张光直先生）双重博士、终身教授、美国国家文理学院终身院士。他的大量论著都用英文写成。巨著《武梁祠：中国古代画像艺术的思想性》（*the wu liang shrine，The Ideology of Early Chinese pictorial Art*）让其于1989年一举成名，但中译本36年后（2015年）才问世，背景是西方显学——艺术史在国内初兴。此书上编详尽考录了武梁祠从东汉建祠、宋代"发现"、清代毁灭，到国际学界参与重建和研究的详尽史迹；下编考释祠内115组画像的"思想性"，引用古籍近200种，英日文参考190项。另有姐妹专著《中国古代艺术与建筑中的"纪

---

① ［美］巫鸿著，李清泉、郑岩等译：《中国古代艺术与建筑中的"纪念碑性"》，上海人民出版社，2009年，第211页。

② 邢义田：《画外之意：汉代孔子见老子画像研究》，生活·读书·新知三联书店，2020年。

念碑性"》（*Monumentality in Early Chinese Art and Architecture*），内容遍及天上祥瑞、神话故事、历史事件，堪称形象的中华古代文化史百科全书，对画像石细节的解读都是文献记载所缺漏的新知：如神农只穿着窄短裤；伏羲、女娲还带个小孩；伏羲"手持矩尺以象征'规划'天下的能力"①……对于笃信上帝创世、近代又试图追索文明进化过程而痛感记载缺乏的西方，画像石展示的新世界能不引发轰动吗？巫鸿先生在鼓励创新的学术环境中大胆探索，甚至杜撰英语新词"纪念碑性"，而西方同道们也能认同、赞赏。更受关注的是他的研究方法，注重"艺术形式与社会、宗教及思想的关系"，"结合美术史、人类学和社会科学的跨学科解释方法"，这对传统的"形式主义美术史"是"重大的逆反和挑战"。② 这已远远超出本学科领域，难怪西方艺术史权威人不能容忍，公开责难。对西方同道的非议，巫鸿先生也很能理解。

巫鸿先生谨守西方分科研究的学风，甘于 30 年间在国内学界阒然无闻，从不汲汲于同名流密切来往。史学、"国学"圈对他的美术史成就及跨学科方法也相当陌生，李零、许宏、郑岩先生等思想活跃的"考古人"除外。受巫鸿先生影响，他们觉悟到"中国考古学诞生时本来要解答'我是谁，我从哪里来'这样的宏观命题"，但受巫著影响，他们"'越界'写史"，"华丽转身"。③ 许宏著《何以中国》就是一例。国内人文学者对巫鸿先生更应关注，但青年学者以南阳等地的汉画像为据的论文已近千篇（据中国知网，截止到 2020 年 8 月），大多未及参阅巫著。至于资深的"主流"学界如何面对巫鸿先生的新史料新方法，尤其有待观望。

---

① ［美］巫鸿著，张琳等译：《武梁祠：中国古代画像艺术的思想性》，生活·读书·新知三联书店，2015 年，第 175 页。

② ［美］巫鸿著，李清泉、郑岩等译：《中国古代艺术与建筑中的"纪念碑性"》，上海人民出版社，2009 年，第 5 页。

③ 杨炎之：《许宏、郑岩对谈：巫鸿是如何开启中国美术史写作的》，澎湃新闻，2016 年 4 月 30 日。

157

"纪念碑性"概念，是高度抽象与形象的结合，大有用处。巫鸿先生曾在访谈中巧妙地解释说：金字塔像"纪念碑"，看似古怪无用的青铜炊器也有同样的功用，两者的本质都是"宗教权力通过对劳力的'浪费'做成的东西……这么一讲，美国学生一下就懂了"①。中国老师们想过吗？笔者研读巫著，对他的范式创新感到高度共鸣。他甚至说"结论并不重要，关键是要能提出问题"②。中华学术史上特有学案传统，近代被"新学"的分科研究打断。巫著提到清代阮元已曾借武梁祠画像考证"孔子见老子"的细节，这显示"旧学"反有优于"新学"之处。西方日益关注文化多样性，张光直早已提出"人类学的中国学派"，甚至"饮食人类学"。巫鸿先生在本学科内部的突破，画像石研究或许会成为学术公案，成为中西融合的里程纪念碑。

附："玉石崇拜"由来之谜　"玉崇拜"对于华夏文明溯源是无比重要的命题。首先，"石"与"玉"的关系存在逻辑混乱。《说文解字》解释玉为"石之美者"，则玉属于石类，应称"玉石"，"玉"部字数是"石"部的三倍多，大半（164∶162）字的解释竟是"石之似玉者"或"石之次玉者"③。这种概念抵牾只能用"信仰超越逻辑"来解释。笔者正困于玉现象的纷繁，幸而从巫鸿先生专著中受到启示，这里简略转述他的精辟见解。

异域文化没有"玉"的概念。面对西方读者，巫鸿先生将"玉"定义为"机理细腻、色泽丰富、质地坚硬的石头，包括'软玉'（具有纤维结构）'硬玉'（具有晶体结构）"④。华夏传统"事死如生"，

---

① 李菁：《巫鸿：执着于东西方对立，会把我们拖回前现代想象》，《三联生活周刊》，2020年，第26期。

② 杨炎之：《许宏、郑岩对谈：巫鸿是如何开启中国美术史写作的》，澎湃新闻，2016年4月30日。

③ 雒文广：《〈说文解字〉"石"部字和"玉"部字文化比较研究》，《汉字文化》，2017年，第9期。

④ ［美］巫鸿著，李清泉、郑岩等译：《中国古代艺术与建筑中的"纪念碑性"》，上海人民出版社，2009年，第63页。

随葬物品多为供死者享用，但考古遗址墓葬中的主要玉件是尊天敬神的礼器。何以死者身份越尊贵，玉器越多越精美？用巫先生提出的"纪念碑性"模式，其原理就会豁然开朗。书中说，切割磨光一块玉材"要用数月甚至数年的劳动"，"这些玉器意味着其所有者拥有'浪费'这些人工的能力"。[①] 陆离光怪的现象，蕴含着神奇而又简单的原理，只要运用巫鸿先生的"纪念碑性"模式思考，就会豁然开朗：看似无用的东西却有最大的用处，即像埃及的金字塔一样显示统治者令人敬畏的权威，这是原始群体进入文明阶段的标志。"纪念碑性"模式同样能够解释，何以商周青铜礼器必然是庞大吓人的"炊器"。对此，笔者根据饮食史研究的特殊心得，或许能对巫鸿先生的原理做些补充，讲清玉器与青铜器之间的内在关联。在需要建立"纪念碑"（礼器）时，华夏没有石材，又缺乏食物以蓄养奴隶从远方运来的奴隶，因而对"石之美者（玉）"特别珍视，制器时也趋向精致（庞大的反面）发展。"缺食"又会带来对食的畸形珍视，形成"神嗜饮食"（《诗·小雅·楚茨》）的信念。张光直先生说："铜器中皆以饮食器为主，表示在祭祀上饮食的重要。"[②] 玉料不能用作炊器，所以早期礼器只有玉器，虽然后来在金玉并列中青铜炊器更为贵重，但玉却是华夏基因中的第一元素。早在考古文化"满天星斗"的远古，红山、良渚、仰韶、龙山以至西南的三星堆等分散的单元，都存在着玉和夯土的共同特性。

关于玉石崇拜，还有更深刻的价值缘由：何以独有华夏古人酷爱此物？迄今仅见的说法是《说文解字》解释的"玉有五德"、玉性合乎中庸哲学云云，与"纪念碑性"相比，显然浅薄不堪。在巫鸿先生创新精神的鼓舞下，笔者在此提出"玉崇拜"缘由的两点猜想。其一，来自饮食史研究的心得：导致饥饿的干旱环境造就了"贵水

① ［美］巫鸿著，张琳等译：《武梁祠：中国古代画像艺术的思想性》，生活·读书·新知三联书店，2015年，第53页。
② 张光直：《中国的青铜时代》，生活·读书·新知三联书店，1999年，第65页。

畏火"的群体潜意识，发展为中华独有的"水火范畴"；而玉石具有的半透明性状与水相近，且不会蒸发、永保润泽，作为生命的象征，能给苦旱的心灵以慰藉。其二，来自本文的构思：华夏基因缺石，石"以稀为贵"，美玉又是石中珍品，对它的拥有本身即能显示王公贵胄的权力，加上"纪念碑性"原理揭示的玉最能"浪费"人力的特性，所以玉无比珍贵。

叶舒宪先生对玉研究较深，曾提出上古"丝绸之路"（中原→和阗）等重要观点，可惜他在学科上僻处文学人类学，难获主流学界重视。①

三、缺石对华夏文化的影响

缺石与建筑：木结构"所以然"的绝问

木结构建筑，作为中华文化最触目的特色，缘由何在？从互联网初通，这个"童子问"就被反复提出，至今没有让人信服的答案。有巢氏在燧人氏之前（《韩非子·五蠹》），防御猛兽的巢是安全的堡垒，当用石头砌成，但堡、垒二字却是"土"旁；建筑工程开工，至今沿用"破土"旧称。

"积土成山"与台、坛、塔、楼 文化基因缺少石元素，突出表现于对"山"的认识。黄土高原的山陵多是土丘，砂岩的山体上边也"戴着土帽儿"（地方俗语）。早期文献显示，人们普遍认为山体是由土堆积而成的。《尚书·旅獒》说："为山九仞，功亏一篑"；《论语·子罕》中，孔子引用《尚书》典故说："譬如为山，未成一篑"。关于宫苑中的堆山造景，《周礼》相关部分佚失，可参考《史记·孝武帝》：太液池宫苑"有蓬莱、方丈、瀛洲……像海中神山"，用石堆积假山要等隋代运河通航后。土山本为天子宫苑独有，诸侯

---

① 叶舒宪：《关于齐家文化的起源——十次玉石之路考察的新认识》，《中原文化研究》，2019年，第4期。

也僭越模仿，使之成为习尚。《荀子·劝学》说："积土成山，风雨兴焉"，荀况生于赵国，讲学在山东临淄，两地都有石山，他仍然拿土山说事。《管子·形势解》说："山不辞土石，故能成其高"，土在石前，表明主流观念认为"土"要压倒"石"。《列子·汤问》中愚公移山的故事，有人质疑移山的可行性时，同样问道："且焉置土、石?"

人性都爱处于高地以开阔眼界。可能为免锥形土堆因风雨而变矮，又发明平顶的土"台"（正体"臺"属"土"部），如周文王的灵台、吴王的姑苏台等。为预防高台日久"坍塌"（都是"土"旁），须建成印第安金字塔那样阶梯式的，如《周易》第六十四章说"九层之台，起于累土"。李白歌颂燕昭王用隆重礼遇招纳贤才，有"遂筑黄金台"之句[①]，台中又有带神圣性的祭坛，用于王者祭天祭祖或举行郑重仪式。《尚书·金縢》中周公为祭告先王特建三坛，东汉马融注释曰"坛，土堂"[②]，可见坛上有房舍，后世发展成北京天坛、地坛等建筑，更衍生出现代的"政坛""文坛"等抽象词语。台、坛本属"礼"文化的专用设施，即使本地富石，侯国或藩邦也都仿效中原的土质原型。

中原最早的高层建筑是东汉传入的佛塔，《说文解字·土部》说"塔"是"西域浮屠（梵文 stupa 音译）也"，《集韵》解释为"累土也"。唐代玄奘取经回到长安，为免经书遭"火难"，曾上书要求仿建高 30 丈的印度石塔，皇帝以工程太大"难以成就"为由，只准建成五层砖砌的大雁塔[③]，真实缘由恐为忌惮石质高层建筑对首都的木结构格局冲击过甚。西汉刘向《新序·刺奢》说，魏王要建"半天台"，谏臣反对说，按天的高度与台座面积的合理比例，"尽王之地，不足以为台址"。可见中土古人的本性像极当今子孙一样热衷于摩天

---

① （唐）李白：《古风五十九首·其十五》。

② （清）孙星衍：《尚书今古文注疏》，中华书局，1996 年，第 325 页。

③ 赵汗青：《凌云古今意未穷：大雁塔研究综述》，《西北美术》，2016 年，第 4 期。

大楼。木结构没有高层，当因木材缺乏，加上过轻的木架不耐西北季风劲吹。总之，建筑规模上只是追求平铺而不向高处发展。

"楼"字的由来也说明高层建筑出现之晚。《说文解字·木部》载："楼，重屋也"，段注特意说明《考工记》中的"重屋"是"不可居"的，意为先秦绝无楼房①，《墨子·备城门》中的"楼"当指建在城头上。字书说"楼"来自"娄"，本意为镂空（远观多窗的楼房很像镂空体）。唐诗《登鹳雀楼》说"更上一层楼"，此楼建于唐之前的北周时代，是早期的一例。人居之楼的最早例句可能是（南唐）李煜的《相见欢》词"无言独上西楼"。据梁思成专著，历史上非中原的民族早有高层建筑，如北朝羯（白种）人石虎的后赵"于铜爵台上起五层楼阁，去地三百七十尺"；北魏在洛阳建永宁寺九层浮屠，高九十丈。② 古蜀王旧京所在的岷山地区曾流行石质高层建筑。《后汉书·南蛮西南夷列传》说："众皆依山居止、垒石为室，高者至十余丈"；汉人把羌族的民居称为"碉楼"，后来统一为三层，中层住人，近代已有"汉式建筑与羌族碉房融合"③。

"版筑"（干打垒）"干打垒"学名"版筑"，是黄土文化主要的建筑方式。由于无石，又因北温带大半年寒冷，初民的住处只能是很深的地穴，称为"穴居"④。万年前就有陶器，他们当然懂得黄土和水成型、晒干就成土坯。显然因为缺水，才被逼出天才发明，筑牢了华夏文明的独特根基。版筑妙在就地取材，材料、技术合为一体。其法，先用木板搭成窄而长的空间，填入黄土，利用其颗粒细腻互相亲和的特性，用木舂（后世变成多人绳牵的石夯）加压，使之固结成加厚的墙壁。西方古建筑都用石柱支撑，石材做成拱券结

---

① （清）段玉裁：《说文解字注》，上海古籍出版社，1988 年，第 255 页。

② 梁思成：《中国建筑史》，生活·读书·新知三联书店，2018 年，第 50、53 页。

③ 徐学书、喇明英：《羌族传统建筑抗震技术及其传承研究》，《西南民族大学学报》，2009 年，第 2 期。

④ 徐中舒：《先秦史十讲》，中华书局，2009 年，第 135—143 页。

构的顶部；中土宫殿的主体只能在夯土台基上搭建四梁八柱的木结构，在顶部不断进化，直到出现飞檐斗拱。于是"土木"代表建筑，至今仍是钢筋混凝土建筑的学科名称。

梁思成先生的建筑史专著没有论及版筑，在其第二章论及上古时期时只提到"土筑殿基"①。对此需补加文化溯源。上引《尚书·金滕》中的西周之"坛"，孔颖达注曰："坛，筑土"，"建筑"的古称只有"筑"字，"版筑"先秦仅见于《孟子·告子下》：帝舜之臣名叫傅说的，出身"于版筑之间"。版，是有特定功用和规格的木板；築（筑）本是木质舂具，《说文解字·木部》解释为"所以擣（捣）也"，段玉裁注释建议称为"擣（捣）筑"②，也未见流行。夏代都城二里头遗迹，考古学上称为"基址"。建筑先要有基础，"基"是"土"旁，"础"是《说文解字·石部》中唯一的建筑用字。跟宫殿的大屋顶反衬，"石础"的渺小凸显了石材的珍稀。础的功用是防止木柱底部受潮腐朽，但商代宫殿遗址竟有"铜础"，据考古报告，殷墟"十一基址"即用铜础。③ 铜会锈蚀并损害木柱，即便非因无石，也能反证石材的珍贵已近于金。

有人认为版筑在中亚、埃及也有，那是大土坯，英语对应词为adobe，而版筑只能描述为 a method of building walls by stamping earth between board frames。专业学者有论文辨析两者的差异：前者历史更久，由中亚传来，古称"胡墼"④。水利、军事工程中的堤坝、堡垒都带"土"旁，从反面看，毁、坏等字也同样，引申到抽象领域，一切成就的失败，都借用"干打垒"建筑物的解体来表示。唐代文化传到日本，其古建筑看似与中土无异，基础却完全不同：为适应地层潮湿、频发地震，不得已放弃夯土筑台，然而基础照样

---

① 梁思成：《中国建筑史》，生活·读书·新知三联书店，2011年，第17页。

② （清）段玉裁：《说文解字注》，上海古籍出版社，1988年，第253页。

③ 宋镇豪：《夏商社会生活史》，中国社会科学出版社，1994年，第60、85页。

④ 葛承雍：《"胡墼"渊源与西域建筑》，《寻根》，2000年，第5期。

不用石砌，而用深植的木柱支撑。

与古老的版筑孪生的是最适于散土运输的扁担（下文专节论述），奇巧可怪的是，日用的"夯"字，像扁担一样从未出现在前现代的辞书中，这怎不令人深思猜想。

百工不含石匠　周礼禁用石材　被收进《周礼》的工程专著《考工记》在总序中说："国有六职，百工与居一焉……以饬五材，以辨民器，谓之百工。"正文把"百工"分成7大类、30小类，共同负责"营城郭，建都邑"。百工以木工为首，竟不含石工。据郑玄注，百工所用"五材"是金、木、皮、玉、土；贾公彦在《周礼疏》补充古注，认为应去掉水、火，加上皮、玉[①]，两说都根本无"石"。遍查早期典籍，唯独《礼记·曲礼下》提到的"天子之六工"中出现石工，然而郑玄注却明确地说，石工任务限于治玉、做磬（做磬易于治玉，可由玉工兼任）。这清楚证明，按礼制的明文规定，宫廷建筑完全排除石料的运用。民间"石工"一词也迟见于唐代（李贺《杨生青花紫石砚歌》："端州石工巧如神"），还特指制砚工。石工俗称石匠，匠本来仅指木匠，《说文解字·匚部》："匠，木工也，从匚、从斤"，"匚"是木工的曲尺。

古代没有石匠，更有文字学的有力参证，即"砌"字出现之晚。石匠的主要劳作是砌，此字到宋代徐铉《说文解字·石部》"新附字"中才出现，解释为"阶甃（名词）也"。《庄子·秋水》中谈井蛙时用过此字，《说文解字》解释为"井壁也，从瓦"，甃、砖（原作"甎"）都属"瓦"部，先有瓦后有砖。砌井壁只能用人造的瓦片，连薄石片都缺少。

没有石料、石工，应当说是重要发现，因为"礼"的规定不容违犯。《周礼》的《冬官》（工程部分）如不佚失，其中也必无石，须知补佚的《考工记》出自富石的齐国。而礼的奉行更有自觉性，特殊地域、时期的墓中纵有石建筑也会仿照木结构形态，如四川万

---

① （清）阮元：《十三经注疏》，中华书局，1983年，第267页。

盛县宋墓石室的"榫卯结合"①。这就是文化基因的力量。

木结构，到底为什么？ 国人面对世界古迹的巍峨石阵，心中不免会自惭。木结构建筑的弊端极为明显。古无避雷针，历来天子诸侯的宫殿、庙宇胜地的塔寺楼阁频遭天火化为灰烬，重建频率令人惊心：明代皇宫太和殿建成，转年就烧毁，重建后再次烧毁；明清两代皇城发生火灾 24 次。② 故宫太和殿被焚四次，黄鹤楼被焚毁7 次。木料的耗费，直接导致生态破坏的恶性循环，由近到远的树木都被砍伐殆尽。历史地理学家史念海先生对黄土高原的植被有专题研究，专著说有些地区古代也曾覆盖森林，由于气候干燥、生态脆弱，林木一经采伐很难再生。据《洛阳珈蓝记》，唐代河南的木材已经用光，只得远取于山西吕梁山。③ 生前的居所会影响到死后的墓葬，从远古的石棺变为取材于古木大树的棺椁、墓室。儒家提倡厚葬，棺椁两层，外加"黄肠题凑"式（木枋密排）的顶盖。滥伐林木还导致燃料危机，职业的生态破坏者——樵夫天天刮取灌木，北方只剩秃山。中国建筑为什么偏用木结构？常见好奇的青年人提出这种追问，为启发学生思考，上海高考模拟试卷曾用同题的短文作为阅读题。④

史学界被专业划分，只限于研究"如何"问题，难以关注关乎文化整体的"为何"。只有中国民族建筑研究会官网公布过一篇长文《中国古建为何以木结构为主》⑤，内容为佚名专家综合的见解，可视为权威答案。该文开篇就说：

　　要想真正说清楚这个问题，不是一件容易之事。即使从反

　　① 《重庆万盛发现南宋古墓群》，新华网，2007 年 1 月 11 日。

　　② 楼庆西：《中国古建筑二十讲》，生活·读书·新知三联书店，2004 年，第 15 页。

　　③ 史念海：《黄土高原三林与草原的变化》，陕西人民出版社，1985 年，第 154 页。

　　④ 2009 届上海语文高考浦东新区二模考试卷。

　　⑤ 《中国古建为何以木结构为主》，古建中国网站，2018 年 9 月 11 日。

证方法入手，也会轻而易举地推翻"材料决定说"，中国多高山大川，石头是绝不缺少的……"技术决定说"也难成立。

随后给出的理由有三方面。其一，建筑目的方面，大意为：西方为上帝而建造，要永恒、宏伟，要具有威慑力量；中国建筑不追求长久，佛寺道观是为给偶像遮风避雨，香火越盛，寺庙改建越频繁，如同凡人翻盖新屋。其二，文化取向方面（长达 669 字）：西方人对石头有特殊爱好，中国人讲求阴阳、五行，金、木、水、火、土，以土为中心。其三，建筑理念方面（615 字）：罗马建筑师提出坚固、实用、美观三原则，中国人则更多地追求空间的适宜与阴阳和合、天人合一。如此冗长玄虚的答案，恐怕难以解开异域文化人士和少年国人的疑谜，反而坐实其为"绝问"。

本文给出的答案是：建筑文化的基因形成于缺石的环境。溯及环境，不但答案简单明快，还有助于解释"阴阳五行、天人合一等华夏观念何以形成"的终极追问。

缺石与壅土对华夏"生业"的影响

"生业"是考古学用语，含义近于"经济"；"壅"本意为淤积的纯土。① 在华夏环境史的考察中，"缺石"与"壅土"是对同一境况的正反表述，本小节宜于从壅土方面入手。

中原农耕养成厌石天性　独特的环境必然造就独特的生业，华夏"以农立国"，此"农"与古埃及、印度的农业绝不相同，只能用本土文化的词语表述，即成语"五谷轮回"（《西游记》第四十四回）。笔者曾从比较饮食史的独特角度论证②：渔猎的伏羲与觅得"百谷"的神农之间经历过群体饥饿。选出耐旱的粟黍，又迫于人口压力而放弃必要的"草田轮作"和"农牧互补"，土地肥力衰减的困境，逼出对自己的粪便"转憎为爱"，通过厕所养猪（豕→"家"）

① 《左传·宣公十二年》。

② 高成鸢：《味即道：中华饮食与文化十一讲》，生活·读书·新知三联书店，2019 年，第 68—78 页。

而"化臭腐为神奇"（《庄子·知北游》），最终才实现奇妙的生态循环。

原始人类会用石器，又用石块修成木杖，才有生业。黄土地带无石，反有宜农的一面。耕田只有木犁（《易·系辞》："斫木为耜"），最怕碰到石头。有困卦所谓"困于石"，只有这样解释才合乎生活经验。《诗·大雅·公刘》歌颂周族领袖率众迁徙，有"于胥斯原"之句，朱熹解释为察看土地[①]，可见务农部族注重土质的选择。别的古文明耕田都用牲畜拉犁，中土要两人合力（耦耕）。黄土地带边缘或丘陵近旁，土中杂有碎石（《说文解字》释为"小石"），农夫碰到，必将其挖出掷向田头，日久积成平坦地亩"畾"界，其中的"三"当由小石积成，因而畾与硬（僵）、强相关。"疆"的初义为"田塍（埂）"，当即梯田的萌芽。世代精耕之田已成片石具无的"膏壤"（《史记·货殖列传》："关中……膏壤，沃野千里"）。从周族定居到周文王统一天下，二百多年间已对无石环境完全适应。华夏文化基因体现在周礼中，王宫建筑属于"礼"的标志。排除石材的运用，有《周礼》明文可证。天下诸侯都尊奉周礼，其文化影响传之百代。

《庄子·天地》记载南方农用提水器械——桔槔，其杠杆一端缚有大石。中原无石，也会妨碍生产力的提高。还有禾穗脱粒用的石舂，粉碎用的大石碾等，都是农业生产加工必不可少的石器。冯友兰先生在英语原著《中国哲学简史》中介绍百家争鸣以来的种种思想，最简略地概括为"表达了为农的渴望和灵感"[②]。渔猎需要石做武器，华夏先民对石由爱转憎，亦如对粪便转憎为爱，都为适应黄土地的生业。

缺石促使陶瓷发达，妨碍青铜发明　笔者在《礼记·礼运》发现了一句关于旧石器时代古人生活的记载，值得人类诊视："夫礼之

---

①　（宋）朱熹：《诗经集传》，上海古籍出版社，1987年，第133—134页。

②　冯友兰著，涂又光译：《中国哲学简史》，北京大学出版社，1985年，第25页。

初，始诸饮食，其燔黍捭豚……犹若可以致其敬于鬼神。"郑玄把"燔黍捭豚"解释为"释米、捭肉，加于烧石之上"（把带水的米和生猪肉用烧热的石板烘熟）。① 据此细节可以推想先民的经历：先民开始粟食时尚未进入黄土高原，还用石器烘米，进入黄土高原后，处于缺石环境，后来连石板也无，因而逼出了陶器的发明（万年前江西仙人洞等地的陶器或另有起源）。人类学上多有石烹，即把烧热的卵石放进水中作煮食的热源（欧洲人洗浴都用此法），中华西南民族也有石烹。② 然中原绝无这种记载。粟食致熟的难题迫使华夏陶器的发明提早实现，炊具陶"鬲"（通"隔"）三个布袋足的奇怪结构是必然的，这样能以极高的传热效率节省稀缺的柴薪。

青铜到夏商之际才从西北传来，何以华夏未能发明？当然无关于智力，却与环境无石相关：硬于土块的都被视为石类，如"硫磺"；金属都由矿石提炼，靠人力拉犁耕田的农夫会远离石山，难得接触矿石，缺少金属发明的机会。青铜传来后，华夏在相关技术上竟能迅速远超西方，表现于运用范铸法造出形体复杂、饰件华美的种种礼器。"范"即陶质浇铸模具，其微妙形态缘于先进的陶业，其关键在于窑（古华人的发明③）。窑是瓷器发明的前提，英语瓷器叫CHINA，即"中华"。如此环环相扣，都由环境的缺石与壅土而来。

石磨的有无　麦—粟的文明殊途　麦类是上天恩赐的食物。人类学家说，冰河时代末期，大地到处"冒出了青葱植物"，即大麦。④ 人们先是大麦的收获者，后来才成为种植者、发明者。⑤ 麦类不需费力护理就能高产，使人有大量闲暇去从事宗教、艺术和探索自然的

---

① （清）阮元：《十三经注疏》，中书局，1983 年，第 415 页。

② 王学泰：《华夏饮食文化》，中华书局，1993 年，第 16 页。

③ [美] 房龙著，常莉译：《人类征服的故事》，江苏人民出版社，1998 年，第 51 页。

④ [美] 布朗诺斯基著，徐兴等译：《人类文明的起源》，台湾世界文物出版社，1975 年，第 62 页。

⑤ [德] J. E. 利普斯著，汪宁生译：《事物的起源——人类文化史》，贵州教育出版社，2010 年，第 91 页。

活动，因而文明不断进步。来自西部的神农氏以至黄帝部族是麦类收获者的子孙，往昔的幸运记录在汉字"麥（麦）"中，上部的"来"即小麦，《说文解字》中称为"瑞物"，"天所来也，故为行来之'来'"。小麦好吃，又不像谷粒那样难以脱壳，神农子孙为什么"弃优取劣"？对此绝问，笔者曾据唐诗"一粒粟→万颗籽"的启示，多方论证可用投入产出比来解释。华夏民族自称"粒食者"，《礼记·王制》更称夷狄为"不粒食者"；与"粒食"对应的除了肉食还有"面食"，后者的前提是用石磨把小麦磨成面粉。可见石磨的有无，关系着决定种麦抑或种粟，成为两种生业的分水岭，决定中西文明的殊途。

中华面食初期统称"饼"，始见于《汉书·宣帝纪》。"磨"（名词，去声），《说文解字》曾作䃺或䃺（wèi，另有本意），都未见流行。近年才有考古学者综述石磨概况：河北曾出土战国时的残磨属孤例，西汉中期已常用，但磨齿只有"坑窝纹"，东汉改进为"分区斜线纹"。① 面食，据束皙《饼赋》普及于晋代，石磨的由来，因缺乏记载而成谜。

据理推想，小麦古时在中土北方未能普遍种植，另有切实的缘由，即中原缺乏石磨，没有麦面。汉初《急就篇》提到"麦饭"，或用麦粒煮成，是贫民的劣食，因不易食用而反遭"逆淘汰"。石磨体量重大，要穿越分隔欧亚草原的阿尔泰山系把它搬运到东部，实属艰巨工程，中原人缺乏手段，西域人缺乏动机。本题的写作破解了石磨运输之谜：西晋终结于胡人石勒建立的异族政权，束皙写《饼赋》时，石勒家族已久居山西，只有他的族人兼具搬运石磨的动机和手段。石姓来自石国，为高鼻深目的印欧人种，石勒之侄石虎继位后，坚持本族认同，与西域往来密切。② 笔者又找到东晋《灵鬼志》的细节记载："石虎时，有胡道人驱驴作估（经商）于外国。"③

---

① 张凤：《古代圆形石磨相关问题研究》，《华夏考古》，2016 年，第 2 期。

② 王青：《石赵政权与西域文化》，《西域研究》，2002 年，第 3 期。

③ 《鲁迅辑录古籍丛编》，人民文学出版社，1999 年，第 149 页。

又据《邺中记》，石虎曾做特型大车，车厢中可种西域植物（可见旅途漫长），更曾发明磨车，行进中竟能同时磨麦（"又有磨车，置石磨于车上，行十里，辄磨麦一斛"）。① 这表明石磨的改进并非发生于中原，面食的流行极可能出于中原胡人对传统食物的嗜好，更表明石头的有无对全民"生业"有决定性影响。

缺石，与运输－军事、政治、文化

据维基百科中交通运输史条目（History of road transport），最早的运输是用肩背、用头顶；石器时代会用驴马拖木橇；后又借助滚动木桩使木橇易于前进；五千年前中东两河地区有了两轮车；四千年前印度城市出现用石板铺砌的道路。这些，在生态恶劣的黄土高原全无可能，最重要的是缺乏牲畜：早期从北狄引进的马供官员骑乘；牛主要供献祭；驴到唐代还未传到贵州（柳宗元《黔之驴》）。运输直接关乎军事，军用辎重、粮草都需马拉的大车。石洞中的原始人已会投掷石块击退野兽，防身又能击敌的木杖需用石头修去枝杈，进而又把磨出锐刃的石斧用绳索捆绑在木杖上成为武器。黄土地缺石，使先民在军事中处于劣势，更会天然影响尚武精神。

扁担及独轮车　用车运输需要畜力牵引，晋末西域才有胡人用驴拉车的记载（前文）；行车要有道路，黄土高原地形破碎难以修路，运输的重"担"就命定地落在先民的肩上。从夏代二里基址，到长城、运河等伟大工程，都靠扁担建成。扁担原名"担杖"，在广大地区的方言中流行至今。《山海经·西山经》（西山约在西北高原）说，四千多里的山区，四条腿加一只胳臂的神人，也得"操杖以行"②。这表明，支撑猿人直立的木杖，重新成为随身的万能工具兼武器。木杖用于运物即成扁担。《庄子·胠箧》说盗贼偷了东西都要（用扁担）担着，《逍遥游》篇又说："适千里者，三月聚粮"，远行多带粮食，当然用扁担挑着。不提"担"字，因为太过常用反被

---

① （晋）陆翙：《邺中记》，四库全书本，第8页。

② 袁珂：《山海经全译》，贵州人民出版社，1991年，第32页。

无视，以致 1979 年的《辞海》居然漏收"扁担""担杖"。从朝鲜到非洲，普遍用头顶重物。有两幅照片对照显示：非洲人只能顶砖 10 块，而国内民工能肩挑 40 块砖走过窄跳板。

战争物资的运输，三国时代还全靠扁担大军承担，笔者已找到史证：由甘肃入川的唯一险路史称"左担道"，因为道路狭窄不容南行挑夫换肩（《三国志·魏志·邓艾传》）。同代诸葛亮已发明"木牛流马"，其前身即独轮车，能载重七八百斤。王国维说："盖古之车或尚以人挽之，至相土（商王）作服牛……车之用始备"[①]，需二人挽、一人驾的车未必存在。徐中舒考证二轮车自殷代已从北狄民族传来，本土先有独轮车。[②] 独轮车与扁担配合，天然最适用于黄土地的运输。笔者有长篇专论阐述扁担的文化意义。文中论证独轮车实为扁担的衍生发明，其关键原理在于借助压在肩膀上的襻带（两端分别挂在两个把杆上），车夫耸动两肩就能维持车的平衡和行进，而仅靠两臂绝不可能。"肩襻"（笔者命名）的本质是"软扁担"。扁担适用于版筑的散土，大木的搬运逼出"抬"的发明，按照 2→4→8 的原理，抬者可多至无限，西方人对此闻之骇然。这一切都跟缺石间接相关。

秤砣与砝码　"权"与"法"的标志　挑、抬的实践，最能启示"一分为二"与"合二为一"的中华哲学。扁担是天然的杠杆，更衍生出中华衡器——杆秤，其杠杆原理明白如画：挑大鱼，一头一条，则肩头的支点在扁担中点；若给某一头加鱼一条，则支点要向此头挪动至扁担全长的三分之一处；若把支点从下边顶变为上边提，扁担就成为秤杆，单条鱼即如秤砣。

度量衡涉及政治领域。据《汉书·律例志》记载，中华度量衡体系从黍粒的长度出发。有个计量单位名叫"石"，很可怪，既是体积单位（10 斗），又是重量单位（120 斤）。何以"石"用于计量时

171

---

① 王国维：《古史新证——王国维最后的讲义》，北京大学出版社，1994 年，第 15 页。

② 徐中舒：《先秦史十二讲》，中华书局，2009 年，第 48—49 页。

要变读为 dàn？语言学家吕叔湘的《语文常谈》说："一石粮食恰好是一个人所能挑担的重量……于是'石'在 shí 之外又添了 dàn 这个音。"[①] 这像历来的讨论一样，尚未涉及问题的关键，即 10 斗或 120 斤跟石头有何关系？笔者发现可从死字"秅"入手，《说文解字》："秅，百二十斤……从'禾'，石（shí）声。""秅"字读音不变，加偏旁"禾"，表示专用于谷物计量。十斗为一担，容量与重量相配合，便于粮食产量的统计，所以官方惯于称"担"，"石"的本音便逐渐被同化。

"权"字的本义自古无解。秤砣要求沉重坚硬，黄土环境缺乏石块，最初的"权"或许曾用某种硬木制作。后来由古秦国供应石权，大量简陋的秦石权陆续出土，未见"权"与"秦"以外的地名连用。[②] 变为铜权后仍沿用"秦权"之名，如"旬邑（古周人居地）权"的铭文为秦始皇统一度量衡的诏书，又有"高奴（陕北县名）铜石（dàn）权"，铭文中有"禾石"二字，为"秅"的实证。西方衡器是天平，被称量物与砝码等重（明清引入天平时，借用古字"砝""码"新造一词）。扁担之妙在于操作省力，许倬云先生分析杆秤原理时曾断言："（墨子）所谓'本短标长'……中国俗话所谓'四两拨千斤'，也不过运用这一杠杆原理而已。"[③] 有人说杆秤能使交易双方感到温情（卖者使秤杆上扬以优惠熟人），但却有"耍秤杆"的弊端，手法是偷着减小秤砣的重量。段注《说文解字》引《公羊传》说，"权"是"反于《经》，然后有善者也"，意为在特殊场合下不按规则行事而能取得更佳效果。"权"又衍生出"权术"，因多含诡计而可能与"信义"相悖。这又引申到人治和法治，希腊的正义女神也是法律的象征，其形象是蒙住眼睛以示不认熟人。西方的砝码与中华的秤砣都是"石"部字。

---

① 史杰鹏：《谈谈两千石的石的读音》，《文汇读书报》，2012 年 7 月 1 日。
② 陕西博物馆：《西安市西郊高窑村出土秦高奴铜石权》，《文物》，1964 年，第 9 期。
③ 许倬云：《求古编》，新星出版社，2006 年，第 144 页。

衡量重物需用秤杆粗大的抬秤，连同重物需要 2—4 人抬离地面，近代已被地磅取代。地磅 truck scales（推车秤）由天平严谨而来，古埃及已普遍使用，其关键部件是一段石质横梁。[①] 华夏曾用天平，《慎子》佚文说君臣关系如权衡，"权左橛则右重，右重则左橛"。砝码与被称量物等重，要用大量石料制作，地磅的横梁也要用石，必被中原的杆秤取代。

礌石、巨砲　北朝何以灭南　战争先要备办军粮。石臼脱壳靠手臂，后来进步为脚踏石碓。东汉桓谭提到"设机用驴骡牛马""役水而舂"[②]，不能排除是传闻或设想。用水力舂粮的史实见于鲜卑族的北齐时代（"又凿渠引漳水，周流城郭，造治碾硙"[③]），鲜卑文化已带有西方影响，而公元前 3 世纪罗马已普及水磨坊（water mill）。

汉、唐的强盛分别来自嬴政、拓跋魏，他们能以武力入主中原，当与富石背景相关。用本文收集的史料足以论证：北军的强大直接表现为石质武器的先进，包括礌石和巨砲。《孙子兵法·形势》曾用"如转木石"比喻把握主动权，使人联想到"滚木礌石"，但下文又说："木石之性……方则止、圆则行"，研究者认为应是前后抵牾。[④] 用于战争的滚木礌石，最早出现在北魏军事家的战绩中。据《魏书·李崇传》，大同以北的鸷峡守卫战中，李崇在山口"积大木，聚礌石"，滚石下山打击敌军而获胜。不久"礌"字就出现于隋代辞书《稗仓》，后被收入《集韵》中，解释是"推石自高而下"。其实，重视军事的先秦墨家曾有把石块用于守城的军事方案。《墨子·备城门》说，战前要强征城内民居的杵木、瓦石（瓦在石先，因为各国都夯土为墙，少有石件）运到城垣上备战。又说："城上百步一楼……皆积参石、蒺藜……二步积石，石重千钧以上者，五百枚"。据孙诒

①　［德］汉尼希、朱威烈等著：《人类早期文明的"木乃伊"：古埃及文化求实》，浙江人民出版社，1988 年，第 325 页。

②　《太平御览·第 762 卷·器物部》引《新论》。

③　《北齐书·卷一八·高隆之传》。

④　扬新定：《孙子集校》，中华书局，1959 年，第 26 页。

让《墨子闲诂》解说，"参石"即礌石；"千钧"当为"十钧"之误。[1] 世界原始部落常见用木杆、皮带做成的抛石器（sling）。中原缺皮革更缺石头，不会有此发明。《墨子·备城门》提到木制"藉车"，何炳棣先生认为即属"抛石机"[2]。

砲是武器的飞跃，其由来说法纷杂，文字学考察更为可信。最早的字体"礮"始见于五代辞书《玉篇》，解释为"机石也"。《汉语大字典》的例句出自唐代《文选·闲居赋》中的"礮石雷骇"，李贤注曰："礮石，今之抛石"，南朝出现的礮按理当从北魏传入。石礮的优势使北方民族入侵中原屡屡得胜，参照后世的元宋战争，《金史·赤盏合喜传》说"元兵攻京师，利用宋宫中太湖石假山岩作弹……石几与城平"。金兵用砲，常"破大砲或碌碡为二、三，皆用之"，在中原无石地区，金兵竟能就地取材，把碾谷农具"碌碡"（当为胡语）碎成多块当作砲弹，这与宋军守着假山不懂取用而留给敌军形成鲜明对照。

"弋射"之谜与"尚武"精神　　"弋射"意为用带着丝绳的箭来射。先秦古籍中"弋射"到处可见，如《诗·郑风·女曰鸡鸣》曰："将翱将翔，弋凫（野鸭）与雁"，郑玄注曰："弋，缴射也"。现代"缴"已用于缴获武器，可见"弋"有重大影响。在异域文化看来，弋射难以置信。笔者之名"鸢"中有"弋"，曾询问考古学者，答称"'应当'没有问题"（实物不可见）。近代新学各学科一直回避此题，1972 年出土的东汉《弋射收获》画像砖提供了弋射场景后，才成为热门课题。笔者在饮食史专著中论证，神农时代"行虫走兽难以养民"（汉初陆贾《新语·道基》），走兽被吃光，水鸟多属候鸟，取之不尽，遂成为弋射的"鹄的"[3]。华夏特有又轻又韧的蚕丝，使"弋"在物理上不无可能（风筝的超前发明，显然与弋射相

---

① 《丛书集成初编》（第 4 册），上海书店，1986 年，第 304 页。

② 何炳棣：《国史上的"大事因缘"解谜》，《光明日报》，2010 年 6 月 3 日。

③ 高成鸢：《味即道：中华饮食与文化十一讲》，生活·读书·新知三联书店，2019 年，第 23—30 页。

关）。然而这只是逻辑上的必要条件，充分理由仍然缺乏，弋射发明的动机仍不清楚。在"缺石"的探索中，突然从新角度悟出：据前述《尚书·禹贡》，中原的箭簇要靠远方侯国进贡，飞鸟较难射中，用丝线拉回来更难实现。珍贵的箭簇舍不得浪费，才是发明"弋射"的动机。

弋射缘于箭簇珍贵，这当与民族性格的勇怯相关。文明初期常有族群间的争斗，胜败大多取决于物质力量。匈奴横扫欧洲全凭战马的培育，马军加箭术所向无敌。前引①匈奴人性情的"彪悍"当是有所仗恃而养成的。人碰到猛兽，可就地捡起石块远抛过去把它击退；环境无石就会失去这种凭依，心理上难免变得怯懦。投石在进化中飞跃为弓箭，笔者的饮食史专著有一节题为《猎神伏羲不识弓箭》；《说文解字》说"夷"是"东方之人也，从大、从弓"，可知中原先民不用弓箭；《易·系辞下》说，伏羲"作结绳而为网罟，以佃以渔"，可知猎兽只能用网。② 这些反常现象只能用没有硬石做箭头来解释。据《后汉书·东夷传》载："挹娄国，……以青石为镞"（青石最硬）。"石"的有无、优劣，能通过弓箭而决定民族的强弱，证据是强、弱二字都属"弓"部。面对敌人的弓强箭锐，必然逼出退让、迂回以至长时期后反败为胜的生存策略，即老子所谓"柔弱胜刚强"的智慧。《史记·项羽本纪》中刘邦宣称"斗智不斗力"，及笔者在"尚齿"古礼研究中提出的繁盛聚居、人多势众等华夏特性③，都有内在关联。

华人特有的艺术—泥塑、奇石、书法　梁思成早年所著《中国雕塑史》开篇说："艺术之始，雕塑为先。盖在先民穴居野处之时，必先凿石为器……故雕塑之术，实始于石器时代"，然而"此最古而

———————

　　① ［美］斯塔夫里阿诺斯著，吴象婴、梁赤民译：《全球通史》，上海社会科学院出版社，1999 年，第 153 页。

　　② 高成鸢：《味即道：中华饮食与文化十一讲》，生活·读书·新知三联书店，2019 年，第 18 页。

　　③ 高成鸢：《中华尊老文化探究》，中国社会科学出版社，1999 年，第 216 页。

最重要之艺术，向为国人所忽略"①，被忽略的缘由他并未提及。笔者缺乏相关知识，只能参考梁氏专著及网上概论，稍作探讨。《说文解字》中"雕"只是鸟名，"塑"尚未出现。"雕塑"在《辞源》中未收，可知是新名词。《说文解字》段注说"雕"字"假借为琱"，"琱"意为"治玉"。

上古"雕"限于玉器，多是小玩意。"雕"是减法，"塑"是加法。英语 sculpture 词根 sculpt 的同义词首先是 carve，即"刻"，材料首先为石。雕塑材料包括金、石、木、泥（土＋水）。南北朝遍及全国的佛寺、道观需要大量造像。据梁著，戴逵"首创无量寿木像"，"三年乃成"。②

如此仍难适应小型寺观的需求，发展泥塑成为必然。元代成语"泥塑木雕"（杂剧《冤家债主》第四折）反映泥塑流行。与"雕塑"对应的 sculptures，《剑桥词典》解释为"the art of forming solid objects that represent a thing，person，etc."其中 solid 意为"实心的"，空心陶俑缘于陶艺背景，西方难以出现。

华人独有对奇石的癖好。早期先民并无爱石记载，反有嘲笑掌故：佚书《阙子》："宋国有愚人得燕石……以为大宝。"③ 首位收藏者是唐代白居易，其《太湖石记》曰："今丞相奇章公（牛增孺，黄土高原人）嗜石"，还问道："石无文无臭、无色无声"有何价值？答案其实极简单：中土先民见到异地景观时，必有"物以稀为贵"心理。据《尚书·禹贡》，海岱、青州贡品包括怪石，供王廷玩赏。《山海经·北山经》记载众山"多文石"，袁珂的白话译文是"带花纹的石头"④。

奇石爱好会向大体积发展，当由"石圣"米芾提出的审美标准"秀、瘦、雅、透"系指被水侵蚀而成的太湖石，用以堆造假山，是

① 梁思成：《中国雕塑史》，生活·读书·新知三联书店，2009 年，第 1 页。
② 梁思成：《中国雕塑史》，生活·读书·新知三联书店，2009 年，第 47 页。
③ 《后汉书》卷四十八。
④ 袁珂：《山海经全译》，贵州人民出版社，1991 年，第 79、81 页。

"堆土为山"传统的必然升级。宋徽宗在开封仿建江南园林,经运河大举运输太湖巨石,引起"花石纲"事件(《宋史·朱勔传》)而加速亡国,并为蒙军的攻城储备了"砲弹"。全球各地的奇石品种和数量多到无限,西方只珍视做首饰的宝石,华人的"石癖"显然在眼界及理性上存在问题,可视为先天缺石基因的隔代补偿。又,国画中几乎无不呈现山石(包括人物画背景),也无非奇石僻的流韵。

书法是中华独有的艺术门类。当代千万名家大师难得想到石头在书法艺术形成中的关键作用。书法家最重临帖,帖是碑刻的拓本。书法理论有"金石气"的追求,金文半似图画,字形散乱,最早的临摹范本唯有古秦国的《石鼓文》。明代书法家王铎断言"学书不参透古碑"则难免"俗笔"① ——可见"石气"还要压倒"金气"。

"形而上"的土、石／邵雍将石纳入易学纲目的伟绩

华夏观念中的石—土关系

"土""地"概念的逻辑混乱 西方土、地不分,英语"地球"(the earth)也被译为"大地";黄土环境和农耕人文决定了先民对"土/石"关系的认知,前者被无限放大,遮蔽了后者。地、土两概念的内涵大部分重合,这显示在"阴阳""五行"两大观念体系的并存中,前者重视"地"而后者重视"土"。按阴阳模式,"地"是与"天"相对而言的,"地"强调场合而忽略物质构成。"地"概念大于"土",如宋代类书《太平御览》在分类中把山、水及土、石等章节都置于"地"部之下。②

但从五行模式看,"土"在"水火木金土"五种基本元素中居于基础和中心地位。请看《礼记·月令》对"五行配比"的分别记述:五个系列的各项内容严格对应,"土"系列的原文是"中央'土':其

---

① 《拟山园选集·文丹》。
② 《太平御览》第三十六至七十五卷"地部"。

帝‘黄帝’……其音‘宫’、其数‘五’、其味‘甘’、其臭‘香’……"（比照"西方金"系列："其帝少皞……其味辛，其臭腥"）。五方的中央、五行的土、五帝的黄帝、五味的甘，都处于正统核心地位。更详的文本中还列有五音的黄钟、五谷的黄米（黍）、五色的黄。再参考《礼记·王制》所述方位与民族的对应，中土之民绝对压倒东夷、南蛮、西戎、北狄。"土"的神圣性，表现于它竟然能违背常识，如经典的《中庸》断言：华山居然是靠其下的土支撑的（"今夫地，一撮土之多，及其广厚，载华岳而不重"）。"土"被认为无限深厚，如《孟子·尽心上》说"掘井九仞而下不及泉"，完全没有想到"掘"不动的岩石。考古学发现，中原的古井深达 12 米才见碎石。①

五行中的土石关系，更与金相关。人造物的金与土、木等自然物并列，暴露了五行反映华夏生活的实用性。金之进入五行也关乎石的缺乏，如《尚书·禹贡》之"砮"的解释中，"矢砮"提早写成"金"字旁的"矢镞"。② 金石经常连用，后出的"金"因为被珍视而反在"石"先，如《大戴礼记·劝学》："天子藏珠玉，诸侯藏金石。"

残存文献中对土石关系的科学认知 百家争鸣时代有智者认识到"地"是由山水和金石火木等物质构成的，《列子·天瑞》记述长庐子（楚国人）曰："山海、岳河（水）、金石火木，此积形而成乎地也。"③ 汉武帝独尊儒术，三纲五常成为大一统的意识形态；对人伦的极端关注，使"物理"被完全无视。大动乱的冲击使思想禁锢松懈，东汉的谶纬想象、魏晋的玄学思辨，都包括对自然的探索。纬书《春秋·说题辞》能自由地思考出石的客观存在："石，阴中之阳，阳中之阴。阴精辅阳，故山合石。"④ 魏晋乱世，思想活跃带来

① 苗霞：《殷墟"石子窖"和"石子墓"性质探析》，《考古》，2020 年，第 3 期。

② （清）孙星衍：《尚书今古文注疏》，中华书局，1996 年，第 166 页。

③ 《太平御览》卷三十七"地部二"引《吕氏春秋》。

④ （唐）徐坚：《初学记》，中华书局，1962 年，第 107 页。

两部以"物"为主题的专著，即张华的《博物志》和杨泉的《物理论》，两书都难逃亡佚的宿命，幸而有片段传世，其中对石的认识未受五行的扭曲，合乎科学理性。晋代张华是百科全书式才子，所著《博物志》内容较杂，辑佚本中有一节论地与土的关系，清醒认识到地涵盖土和石："地，以名山为之辅佐；石为之骨，川为之脉，草木为其毛，土为其肉；三尺以上为粪（农家熟土），三尺以下为地（生土）。"[①] 杨泉是吴国的智者，入晋做了隐士，所著《物理论》十六卷不久散失，到清代才有从古籍引文中凑集的辑佚本，短短一卷，句句光辉。其中论及土、石关系，认识到石更重要："土精为石；石，气之核也。气之生石，犹人经络之生爪牙也。"[②] 两书角度不同，《博物志》的"地"与《物理论》的"土"大致为同物异名。前者的"地"能摆脱农耕局限，概念大于"土"，其说更为优长。两书对"石"的观点不约而同，不但绝不忽视，反能认清它是土、地的主体部分。较之先民因环境无石而形成的以土为本观念，其科学眼光只能来自中原文化的地域扩展。

设想回到先民定居于黄土高原之前，追溯渔猎时期伏羲画八卦的文化源头，则《物理论》《博物志》对石地关系的认知，可能使中华观念体系具有更合理的物质基础。《周易》的视界就更接近于如此，例如《说卦传》认识到"山"可能分解为石块（"艮为山，为小石"）；《师卦·象辞》说"地中有水"；《谦卦·象辞》说"地中有山"；《剥卦·象辞》说"山附于地"，对照可见《中庸》说"土"承载华山，大为倒退。

《物理论》《博物志》佚失之后，科学思想仍有宝贵的余绪偶尔呈现，如宋代沈括的《梦溪笔谈》把发现于陕北的可燃液体叫作"石油"，成为 petrolatum 的理想译名。

---

① 范宁：《博物志校证》，中华书局，2014年，第10页。

② 《太平御览》卷五十三，"地部"十八，《石下》。

邵雍揭示天地八象：日月……土石

陈寅恪先生断言："华夏民族之文化……造极于赵宋之世。"[1] 学术方面，宋代的重大突破在于理学的兴起，这是儒学对佛、道两家挑战的回应。挑战关乎"宇宙本体论"（"天理"）的空白，超出旧儒学固守的人际关系之"礼"，而及于物质世界之"理"。笔者先前探究的课题系列（"尚齿"伦理→饮食歧路→"水火"范畴）都在"从'礼'到'理'"这一大跨度空白领域之内。

"神仙"传人 "理学"鼻祖 "知人而不知天"是儒学的大弊（《宋史·张载传》）。"知天"的老子近似"神龙见首不见尾""不知所终"的仙人，后世不愿忍受"礼"束缚的智者，都遁入深山成为隐士。唐代风气较开明，才有道士陈抟露面于人间。现代学界把他视为民间"迷信"角色，不屑一顾，但冯友兰先生却在哲学史中称之为"活神仙也"[2]。徐兆仁先生对陈抟的考辨较为详明[3]，概言之，他是唐代"由儒转道"的隐士，五代时身处"华山道家学术圈"中，深究易—老融合的绝学而有重大开创；周世宗、宋太祖给予隆遇时，他对有关道教秘术的询问避而不谈，反于政事有所建言；他潜心探究易学原理，把自古在道士、隐士中流传的秘籍《无极图》《先天图》辗转传授给世间学者，构成新儒学的基础。据此，笔者认为陈抟的学术地位，足以与所谓"轴心时代"的孔子、老子等相近。

邵雍（1012—1077）、周敦颐（1017—1073）各自对获得的《先天图》《无极图》加以诠释，分别撰成《观物内篇》和《太极图说》，成为理学的两个源头。笔者认为理学之称有内在矛盾。清代考据家公认，研究经典必须从"小学"（文字学）入手，据此，理学的本义须以"理"字为准。据《说文解字》及段注，"理"字来自于玉石的纹理；《易·系辞上》断言，《周易》之象来自"仰以观于天文，俯

---

① 陈寅恪：《陈寅恪先生文集》（第2卷），上海古籍出版社，1890年，第405页。

② 冯友兰：《中国哲学史》（下册），华东师范大学出版社，2014年，第163页。

③ 徐兆仁：《〈宋史·陈抟传〉旁考》，《史学月刊》，1999年，第1期。

以察于地理"。"地理"是先秦常见词语，与之相配的"天理"应与"天象"近义，但新儒学"天理"的唯一内涵却是"人欲"的对立物，其论据仅见于《礼记·乐记》，学术上太过薄弱牵强。"存天理、灭人欲"本是礼学命题，周敦颐在《通书》中两次断言"理"与"礼"同义（"理曰礼""礼，理也①"），竟然与"物"毫不相干。邵雍则断言"所以谓之'理'者，物之理也②"。他的《观物内篇》题目即突出"物"字，与失传的晋代《物理论》呼应，其正文中"物"字出现达 187 次之多，是对"目中无物"的大逆反。理学正宗应从探"天"究"物"推及人世，鼻祖该是邵雍。他是理学"五祖"（邵、周、张载、二程）中的长者，程颢撰墓志说："孟子以后千余岁……独先生之学为有传也"。但另一方面他的事迹有些飘忽，权威史料说他"迹似黄老""占验如神③"，可见邵雍很像其前辈陈抟，不妨仿效冯友兰，称之为"再世神仙"。邵雍诗中多见求医治病，可见不以养生为务，而将超人智慧专注于宇宙原理的探寻。"石"的万古匮乏，只有这样的"先知"才能揭破并补正。

邵雍《观物》　石破天惊　邵雍"发现"石头的意义堪称"石破天惊"，这一出自唐诗名句（李贺《李凭箜篌引》）的成语可与"女娲补天"并列。"石"从埋没于"土"中到成为易学纲目之"刚柔"的具体内容，真是一步登天。《周易》本不属儒家，而是中华文化的源头。其主体只是符号系统，后来《易·系辞》等多篇说明才相继出世，最古的一篇是《说卦传》，即邵雍学说的依据。易学纲目第一级是"三才"，天、地、人："《易》之为书也……有天道焉，有人道焉，有地道焉。兼三才而两之，故六。"（《易·系辞下》）《说卦传》第二章通过与"三才"对应的"阴阳""刚柔""仁义"，提出第二层级的六项（3×2），原文是："圣人之作《易》也……立天之道，曰阴与阳；立地之道，曰柔与刚；立人之道，曰仁与义。"

---

① 陈克明点校：《周敦颐集》，中华书局，2010 年，第 16、25 页。

② 邵雍著，郭彧整理：《邵雍集》，中华书局，2010 年，第 9 页。

③ 《四库全书·〈皇极经世书〉提要及〈击壤集〉提要》。

以上易学纲目似够严密，但用逻辑分析便能发现其中存在的缺陷：与天道、人道分别对应的阴阳、仁义，都是确定的名词（参考韩愈《原道》"仁与义，为定名"），而与"地道"对应的"刚柔"却是形容词。人们会问："地"上何物分别代表柔、刚？笔者在《"水火"范畴与中华文明论纲》的研究中曾碰到这一绝问，只能自行填补：根据"水属阴、火属阳"推论：柔者为水，则刚者为火；刚即硬，然而火反不如水硬；火之刚唯有通过金来间接推知：火能熔化最硬的金。邵雍根据自然界的常识把石引进易学体系，补足了上述缺陷。他拿土、石分别作为柔、刚的实物，同时仍能尊重《尚书·洪范·五行》中水火对立的可贵观念。他从易学固有的重要范畴"动静"（《易·系辞上》："动静有常，刚柔断矣"）入手，建构了空前完备的"三才"纲目，原文如下①：

> 天，生于动者也；地，生于静者也……静之始而柔生焉，静之极而刚生焉；
>
> ……
>
> 太阳为日、太阴为月、少阳为星、少阴为辰，日月星辰交，而天之体尽之矣；
>
> 太柔为水、太刚为火、少柔为土、少刚为石，水火土石交，而地之体尽之矣。

这样，邵雍就把"石"纳入易学纲目，与"土"对举而平列，使"石"也获得相应位置。

《观物内篇》为邵雍自撰，采用各章句严密配比的形式，为此他对星、辰强加区分，不免会被人指摘。这是沿用习惯的五行式的比附模式，他似乎自知有弊，而对"辰"尽量少谈，这样倒更能反衬"石"的突出。《观物外篇》系由弟子记述邵雍语录而成，"石"字在

---

① 邵雍著，郭彧整理：《邵雍集》，中华书局，2010 年，第 2 页。

内外篇中合计出现 24 次，对"石"的性质和地位有更多精辟的论述，选录 6 项如下①：

> 水火动而随阳，土石静而随阴也。／五行之金，出乎石也。／
> 日月星辰共为天，水火土石，共为地。／水火，地之阴阳……土石，地之刚柔。／
> 金石之火烈于草木之火者，因物而然也。／柔中柔，水也；柔中刚，火也；刚中柔，土也；刚中刚，石也。

邵雍之子邵伯温对《观物内篇·第一篇》的注释，所论更为深广，如："水火石之外，广而厚者皆土也。""日月星辰，天之四象也。水火土石，地之四体也。金木水火土者，五行也。四象、四体，先天也；五行，后天也。先天，后天之所自出也。水火土石，五行之所自出也。""《皇极经》世用水火土石，以其本体也；《洪范》用金木水火土，以其致用也。"

"朱门领袖"蔡元定（1135—1198）传扬邵雍"四象学说"，并多有发挥，如："水则人身之血，故为太柔；火则人身之气，故为太刚。土则人身之肉，故为少柔；石则人身之骨，故为少刚。"邵雍去世百余年后，鲍云龙（1226—1296）著《天原发微》中，有"石"字 75 处之多，半数为"水火土石"并提②，表明邵雍学说在宋代已广泛流传并扎根成功，明代朱隐老对邵雍学说又有发挥。"水火土石"新说后世何以竟被完全遗忘？当因遭到蒙元、清廷两次冲击。邵学书籍都被收入《道藏》，清代限制道教，《道藏》遂成死书。

"先天易学"与石相关 "理学"异变千古遗憾 《周易》思想近于道家，其推广则靠汉代被独尊的儒家。宋代儒学革新的由头是一

---

① 邵雍著，郭彧整理：《邵雍集》，中华书局，2010 年，第 122、129、132、134、138 页。

② （宋）蔡元定：《发微论一卷·刚柔篇》，《四库全书·子部术数类》。

些秘传易学图象的出现，其名称和图形众说纷纭，这里只谈冯友兰介绍的《先天图》（圆形简图，限于表示八卦方位）及《太极图》（表示从太极到万物的演进，由上下五图串成），两者分别由邵雍、周敦颐诠释并公布。邵雍的《先天图》："先天""后天"的差异仅在八卦符号的位置有别，从图中的上下（对应方位的南北）来看，《先天图》由"乾—坤（天—地）"二卦占据正位，而《后天图》变为由"离—坎（火—水）"占据正位。邵雍宣称《先天图》是"伏羲之先天八卦"，而先前流传的实为"文王之后天八卦"。

以天地为主轴的伏羲八卦，反映的是自然哲学；以水火为主轴的文王八卦，反映的是华夏人文。伏羲时代还以猎牧为生，离不开石头；周文王时部众早已定居在缺石的黄土地，粒食的生存方式依赖于水火，"后天八卦"的主轴才从"天地"变为"水火"。

周敦颐的《太极图》不涉八卦，五个部分中却含《五行图》，其方形图像的四角分别为"水、火、金、木"，"土"居于中心。《尚书·洪范》的五行本指五种日用物质，战国开始流行的"五行相生相克说"出自阴阳家杜撰，周敦颐之前的儒家并不认同。《孟子·告子上》就曾质疑五行，明代王廷相则予以全面批判，指出"金木""水火"和"土"不属同一层级，"安能相配"，"金能生水，岂其然乎"。[1]

邵、周两派学说的差异根本在于"土"的地位。大自然中石压倒土，而在单一农耕的人文中，"土"却壅塞了全部视界。

邵雍与周敦颐同为陈抟的传人，不少权威史料表明，新儒学早期，邵的地位曾高于周。朱熹《语录》高度评价邵雍的先易学，说："自《易》以后，无人做得一物，如此整齐，包括得尽。"[2]"尽"指既有自然之"体"，又有人文之"用"。《周易》包括"象""数"两部分，后者深奥难解，后被江湖术士扭曲而失去学术性。只有邵雍

---

① （明）王廷相：《王廷相集》，中华书局，1989 年，第 752 页。

② 邵雍著，郭彧整理：《邵雍集》，中华书局，2010 年，第 580 页。

通晓"数理"并有创见，他想传授给二程，而程颢说"某兄弟那得工夫，要学，须是二十年工夫"①。儒学极力维护"礼"而节制"欲"，新儒学向佛、道的宇宙论借来"天理"，却把它诠释为与"人欲"不相容，以此为内涵的"理"又被用作新儒学的名称"理学"。其中的逻辑问题未能及时得到质疑，以致后来发生从"理（物理）学"到"心（心理）"的嬗变。周、邵传授易学的取向不同，或与两人的身世相关：周生在官宦人家，而邵出家在山石间。周的《通书》只谈人文，短短篇幅中"诚"字出现 24 次，这样就实现了与《中庸》（以"诚"为中心）的对接。邵雍对"物"的关注后来被舍弃，可能也与时局相关：北方异族的压力日甚，不容意识形态变化过大。朱熹适度吸收张载、邵雍学说，使儒学有限的革新得以实现。已有专著阐述朱熹不为人知的科学天才，他尽力挽救邵雍对"物理"的贡献，借编订"四书"之机，给《大学》《格物》篇补撰经文，提出"穷理"新命题。他还把"物"频频引向生物，以打开通向科学的门扉。遗憾的是，朱熹未能保留邵雍学说对"石"的空前正视，致使理学大厦失去坚实的基柱，不久发生倾斜，阻碍了中华文明的康庄前路。

《论语·雍也》讲求"文质彬彬"，其中与"文"对举的"质"含有野性，而从二程开始提倡的静坐，是对尚武精神的扼杀。宋代儒学革新，本应给过于文弱的民风（"土"为标志）补充一点"野蛮"（"石"为标志）。倘能如此，则宋代这一最好的朝代，或许可免被元人的野蛮入侵而灭亡；曾推动全球近代化的明代②，也可免被清廷颠覆。由此来看，邵雍思维成果在后世的泯灭是中华文明的重大遗憾。

印欧"四大"与邵雍"四象"：中西交融的首例 晚清以来整理国故受西学影响，术数类文献整体遭到否定。邵雍竟沦为民间江湖

---

① （明）黄宗羲：《宋元学案》卷十，中华书局，1986 年，第 465 页。

② 樊树志：《中国的"全球化的起点"在明朝》，《第一财经日报》，2015 年 11 月 13 日。

占卜术的祖师，20 世纪中叶被完全封杀，80 年代大部头的《宋明理学研究》竟对他只字未提。[①] 直到再版的冯友兰《中国哲学史》对他的贡献给予较高评价和详细介绍。当代有自然哲学学者评价邵雍之学近于"系统的宇宙演化学说"，既属"定性"更有"定量"，"前无古人后无来者"。[②] 本文认为，邵雍的"石论"是《易·系辞》之后最为重大的学术创新，是传统文化的顶级瑰宝，亟待抢救、弘扬。

邵雍提出的"四象"水火土石，对应《周易》的天地柔刚，战国初兴的"五行"之说不同于早期"五行"的物质元素，变为偏重事物之间的互动关系。邵雍的水、火、土、石近于古希腊的"宇宙四大元素"（Elements）土、水、火、气（简称"四大"），据维基百科原文为 earth，water，air and fire。印度也有"四大"，即地、水、火、风，据印欧语系的共同性推知其与希腊同源。四大元素的中文译名与本文主题相关，需要推敲。earth 中文可译为"地"或"土"，笔者认为应以"地"为准，因为西方观念中的 earth 又是地球（The earth，中译为"大地"），当然包括石（stone），而不像五行之"土"那样跟"木"并列。air 译为"风"优于"气"，汉语本无"空气"观念（近代随《旧约》的传播而流行）。邵雍"四象"与印欧"四大"性质相近，易做比较。"四象"比"四大"少了气，属于缺陷，但也可说更为深刻，因为按华夏的经验智慧，水、火两者互动，即能生成"气"（含有能量，气≈"炁＝汽＝水＋火"）。邵雍把"地"分析为"土"和"石"，明显优于西方"四大"中单一的"地"。可见中西文化各有优长，应当互补。

中国台湾著名学者徐光台先生在中西学术交流的研究中最先发现，明末来华的耶稣会士利玛窦（Matteo Ricci，1552—1610）已将西方"四元素"与中华"五行"联系。当时明代学者王廷相等早已

[①] 李思孟：《邵雍自然哲学中的科学精神》，《华中科技大学学报》（人文社会科学版），2002 年，第 2 期。

[②] 徐光台：《四行为体、五行为用：从邵雍〈皇极经世〉到利玛窦〈乾坤体义〉的历史转折》，中国台湾《清华学报》，第 27 卷 03 期。

对"五行"做出批评，但仍为耶稣会士所借用，实为利于华人对西学的理解和接受。徐先生有长篇专论，题目中即含邵雍、利玛窦之名。[①] 文中说，邵雍专著经过其子邵伯温注释及几代弟子的发挥，明初朱隐老《〈皇极经世书〉说》强调的"四象为体、五行为用"，明末已在一定的学术圈内形成"小传统"。徐先生考证认为，利玛窦与江南士人密切交往时，极有可能曾经接触、熟悉邵雍著作。他在长文的摘要中总结说："利玛窦曾引入亚里士多德'四元素'说。"利玛窦在《乾坤体义》中将"四元素"称为"四元行"。他向五行挑战时，曾基于邵雍学说的"四象其体，五行其用"，将其转化或挪用为"四行为体，五行为用"。这形成跨文化的历史发展中一个有趣的案例。

　　徐先生的发现，对中西文化交流的研究具有重要意义，它与本文从"石"的角度发掘的邵雍学说当能相得益彰。水火土石"四象"（徐文改称"四行"是为与"五行"比较），是宇宙物质的本体；水火木金土"五行"是黄土地的人文对物体的运用。这样就把中西比较纳入中国哲学的"'体用'范畴"中。西儒利玛窦用中文写过《乾坤体义》（"皆言天象""以水火土气为四大元行"），其中在介绍古希腊的"四大元素"时，曾借用邵雍弟子对"四象"的解释，这真是中西文化交融的佳话。

余论：华夏文化"所以然"的终极追问

　　首先要说的是"玉"的疑谜。古人云"玉，亦神物也"（《越绝书·卷十一》），因认识不透，只能在余论中谈些想法。玉与石的逻辑关系严重混乱。《说文解字》说玉是"石之美者"，将其定义为石类，但"玉"部字数却比"石"部多三倍多，其解释大半是"石之似玉者"或"石之次玉者"。这种概念抵牾只能用"信仰超越逻辑"来解释。异域文化没有"玉"的概念，对"玉崇拜"无法理解。中

187

───────────

　　① 张立文：《宋明理学研究》，中国人民大学出版社，1985年。

原生活中无片石可用，墓中却有玉石随葬。随葬物品多为供死者享用，但考古遗址墓葬中的玉件几乎都是尊天敬神的礼器，死者身份越尊贵，玉器越多越精美。对此，艺术史学者巫鸿先生一语解惑。他说切割磨光一块玉材"要用数月甚至数年的劳动"，"这些玉器意味着其所有者拥有'浪费'这些人工的能力"，以使人感到敬畏。他提出的"纪念碑性"理论，认为玉器及后来的青铜礼器本质与埃及的金字塔一样，是原始群体进入较高文明的标志物。这一理论更能解释何以商周青铜礼器都是庞大吓人却无用处的"炊器"。笔者根据饮食史研究，或许能讲清玉器与青铜器的内在关联。在亟需建立"纪念碑"时，华夏没有石材，又因忙于"糊口"不能从远方运来，所以对"石之美者（玉）"极为珍视，所制礼器也只能向精致方向发展。世代的饥饿又会生成"神嗜饮食"（《诗·小雅·楚茨》）的信念，玉料不能做炊器，礼器只能是通神的玉琮之类，玉遂成为华夏基因的初始元素。何以独有华夏古人酷爱玉石？仅见的说法是《说文解字》所谓"玉有五德"云云，这与"纪念碑性"相比浅薄不堪。笔者根据对"水火范畴"的探究再作猜想：干旱环境造就了群体潜意识的"贵水畏火"，而玉石特具的半透明性状与水相近，其永恒的润泽能给焦灼的心灵以慰藉，可作为生命的象征。陷于干旱缺石的困厄，更需借助玉来与神灵沟通，玉因而获得神性。另一方面，初到黄土地的先民可能携有小而硬的细石器，其中最受珍爱的一类即是玉石器。玉礼器的"通天"需由巫师执行，巫师被淘汰后，玉的价值大跌；更因对金属农具、武器的需求，青铜传来立即形成"金先玉后"的价值格局（如"金玉良缘"等词）。然而，这不能改变玉在文明溯源中的崇高地位。在早期的区域多元文化中，从良渚到石峁，从红山到三星堆，各大考古文明差异明显，"玉崇拜"肯定是维系其为一体的共同元素。笔者认为还有孪生的"夯土"，两者同为环境匮乏的产物。由此推想，来到东亚的人类一支，千万年间不论经历多少分合、迂回、断续，其共同的远祖似应有穿越新疆玉产地、后又长久滞留于黄土高原的艰苦经历。

中华文明在无数方面都独异于众，最受全球注目的是能成为唯一未被猎牧部族冲散的古文明。其"所以然"何在？至今未见较系统的说法。这实属必然，因为客观条件迄未成熟。

长于求知的西方，早先因笃信"上帝创世"而不关注人文史；近代展开的研究则用分科方法，其汉学本身违背此法，尤因汉字繁难、文献庞大，此学科不进反退。华夏"所以然"的难题终当回归本文化内部来解答。西学传来前，中土学术缺乏参照，停滞于混沌的自在状态。新学各科对传统文化的分别认知需要一定的过程，各科的任务大致实现之前，学术体制不容许严谨的学者提出"文明由来"的笼统命题。百年来分科研究日新月异，文学已有"题目做尽"之感；史学赖有材料不断涌现，尚称独秀。空前的开发带来出土证物的井喷，以致考古学研究近于达成"确认夏代"的期待，这使顺势上溯、寻求源头成为公共学界的目标。另一方面，恰好外部学术条件也同时成熟：全球化视野中，中华的历史角色凸显，如发现近代化的地理起点实为葡国海商码头的澳门（按，本《余论》出处概免，以示不敢作为研究）。西方的分科（分国）研究，也已发展到"分久必合"的拐点。

现实国际关系方面，随着清廷的覆灭，西人以至一般国人都认为最后的古文明也会融入世界主流。不料当代的发展却相反，中华竟成为亨廷顿提出的"文明冲突"中之一极。这使它的特殊价值意外升级到超过各古文明之和，成为"文明由来"命题之最可贵的参照物，而日益关乎全人类的"终极追问"。

"华夏所以然问题"已有中华古昔圣书和西方现代智者分别给出解答的启示：本土学界（如王学典先生）引用《周易》名句："穷则变，变则通，通则久"，英国史学家汤因比则提出："逆境的挑战最能激发创造力，造就伟大文明（大意）"，实例正是黄河文明，两说不谋而合。逆境（穷）即《黄帝本纪》所谓"死生之难"：缺水（因而缺木）、缺石（因而缺金）构成全面匮乏的致命绝境，亦即千万被淘汰文明的死地。"穷则变"当指基因之变；"通则久"的通，当指

189

闯出新生路，即孙中山所说"衣食住行"问题的解决。借用孟子名言"天将降大任于斯人也，必先苦其心志，劳其筋骨，饿其体肤"，"大任"当指"吸收同化无数后进部族"的历史使命，"穷"的要害在于饥饿，新生路当指华夏独有的礼治。《荀子·礼论》论证"礼"来自"欲"（首要为食物），为防饥饿引起内斗，必须用"礼"节欲。

汉字有馑、殣，"粮荒为饥、菜（草）荒为馑"，《左传·昭公二年》曰："道殣相望"，意为吃光草根的逃荒者尸体遍于道路。"人相食"在正史中曾出现 403 次，然古今文人谈论饥馑的书文汗牛充栋，可怪的是，现代史学专著概述中华通史特色时，竟无一举出饥饿。缘由何在？只能想出两点：一，西方历来无视饮食（林语堂发现），仿照西人史书纲目，饥饿史迹不便于作特别安排（余英时先生批评曰"随着外国调子起舞"）；二，史书惯于承担国民教育，不忍突出负面，损及民族自豪感（钱穆先生曾在通史引言中坦承）。笔者埋头比较饮食凡二十年，拙著论证"中华文化是饿出来的"，提出大小假说无数（如象形文字未能演为拼音缘于缺乏羊皮、"万本位"来自谷穗、"千"来自羊群……），不料只因坚持列入学术专著出版，竟致延误十年，终不免与"文人谈吃"滥书为伍而注定埋没。跟随西方无视饮食，讳言饥饿，如此襟怀，何言独特文明、伟大创造？

关于华夏文明，中华古语说，不但要"知其然"，更要"知其所以然"。用西方哲人的话说，即"我是谁，从哪里来"。华夏文明"所以然"命题的呈现，多亏了乾嘉朴学、近代新学，尤其当代各学科众位专业学者的贡献。当然，还有世界无数科学手段的进步（从基因分析到网络检索）。至于笔者，自知学识"不及千百学者于什一"，提出命题纯属机遇，草成心得全凭兴趣。"所以然"问题的整体解决尚需各科众多学者的协力和接力，笔者在探究方法上有些体会，附记如下。

严谨的学术研究要求找出前人之所至，然后"接着说"（新发现）。本人的前几项研究都是如此，到了扁担之题，惊异地发现前人的记述几乎空白，辞书中也不见其条目，只能"从无到有"。及至最后的缺石，显然大异于任何命题之以"有"为依据，实际上是"无以为据"而论证其"无"。"说'有'容易说'无'难"是学界著名的格言。因为难，才被甩下来至今未被触及或发现。"无"的问题极为独特，理应允许运用独特的、先前所"无"的方法。当然，前提为尽量运用或"巧用"公认的方法。

首先是完全破除学科藩篱的阻隔。例如，《扁担》长文论及衍生的器物、观念，如果谨守分科原则，则杠杆应分属物理学及应用数学，"一分为二"观念当分属哲学史，衍生的独轮车分属交通史，杆秤分属度量衡史，秤"权"分属政治学，如此岂不"五马分尸"复归于"无"？

"大胆假设、小心求证"的原则：赖有胡适的权威，现已无人反对。当用于"以无为据"时，似可更大胆地从假设跃至想象。新锐学者罗新先生就已提出："研究历史要有想象力。"

本文较多出现"理应"一词，除为使思路更加明晰，更属于所谓"理证法"。权威学者其实常用此法，对于新入道者，为防其臆想、武断，多被严加要求。研究即推理，对实证要求最严的考古学也靠推理才能将一些碎片复原成器物。"以无为据"课题的论证，有时不得不靠推理，按照道理绝不可能为"有"，即可确认为"无"，否则等于取消命题，一切皆无。在"唯'理'是信"的大原则下，排除法等可用的方法变为多用。几何学以几条不证自明的公理为基础，论证"无"的成立时，似应容许将公众常识视为依据。

笔者在各项空白课题的探索中觉察出一种重要而奇妙的现象：无数中华文化独有的物事之间，常能找到内在关联的理路，如，"弋射与风筝的联系"在于蚕丝的发明、"熨斗与炼钢的关联"在于木炭的发明，中华所"无"的物事也是同样。从中可以悟出一种与方法相关的规律，即一种理论能否成立，肯定或否定，可以视其是否满足"全体的各部分之间能否满足逻辑上的高度自洽"，即近代成语"自圆其说""一通百通"。有机的整体由众多部分共同构成，对每一部分的认知都会使空白缩小，"有"的推进又最终会使"无"由隐变

191

显。华夏智者老子最早发现"无"的存在或从"无"的方面认知世界,所以得到"只知其有不知其无"的西方人的高度重视。从学术史来看,西方长于从对"有"的认知,西学引进后,分科研究不断取得真切的认知,这样才使"无"的命题出现在学术视野中。

老子说"有无相成",西方已认识到文化多样性的价值,以及中华文明作为西方主要参照物的无比重要。从源头认识华夏文明的"所以然",必将成为全球瞩目的学术命题。

外编 学理独见 人物钩沉

说明　著者曾发表知识小品百余篇，虽各含独见，但多属饾饤之学；为突出"幽境辟蹊"题意，仅选存六题。另选几篇人物传记，传主都对笔者的学术或身世多有影响，其生平或事迹为笔者所发现或独知，不忍任其湮灭。

第一辑　中华特异文化形态独见

名词"东西"由来难题的破解

中华学术的重要问题、难题

汉语最常用的名词，及其稳定性

现代汉语中最重要的名词是哪个，未见有调查统计公布。"东西"在现代不同语言族群中的用法基本相同，因而可以参照英语的统计。据《牛津简明英语词典》（*Concise Oxford English Dictionary*）[①] 所附"十个最常用名词"，thing（东西）占常用词的第五位 [前五位是 time（时）、person（人）、year（年）、way（路）、day（日）]；如果加上"万能不定代词"something（某物）、any-thing（任何物）、no-thing（无一物）、everything（每物），则"东西"当是最常用名词。推想现代汉语大致亦然。

上述列举中有一点容易被忽略：汉语中与 thing 对应的单词有两个，即"东西"和"物"，两者的含义几乎完全重合，只是使用习惯上有时代的差异，后出的"东西"覆盖了"物"的流行。先前的"物"也是最常用的名词。《说文解字》说："物，万物也。"先秦古籍中"万物"一词随处可见。《荀子·正名》说"物也者，大共名

---

① 《牛津简明英语词典》，外语教学与研究出版社，2004 年，第 11 版。

也", 可以理解为"物"是与"我"相对的一切, 包括任何行为的对象及被关注的有形、无形目标。"物"的重要性还表现在衍生新词语的能力上: 随着文明的演进, 衍生出"事物"(哲学)、"货物"(经济学)、"物质"(科学)等新名词。以"物"为简略成分的复合词语仍不时出现, 例如表示"买东西"的"购物"等。

古老的汉语词汇还要经受双音节化的考验, "物"在明代曾通过这一关, 其新形态是南京话(明代官话)中的"物件"或上海方言中的"物事", "物"作为词根都要重读(第二字变为轻声), 显示其主体地位不变。"物件"从宋代已出现在口语中, 例如《朱子语类·卷六五》"既成个物事, 便自然如此", 它在上海方言中至今流行, 传到北方还实现了儿化, 北京话中"物件儿"仍未消失。^①"物"在上海方言中的分工更为合理, 有"事体"一词专表事情, "物事"单表"物件", "事"在"物"后, 突出了"物"的主体性。"物"内涵的扩展是必然的, 合理的扩展只能是"物—事", 但由于经学对"物"的极力无视, 所以只能"事"在"物"先。这样的双音节化, 无力抵抗"东西"的取代, 后者早已包含"事"的含义。

物与人的关系是不变的, 基本词语的"物", 没有任何理由从实际运用中退出。日语中的相关现状, 可以作为有力的参证: "物"像大量词语一样源于唐代的汉语, 日本人无法理解"东西", 《汉日词典》只能译为"物", 例如"他买东西去了"对应"彼は買い物に行った"。"物"的读音ぶつ当来自汉语古音[met](入声, 韵尾带辅音 t, 闽粤等方言依然如此)。

汉语方言和日语的参证, 表明"物"具有稳定性, 它被"东西"完全取代, 来得突兀且莫名其妙, 这当是由极为特殊的客观变化造成的。

"东西"由来的早期说法

名词"东西"出现之晚令人惊异。六七年前网络检索"东西",

---

① 徐世荣:《北京土话词典》, 北京出版社, 1990 年。

关注者寥寥，只有趣谈式的说法（假托朱熹街上答客问，以"金木水火"与"东西南北"对应，再排除水火—南北，剩下东西）。学术考察应当从《辞源》（1979 年版）开始，它对名词"东西"的解释包括"物产"和"泛指物件"两个义项。"东西"的本义应当限指具体的单件对象而排除集合名词的"物产"，况且《辞源》给出的两个"物产"例句又都被否定：例句一出自《南齐书•豫章文献王嶷传》："上（齐武帝）曰：'百年复何可得？止得东西一百，于事亦济。'"这段引文殊为费解。《汉语大辞典》已把它用于"东西"的另一义项"指七八十岁"。根据文史学家周一良所说："东晋南朝时，钱陌（百枚钱串）不足，以西钱七十、东钱八十为百；故齐武帝以为百岁难期，遂借东西钱'短陌'之数为喻；犹言寿如东钱之八十、西钱之七十。"[①] 例句二出自《唐会要•逃户》："逃户见在桑田屋宇等，多是暂时东西，便被邻人……砍伐拆毁。"《辞源》编者对这句话的理解根本错误，"东西"绝非"物产"，而是方位词的复合，意为"逃户"四散，暂时各奔东西（参照《汉语大辞典》"东西"第四义项"犹四方"的例句、杜甫诗"我里百余家，世乱各东西"）。

　　名词"东西"的由来作为突然冒出的难题，其解读必须首先排除东、西二字复合带来的种种"伪义项"，而聚焦于"泛指物件"的义项。可惜多数相关的讨论，包括权威辞书的释文，总是列举众多似是而非的解释，例如在《汉语大辞典》中，问题的焦点（"泛指各种具体或抽象的事物"）竟被排到第 7 义项。

　　《辞源》（1979 年版）"东西"的第二义项解释"泛指物件"，例句出自明末《清平山堂话本•曹伯明错勘赃记》："一日去一家偷得些东西驮着……"值得特别注意的是，后来网络百科相关解释给出的例句同样涉及偷窃，（明）朱有炖《豹子和尚自还俗》："我又无甚稀奇物，我又无甚好东西，他偷我个甚的？"后句中的"（离奇）物"与"（好）东西"反常地连用而且递进，透露出当时白话中"物"正

① 周一良：《魏晋南北朝史论集》，中华书局，1963 年，第 387 页。

在向"东西"过渡，首先改称"东西"的当是稀奇之"物"，此点后文将要详谈。

"东西"由来的问题是何时被提出，何时成为探讨课题的？为透彻了解相关的历史过程，笔者找到民国早年初版的《辞源》①，它是由几十位学者协力编纂的，其"东西"条目的释文可以视为学术史上首次专题讨论。释文内容如下（原为古文，只有断句，现加标点符号，有所节略）说：

> 明思陵（按即崇祯帝）谓朝臣曰："今市肆交易只曰'买东西'而不曰'南北'，何也？"辅臣周延儒曰："南方火、北方水……此不待交易，故唯言买'东西'。"思陵善之。按，此特一时捷给之对，未见确凿。古有"玉东西"，乃酒器名。《齐书·豫章王嶷传》，"上谓嶷曰，百年何可得，只得东西一百……于事亦济。"已谓物曰"东西"。物产四方而约言"东西"，正犹史记四时而约言"春秋"耳。见《兔园册》。又《迺斿璅言》："世称钱物曰'东西'、称男子曰'南北'，无钱使者辄斥曰'好南北，无东西'。"

这段释文提出"东西"由来的三种说法。其一，用"五行＋方位"解释，排除与水火相对应的南、北，剩下"东西"。其二，来自南北朝时已有的古器"玉东西"，并以《齐书·豫章王嶷传》为证（如上所述）。其三，俗语曾用"东西"代表钱物、"南北"代表男子。今天看来这三条都成问题。"水火—南北"说已被否定，《汉语大辞典》已把同一引文作为"东西"条"指七八十岁"的例句。"玉东西"为酒器之说，缺乏与"东西"有渊源关系的佐证，理由不足。代表"钱物"之说，所据《迺斿璅言》（明人苏佑作）罕见流传，早被忽略。总之，初版《辞源》对"东西"由来的首次"专题研讨"

199

---

① 陆尔奎主编：《辞源》（上册），上海商务印书馆，1915年，第99页。

未能给出合理解释，这初步显示了相关问题的难解程度。

以上种种说法中，以"答崇祯问"掌故（"东西"来自排除"南北"）最为常见，此说记载于清乾隆时的《巢林笔谈》，书中有专节"买东西考"，可以肯定这一题名最为准确。^① 至于内容，与初版《辞源》大致相同，但两者都没有提到出处。

众说纷纭　已成绝问

考察"答崇祯问"的出处，早于《巢林笔谈》的已有《宸垣识略》（细节较详，开头称崇祯帝为"思陵"，显示更接近明代^②），根据其"出版说明"^③，此书是依照康熙时朱彝尊的《日下旧闻》增删重写的。同一掌故，从康、乾之间翟灏的《通俗编·器用》（卷二十六），到清末梁章钜的《浪迹丛谈·续谈卷十·东西》，多种笔记都有记载，可见其史迹真实。至于说法的合理性，早已备受质疑：初版《辞源》说"此特一时捷给之对，未见确凿"（出自《通俗编》）；《巢林笔谈》说"然亦太穿凿"；《浪迹丛谈》也曾反驳其说，同做出猜想："物产四方而约言'东西'，正犹史记四时而约言'春秋'焉耳"，此即《辞源》等书中同一判断句的由来，它较为近理而毫无根据。

《巢林笔谈》"买东西考"的后半部曾提出新说，这是说法之四："愚以此语（买东西）定起东汉，其时都中之盛，侈陈东西两京（按指洛阳、长安），俗语'买东、买西'，言买卖者非东即西。沿袭日久，遂以东西为货物替身。"此说近理而不无根据，最难得的是它突出了崇祯提问中含有的合理因素："东西"限用于被买卖的单件商品，可惜未能从唐宋文献中提供例证。

按照中国旧时的书籍类别，关于"东西"由来这类谈论只能见容于"笔记"一类。现代目录学家张舜徽曾对清代百种重要笔记做过浏览，写成《清人笔记条辨》，此书看似提要，重点却在借题发挥张氏的己见。书中对"东西"问题特别关注，有两处提及。一是道

① （清）龚炜著，钱炳寰整理：《巢林笔谈》，中华书局，1981 年，第 198 页。
② 吴长元：《宸垣识略》，北京古籍出版社，1982 年，第 333 页。
③ 吴长元：《宸垣识略》，北京古籍出版社，1982 年，第 1 页。

光年间焦循的笔记《易余籥录》，其中根据音韵学提出猜想说："东西二字，乃'底'字之'切'（旧时音韵学者借两字'切'音，以前字的声母与后字韵母拼音），急则曰'底'，缓则曰'东西'。"（说法之五）张舜徽反驳此说（"东西指实物，何可以语气助词解之？"），并提出自己的见解；又在《浪迹丛谈》的提要一节中再次阐述："（买东西）实与古代建筑之向背有关……盖城内户皆南向，人若出门，则唯东西行耳；日用之物，购有求于外，非往东则往西，谓之买东西，犹云东西买也。"①（说法之六）此说显然比"答崇祯问"更为近理，其他说法也多循着以"东西"为方位的同一思路。

张舜徽未能将涉及"东西"的明清笔记一网打尽，就笔者搜罗所及，补充列举如下：说法之七，《宸垣识略》提出："民生日用所需，俱资于木，而以金易之，乃以少制多也，故止言东西。"意为用金（对应方位属西）属的钱买木（对应方位属东）质的日用物品②（按，日用物品不限于木质，所以此说不通）。说法之八，《浪迹丛谈·续谈·东西》记载，清末信奉基督教的朱石君曾说"'东'谓我儒之教……'西'即西方之圣人，举此二端，足以涵盖一切矣"，这纯属个人编造。

近两三年来，随着网络的发达及文献数字化的扩展，关于"东西"由来的议论突然呈现井喷之势，具有空前广度的专题研究也有多项。根据一篇硕士论文对同类成果的概述③，全国刊物上发表的相关文章近十篇，其中大多类同以上诸说，有几项又稍有新意：说法之九，认为"东西"来自东汉时代东京、西京商业繁荣，购物要往东往西。说法十，把购物的时空场所变为唐代首都的东市、西市，或宋代首都的"东西行（háng）"。有多人提到说法十一：甲骨文"东"字像囊中装物而系扎两端，而系、西二字读音相近，转音为东

① 张舜徽：《清人笔记条辨》，中华书局，1986年，第212、245页。
② 吴长元：《宸垣识略》，北京古籍出版社，1982年，第333页。
③ 梁浩蕾：《基于语料库的名词"东西"指称功能的深度分析》，华东师大硕士论文，2013年。

西（高按，二字古音声母不同，此说错误）。说法十二，认为"东西"由女真族语的"底""等"的字音转来。[①] 说法十三，有学者提出全新解释：常见于五代、两宋的"动使"一词与"东西"词义相近，读音相仿，兴替时间相接，很可能是"东西"的先源。[②]

笔者认为更多的说法还将涌现，这突出表明："东西"的由来确属特别重要又极为难解的问题，它处于学科体系之外并暴露了体系的弊端。无论如何，它当是不可回避的重大学术课题。

新解：两大奇特史迹的耦合

空白领域开拓中迸发的思路

笔者很早就曾好奇于"东西"的疑谜。近来在研读晚明时期江南社会大变局的论著中，受到一件新史料的触动，脑中突然迸出破解"东西"之谜的洞见。"东西"既然已成绝问，可以成立的答案理应出于极为非常的机缘。笔者的机缘出于两大奇特史迹的偶然叠加，两个史迹分别发现于本人先后开辟的两个新蹊径中，后者的入口又是从前者中发现的。

叠加史迹之一：本人几十年间埋头于中华文化本原的自由探索。先完成的"尊老"（关乎精神本原）空白课题，试图解读"繁生—聚居"的独特生存方式[③]，探索过程中意外发现并转向"中餐由来"的新课题（关乎物质本原）。形成的观点大致如下：黄土地生态恶劣又缺乏转移空间，先民从肉食阶段就被饿逼上单一种粟、饭菜分野的"歧路"；独有的蒸、炒烹调法，原理在于把不相容的水、火变为

---

① 张靖人：《"东西"起源于金代考》，《河南教育学院学报》，2011 年，第 5 期。

② 吴朝阳：《"东西"词源的一个可能》，《现代语文：语言研究》，2011 年，第 2 期。

③ 高成鸢：《中华尊老文化探究》，中国社会科学出版社，1999 年。

"相济"（蒸是融合为汽，炒是可控"爆炸"）。① 环境造成的内外压力（饥饿、掠夺）导致人际关系紧张复杂，赖由"水火相济"的政治智慧来调节，反而能高度凝聚并不断壮大，因此"调和鼎鼐"成为政治的象征，"水火范畴"也成为中华文化的轴心。根据《荀子·礼论》可以论证，儒家的"礼"旨在制止物资匮乏引起内斗，主要为"避免争饱"②，"繁生聚居"基因最终发展成集权统一的汉帝国。汉代儒学成为国家意识形态，它的使命在于全力突出道德修养，为此不得不遏制健全人性对物质世界的求知欲（罢黜百家），其极端表现甚至"非礼勿言"，与之相应，要求"心外无物"。儒学的入门教材《大学》规定"格物—致知"为修养的起点，但在"经书"文本中，"物"竟被注释为"事也"，其本意反而公然被排除，形成聚讼千古的"格物"悬案。令人深思的是，"格物"的解说比"东西"更加繁多。明代江南教育普及平民，启蒙课本《大学》中"格物"的"正解"已是尽人皆知，导致名词"物"在日常话语中处境尴尬，亟须有新词语取而代之。这条理由需要更多的说明，详见下文。

叠加史迹之二：西方名著《白银资本：重视经济全球化中的东方》的问世③，使人们知道：世界的近代化实际上是以葡萄牙航海势力为主导、以中国澳门为地理支点、以江南丝绸和瓷器为商品、以欧洲贵族阶层为消费市场、以美洲白银为交易中介的国际贸易。其惊人的规模，甚至导致世界白银总量的近三分之一被沉淀于中国，因而有"江南工业化"之说。这些新知促成国内学界对晚明大变局的"发现"（以樊树志的专著为代表④），我们旧时所知的"倭寇"，实际是被中国的"海禁"国策逼出来的、与徽商资本相结合的浙闽海上走私集团。新词语"东西两洋货物"在空前的消费习尚中大为

---

① 高成鸢：《从饥饿出发：华人饮食与文化》，香港三联书店，2013年。
② （清）孙希旦：《礼记集解》（上册），中华书局，1989年，第55页。
③ ［德］弗兰克著，刘北成译：《白银资本：重视经济全球化中的东方》，中央编译出版社，2008年。
④ 樊树志：《江南大变局》，中华书局，2015年。

流行，最后简化为代表新奇商品的词语"东西"。

不相干的两大情况，在晚明江南的时空场合意外地发生交汇，导致日用词语中反常变化的发生，即"物"被"东西"取代。突然形成的这一想法，驱使笔者着手破解"东西"由来的疑谜。

陈江《"买东西"考》与笔者部分思路不谋而合

半年前，论文完成过半时，检索网络突然发现涌出成批研究成果（猜想为"过期"文献数字化进展的成果），于是只得重新写作。这批学术信息中，最重要的是复旦大学陈江教授的论文《"买东西"考》①（以下简称"陈文"）。

作者早有与本题相关的专著《明代中后期的江南社会与社会生活》。"陈文"九千字，半用古文、浓度很大，视野广阔、引据繁多，属于重要创新。然而此文发表于权威学刊已满二十年，作为颇有说服力的新解，竟仍为渴望获得答案的广大求知者所不知。这表明史学专业圈内也未给予充分的关注，更不要说肯定。

"陈文"分为六小题，首节排除宋代就有"买东西"之说，据《东京梦华录》《梦粱录》等书例证表明其时"买东西"俗语为"买物"，"买物货"；第二节否定"玉东西"为酒器之说，根据当时宫廷斗争细节，论证齐武帝所称"东西一百"当是"东乌西兔"的省略语、"百日"的讳词。第三节驳斥"东西两京"及五行"水火"等说（内容同前文所述）。排除种种旧说后，"陈文"提出新说，与笔者上述"偶然因素的意外耦合"中的第二因素（浙闽海外贸易繁盛带来"东西两洋货物"流行）不谋而合，这对本文提出的最终解释是强大的支撑。其论证要点摘引如下。

陈江《买东西考》的第四节题为"'东西'与'物事'"，其中考察多种明代通俗小说例句，表明明代天启年间出现了"东西"与"物事"两词语同时使用的局面，典型例句如《拍案惊奇》卷一"一件海外物事……是一件稀罕东西"；《二刻拍案惊奇》卷三"京师庙

---

① 陈江：《"买东西"考》，《历史研究》，1997年，第4期。

市凡百般货物……好东西、旧物事"。更有说服力的是新旧词语变化的统计资料：较早的《警世通言》中有"物事"34 次、"东西"52次；较后的《拍案惊奇》中"物事"16 次、"东西"112 次；《二刻拍案惊奇》中"物事"45 次、"东西"157 次，从而得出不容置疑的结论："这反映了市民文化不断扩张……新旧交替、互相消长的客观历史进程。""陈文"第五节以历史上的"南货""北货"为参照，适当肯定了"东、西货"之说中的方位要素对"东西"流行的影响。

"陈文"第六节"东西与东、西洋"为论证核心所在。其中据明人张燮《东西洋考》前附万历四十五年萧基的序说：东南沿海"水国也。农贾杂半，走洋如适市（半数居民以此为业）……酬酢皆夷产（馈赠礼物都用洋货）"。同书卷七说："隆庆改元（1567 年），福建巡抚涂泽民请开海禁，准贩东、西二洋。""陈文"还指出，东南海商开放海禁的推动力量在于嘉靖末年官僚集团与徽商的结盟。今天看来，"陈文"受国内旧史学时期的局限，例如把江南经济发展称为"资本主义萌芽"，其全球视野仍然不足（不知猛增的高级产品其消费者在欧洲）。

"陈文"的论证相当充分，之所以实际未能发挥影响，可能与随后在同一学刊发表的《〈"买东西"考〉献疑》的抵消作用有很大关系。① 细读《〈"买东西"考〉献疑》，其中对"陈文"主要观点的"东西两洋"并无正面的驳议。"陈文"的不为人知，显示专业史学对社会物质生活的漠视，及其与大众的隔离。然而更重要的缘由，当在于"东西"问题本身过于特殊，不会有任何缘由足以孤立地成为答案。本文提出两大缘由耦合的新解，其中关于"《大学》的普及致使'物'成为日常话语中的忌讳"的第一缘由，要求对儒学发展史及其对江南地区的影响，作较详的专题考察。

官学的曲解如何使"物"成为晚明江南日常话语的忌讳

宋代以后"四书"成为各级官学的课程。为首的《大学》旨在

---

① 徐时仪：《〈"买东西"考〉献疑》，《历史研究》，1998 年，第 2 期。

造就治国人才，实际上却极不适宜地充当了平民的课本。此书开篇就说"物有本末、事有终始"（注意："物"在先，"事"在后），然后从"格物—致知"起步，列举的"齐家""平天下"等八项，语法上全是动宾结构，然而权威的郑玄注却把"格物"当作主谓结构，强解为"格，来也；物，犹事也"，在先的"物"竟被公然排除。在诸多经书的郑注中，"物＝事"是普遍的，如《诗·大雅·烝民》"天生烝民，有物有则"也同样讲成"物，事也"。经书的权威诠释会影响到后世一般文献的解说，突出的例证如《史记·五帝本纪》，原文说黄帝要求先民"节用水火材物"，意思极为明白，唐代张守节在《史记正义》中对"物"的解释，竟也限于"事也"①。根据诠释学的原理，任何文本都容许后世做不同的解读，朱熹《四书集注》就曾对"格物"做出"容纳实物"的纠正，后来王阳明又走到相反的极端，这都是可以理解的，郑玄对"物"的故意曲解也是一样。

史学界早已发现明代江南教育普及，却未能认识平民入学动机的根本改变。从宣德年间到明末，科举生员从3万变为50万，猛增17倍②，当官的机会剧减，塾师的身价随之大降，丝绸之乡一位学者塾师，自述竟常给主家挑粪。③据《嘉靖上海县志·卷一》记载，"田野小民……皆知以教子弟读书为事"，入塾读书只为工商从业所需的记账写合同。较晚的清初，杭州郊区"子弟就塾，率十五罢（学）就农"④。《三字经》谈启蒙教育说"凡训蒙，须讲究……小学终，至四书"，儿童读完《三字经》等识字书，就要读"四书"中的《大学》。推想当时在经济发达地区，大众应当已能默诵"格物致知"等重要语句，"格致"简称的流行就是证明：中国第一部丛书就题为

---

① 《史记》（第1册），中华书局，1963年，第9页。

② 刘晓东：《科举危机与晚明士人社会的分化》，《山东大学学报》（哲学社会科学版），2002年，第2期。

③ 蒋威：《明末江南乡村塾师的枝叶生涯初探——以张履祥为例》，《甘肃社会科学》，2014年，第2期。

④ （清）孙之騄：《南漳子·序》，张潮编《昭代丛书》庚集。

"格致丛书"，官方评价此书"为万历、天启间坊贾（书商）射利之本，杂采诸书，冀其多售"①，纯为牟利的畅销书而以"格致"为题，显示明末"格物"已普遍流行。据此，"物＝事、物≠thing"的教材内容可能已成为曾经入学读书的身份标志。"物"的语义不变化已成常识，再按其本义来使用，就会成为日常会话的忌讳。这种特殊的文化背景，使"物"的替代词语的出现成为社会现实的亟须。

明代开放海禁，带来了"物"的替代词语流行的机遇。笔者读新书《晚明大变局》，发现福建巡抚《通海禁疏》中出现"准贩东西二洋"时②，突然想出"东西"由来新解的思路，因为这是前所未见的"东西"与商品连用的鲜明例证。仔细琢磨，"东西二洋"之称显得突兀，但先前的《东西洋考》表明"东洋—西洋"并提已成习惯。据《漳州府志·洋税考》记载，当地人民"以洋舶为家者，十而九也"，海商如此普遍，"准贩"指的是卖洋货，当已了然无疑。

笔者觉得单凭奏折中的语句做文献依据尚嫌不足，幸好又找到一幅历史图画可做有力参证：明代画家仇英（1494—1552）的名作《南都繁会景物图卷》（现存中国国家博物馆）中，南京闹市两家商店悬挂的幌子上都有"东西两洋货物俱全"字样。仇英的生活年代早于隆庆元年（1567），"准贩东西二洋"在漳州月港的实施，可知舶来商品在现实生活中风行已久。不顺口的"二洋"，当是俗话"两洋"在奏折中的书面语。这确切表明"两洋"是由"东、西二洋"省略而来的，"两洋货物"相当于上海等近代都市中常见的"华洋百货"，正是市民争购的"东西"。现实中的口语化再使"两洋"也被省略，剩下的"东西"二字，作为亟须的新名词而大举风行，处境尴尬的"物"随之被逐渐代替而退出日用词汇。

---

① 《四库全书总目提要·子类·丛书》。

② 樊树志：《晚明大变局》，中华书局，2015年，第79页。

（明）仇英：《南都繁会景物图卷》

实证：近代上海商业小说中相关词语的调查分析

陈江《买东西考》对多种明代通俗小说做过统计分析，结果清楚地显示出"物"与"东西"之彼消此长的过程。然而文字记载对生活的反映总是有很大滞后性，初期白话文为半文言文，加之词语的更替与地域方言、阶层用语密切相关，因此"陈文"的考察仍然大有补充的余地。从地域来看，上海方言特有的"物事""事体"两个双音节口语词汇虽有分工，但两者都能与经书对"物"的注释中的"事"相容，这一优势足以应对旧词"物"受到的挑战。从阶层来看，上海作为工商业港口大都会，迟至清代才取代先前的扬州。中国对外洋进出口贸易，到清末民初才日趋高涨，购物者阶层也才随之壮大。因此，有针对性地考察清末民初上海商人的日常对话，便成为考察"东西"取代"物（物事）"而流行的最佳途径。

在广泛的搜索中，笔者发现了无比理想的文献，即晚清商业小说《市声》。阿英的文学史名著《晚清小说史》第六章题为"工商业战争与反买办阶级"，其中断言"历来写商人的小说是很少见的，在晚清，只有一部姬文的《市声》"①。章回小说《市声》1908年初版于商务印书馆，以十万字篇幅描写清末上海的商场生活，主角是曾留学西洋、精于工科的青年，他有志于制造国货商品以抵制洋货倾销，但在买办奸商的压迫下屡遭失败。书中双方的矛盾斗争无不紧密围绕着上海市场上的种种洋货商品。对这一文本的统计显示：上海方言词汇的"物事"与新商品代称的"东西"两个词语的使用，确有清晰的分工，没有例外。具体分析如下：

"物事"出现频繁，不计其数。"物件"（南京官话词汇）仅出现1处（藤椅）。新词"东西"共出现29次。其中用于骂人的有7处，如"混账东西""没良心的东西"等；用于稀罕事物的有5处，如官服上的"补子"（"花花绿绿的东西"）等，还有"我们上海买不到这种东西""亲笔签字的东西（合同）"等。除此之外的"东西"共17处，统统指外洋商品，如玻璃（第12回）、金刚钻戒指（第23回）、纸烟、洋线（第35回）、戒烟丸、教科书（第29回）、耙车（第31回）、收割机（第32回）、枪械、洋蜡、"东洋的漆器"（第33回）等。仔细琢磨，用于非指洋货的"东西"一词，实为由洋货的原义派生而来：用于骂詈，都出自守旧分子，当是源于传统观念对"奇技淫巧"的否定；用于稀罕事物，缘于尚未习见。据此，前文提到的早期例句中两次出现用于偷窃目标的"东西"，显然像稀罕物件一样，由洋货商品的原义派生而来。

试举《市声》中首次出现的"东西"——玻璃为典型做深入分析：这恰好是上海方言中"物事"被"东西"取代的最佳标本。第12回讲起古代腓尼基海员发现玻璃的故事：船停在地中海海滩，从船上取来碱块支锅烧火，过后发现碱与地面石英化合成"透明的物事……这就是玻璃之始……还是三千年前头的东西呢"②。这段话中，"物事"与"东西"同时出现，提供了对比的语料。例句表明，在使

209

---

① 阿英：《晚清小说史》，东方出版社，1996年，第25页。
② 姬文：《市声》，上海文化出版社，1958年，第82页。

用上海方言的商人心目中，当目标不过是透明的 something 时，它就是"物事"；一旦它成为玻璃这种洋货时，就得改称它为"东西"。故事中的人物都是古代洋人，用上海话来叙述，更能显示相关词语变化的客观规律：同一某"物（物事）"获得洋货的新身份就要用新词"东西"来称呼。"陈文"也曾举《二刻拍案惊奇》的例句"京师庙市凡百般货物……好东西、旧物事"，但所指何物都不清楚，《市声》中的这一句，则提供了"物"变为"东西"的文献确证。恰好玻璃是最重要的舶来洋货之一，家家的纸窗、铜镜都需要由它来更新换代。

在《市声》中还发现了同样可作确证的例句，第 36 回："如今上海那些……新巧器具，美术玩物，人还当是东西洋来的，其实都是工艺厂制造。"句中的"东西"并非名词，与"洋"连用；洋货与及其新词语"东西"，与传统的复合方位词语"东西"难得的实现重合。"（从）东西洋来的"完全可以视为《南都繁会景物图卷》中百货店幌子上"东西两洋货物"的简化和口语化。"货物"属于商人的术语，"东西"是广大消费者的寻常用语，两者分工而运用。假如"物事"能在宋代官话中出现，则后世被"东西"取代的概率或许会小些。然而这是不可能的，因为儒学中早已通用"事物"一词，随着社会的发展，此词日益重要。其实"物—事"自古已连用成词，如《公羊传·隐公元年》何休注"渐者，物事之端"。从词语内涵扩展的逻辑来看，虽然"事物"一词很成问题，但比《大学》"格物"郑注把"物"的本义排除更合理，沿用至今已无人深思了。

以上例句和分析足以证明常用词语"物事"（上海方言）、"物件"（南京官话，曾流行于全国广大地区）被"东西"取代的缘由和过程。至于"物"变为"东西"的例证，推想已可能存在。如果说汉语的双音节化使"物"难以存在，那么自古与"物"对应的"人"至今却照样流行，因此"东西"的流行只能用本文提出的叠加论点来解释了。

到此，名词"东西"由来的难题可算基本解决。然而仍有不够完全之处，如文献中有个别例句早于外洋贸易大规模兴起的明代。例如元代马致远（1250—1324）杂剧《青衫泪》第三折："但犯着吃黄齑者，不是好东西。"这只好用孤证不立的学术原则暂时放过，考古学上对曾经出土的铝片一样采用此方法。[①] 还有，联系到上文列举的"东西两京"等已被否定的多条例句来看，我们也不能无视久远以来为前人所熟悉的复合方位词"东西"与商品既有的关联，它的影响会使"东西"在晚明江南的流行得以快速实现。明崇祯皇帝提出疑问时，满朝词臣竟"莫能对"，因为东南沿海的形势变化还没有传到北京宫中。

说明：
　　本文发表于《社会科学论坛》2018 年第 2 期。

211

---

① 华觉明：《悬案于今四十年：宜兴近周处墓铝质残片来历的分说》，《自然科学史研究》，1999 年，第 2 期。

传统礼俗的"生日"禁忌及"虚岁"
由来的绝问

现今国人在寿诞庆祝活动中，不论老人小孩，都会唱句洋文歌儿：Happy birthday to you！很少有人知道，在宋代以前，"祝你生日快乐"可是严重的非礼，甚至是对人的冒犯。

儒家传统的生日禁忌及弛禁的缘由

独树一帜的中华文化有个习俗，就是曾经长期存在的"生日忌讳"。连"生日"一词，古代都绝少出现。清代大考据家钱大昕曾在《史记·卢绾传》中找到"生日"，原句说"卢绾（西汉人）与高帝同日生，里中以羊酒贺两家"，却强调说这"只是贺生子，非贺生日也"①。

最早提到生日活动的是南北朝时期颜之推（531—约590）的《颜氏家训·风操》，其中说"江南风俗，儿生一期……男则用弓矢纸笔，女则刀尺针缕……置之儿前观其发意所取，以验贪廉愚智，名之为'试儿'"。这种场合会有亲友聚会饮宴。孩子长大成人后，如果生日那天再有"酒食之事"，必须严格限于父母健在的情况下。

① 《十驾斋养新录》卷十九。

父母逝世后仍然借生日"酣畅声乐"而"不知有所感伤"者，颜之推斥之为"无教之徒"。道理何在？直到民国初年，有些讲究礼法的大户人家，还流行"儿的生日，娘的苦日"之说。

《颜氏家训》中还举出前人的模范行为说：梁孝元帝每年八月六日"载诞之辰，常设斋讲"，就是说，生日那天用吃素讲经的方式寄托感伤。[①] 生日为什么应当感伤？唐太宗曾有明白的解释。宋代残书《爱日斋丛钞》中有一段记载：

> 唐太宗谓长孙无忌："今日是朕生日……在朕情，翻为感思。今君临天下，富有四海，而欲承颜膝下，永不可得……《诗》云'哀哀父母，生我劬劳'。奈何以劬劳之日，更为宴乐乎？"泣下数行，群臣皆流涕……[②]

从中可以看出，如果说生日有什么意义，那就是对已逝世父母的悼念。悼念另有忌日，生日就没有被重视的理由了。

对个人生命开始的日子必须持无视态度，在异域文明看来实在可怪。这个问题，历来未见有学者给出解释，因此只能用推理分析来提出一个假说。

笔者认为，"生日观"的不同，反映了"生命观"的不同。西人认为生命来自上帝的创造，华人则认为得自父母的生养；上帝面前人人平等，所以个体人格是完全独立的。然而事实上父母又有父母，世代先祖的链条可以溯及天地。所以《礼记·郊特牲》说"万物本乎天，人本乎祖"。不同于其他动物，"人"有文化属性，而文化来自世代先祖的积累。关于古人无视生日的机理，笔者曾提出假说：中华文化是以家族生命为生命的，个体生命不过是家族生命链条的一个环节。这种观念在经典中有清楚的表述，例如《礼记·哀公问》

213

---

① 《颜氏家训》"风操"篇。

② 《爱日斋丛钞》，《四库全书·子部·杂家类》。

说："身（个人）也者，亲之枝也……伤其亲，是伤其本（树干）。伤其本，枝从而亡。"《礼记》十万字，三分之二的内容都不离丧礼、祭礼的繁文缛节。丧礼为了"慎终"，祭礼为了"追远"。对"慎终追远"的极端重视，道理当在于力图修补因个体死亡而导致的家族生命链条的断裂。然而人的自然存在毕竟是个体的，所以有必要抑制个体生命意识的觉醒，以避免家族生命观的弱化。刻意淡化生日，只能由此得解。[1]

后世生日习俗的改变，可能是受外来文化的影响。《颜氏家训》在谈到生日庆祝时曾清楚说明那是"江南风俗"，可知此俗尚未传到颜之推所在的北魏国。南方应当有更为正统的汉文化，生日习俗的改变是怎样发生的？可以提出佛教影响的假说。像基督教有圣诞节一样，佛教有佛诞节，即"浴佛节"，据唐代《敕修百丈清规》，每年夏历 4 月 8 日佛的"降诞令辰"，要用"香花灯烛茶果珍馐，以申供养"。《颜氏家训》说梁元帝的生日"斋讲"是在"年少之时"，可知是他父亲梁武帝安排的。梁武帝是第一位提倡佛教的皇帝，曾三次舍身为僧，他从佛教的异文明影响中接受了过生日的观念，而以"斋讲"形式悼念父母又不违背儒家精神，这是十分可能的。

更为合理的推想是，由于浴佛节活动对信佛民众的启发，为儿童庆祝生日的习俗便在江南流行，以至影响到宫廷生活中来。无论如何，人们已不再对生日采取无视态度。隋文帝仁寿三年（603）曾下诏称："六月十三日朕生日，宜令海内为武元皇帝、元明皇后（即文帝父母）断屠。"与梁武帝相比，虽然禁止杀生仍属敬佛观念，然而皇家生日活动的范围却从宫廷扩大至全国。[2] 这是对过生日的内容和方式加以引导，就其反对欢庆倾向而言，仍在坚持着儒家对待生日的正统态度。

到了盛唐时代，皇帝对待生日的态度发生了根本的变化。清人

---

① 高成鸢：《中华尊老文化探究》，中国社会科学出版社，1999 年，第 57—64 页。

② 《隋书·高帝纪》。

顾炎武考证说，唐玄宗开元十七年（729）从群臣请，定其生辰每年八月五日为"千秋节"，全国宴乐，休假三日。后来皇帝生日，或立节名，或不立节名，皆称圣节。[①] 宋人庄绰总结"后世遂为盛礼，天下宴饮……虽禁屠宰，而杀害物命甚多"[②]，元代以后统称"万寿节"，规模益渐盛大。为什么唐代皇帝对待生日能从哀悼变欢庆？这可以用唐代实行高度对外开放，因而受异域文明习尚的同化来解释。这里指的是外交礼仪带来的直接影响。例如《旧唐书·德宗纪》说，"建中元年，上诞日，不纳中外之贡"，可见外国有圣节主动进贡之例。这在宋代更为明显，如《贵耳集》说，"每北主生辰称寿"都有"人使往来"。唐德宗生日不接受中外贺礼，表明儒家的传统仍有深远影响。

寿诞庆贺兴起于宋代

从宋代起生日庆寿之风很快遍及朝野，庆寿方式也开始盛行物质上的贺礼及精神上的寿诗等新的讲究。皇帝的寿诞节日仍在欢庆。北宋英宗享年仅 35 岁，就曾将生辰定名为"同天节"，据《容斋随笔》载，连致仕老臣都随班上寿。[③] 南宋高宗成为太上皇，朝廷更为他举行过隆重的八十整寿庆诞。诗人杨万里的《诚斋集》中有《德寿宫庆寿口号十篇》诗序："淳熙丙年（1186）元旦，圣上（宋孝宗）诣东朝（指宋高宗）庆贺八秩。"庆寿于元旦之日，可能为了与在位皇帝的圣节有所区别。为寿庆而大赦天下，《容斋随笔》："太上皇帝以圣寿八十，肆赦推恩，蒙被甚广。"宋代庆寿活动勃兴的关键是朝廷将天子庆寿的特例扩大至宰相，从而突破了君臣的天壤之别。

据《宋史·礼志》，大中祥符五年（1012）十一月，"以宰相王

① （清）顾炎武：《日知录》卷十四，黄汝成《日知录集释》，岳麓书社，1994 年，第 506 页。

② （宋）庄绰：《鸡肋编》，中华书局，1983 年，第 124 页。

③ （宋）洪迈：《容斋随笔》（下），上海古籍出版社，1978 年，第 547 页。

旦生日，诏赐羊三十口，酒五十壶，米面各二十斛，令诸司供帐，京府具衙前乐，许宴其亲友"。这一年王旦 55 岁。以后每年虽因避免荒废政务而停止庆宴，"而饮如故"。据钱大昕考证，五代冯道为晋相时，曾被诏赐生辰器币，冯道以"不记生日"为借口，恳辞不受，这也由此反证庆寿确实勃兴于宋代。王旦的先例很快引起连锁反应。宋人孙奕《示儿编》载，魏仲先曾为宰相寇准祝寿。到权臣蔡京为相（1102）时，庆寿已达到极为侈靡的程度。《水浒传》"智取生辰纲"故事中曾有生动的反映：大名府知府梁中书"收买十万贯金珠、宝贝玩器等物，送上东京，与他丈人蔡太师庆生辰，去年也曾送过……"据《宋史·礼志》载，绍兴十三年（1143）某日《赐宰臣秦桧辞免生日赐宴诏》，可见南宋曾以皇帝名义为宰相举行庆寿宴席。秦桧的恳辞不过装模作样，反而证明正是他把朝臣的庆贺生辰之风推向新的高峰。从此此风从上到下迅速蔓延。十三年后，官员生日受贿的腐败风气已极端严重，以至皇帝不得不下诏严令制止。据《建炎以来系年要录》记载："绍兴二十年十月壬寅，诏内外见任官，因生日受所属庆贺之礼，及与之者，各徒三年。赃重者依本法。"书中解释说："自秦桧擅权，四方皆以其生日致馈，州郡监司，率受此礼，极其僭侈……"由于天子、丞相及朝臣表率在上，宋代生辰庆寿之俗开始在民间风行。

宋人《野史》记载，司马光曾为文彦博夫人生日献词祝寿，表明寿庆扩大到官员家属。《容斋随笔》记载，南宋高宗八十寿庆，恩准太学生免试，不在其列的贵族子弟请愿时申述理由，有"譬之世俗尊长生日，召会族姻"等语[1]，透露出民间家族为老人寿辰而会聚姻亲举办庆宴已成风俗。

在这种社会背景下，与寿诞有关的传统观念也发生较大变化。例如"寿星"，汉代以前本是天文学上的星体，《史记·天官书·索隐》说"寿星，盖南极老人星也"；《晋书·天文志》说"老人是……

---

[1]　（宋）洪迈：《容斋随笔》，上海古籍出版社，1978 年，第 861 页。

见则治平，主寿昌"。而至宋代，寿星开始变为长寿老人个人的雅号，如宋人楼钥《攻愧集》有诗曰："更添松竹作寿星，我已甘心向枯槁。"后来演变为长髯老人图像或偶像，用作生日通行的贺礼。宋人《萍洲可谈》说："近世长吏生日，寮佐画寿星为献。"方回《戊戌生日诗》："客舍逢生日，邻家送寿星。"逢十整数年寿开始突出庆贺。作为年寿雅称的"花甲"一词，最早见于宋代诗人范成大的《丙午新正书怀》诗："行年六十旧历日，汗脚尺三新杖藜。祝我胜周花甲子，谢人深劝玉东西。"诗人的花甲寿宴举行于元旦（新正）而非生日，表明按新年计算年岁增长的观念有时仍占正统地位。

关于生日的另一观念变化是妇女也成为庆寿对象。古代的养老礼制，据笔者考证，都限于男性，例如汉代向全国 70 岁老人颁赐王杖，但不包括妇女。为女性庆寿，始见于后蜀国君孟昶为花蕊夫人赐宴。宫词云："内家（指宫女）宣锡生辰宴，隔夜诸宫进御花。"后蜀政权曾与北宋有短期共存，故可视为宋代。又据《示儿编》，黄耕叟夫人生日有人作诗贺寿，表明为女性祝寿已在民间普及。

经过元代对传统礼教的严重冲击，多民族杂居使汉人的习俗不免受到多元文化的同化。到了明代，生日欢庆普及底层平民，传统的生日忌讳观念完全消失，以至被人遗忘。

明代寿星的罢祀及作为生日礼物的世俗化

明史学者公认，明代后期社会观念发生重大变化，甚至可以与欧洲史上的文艺复兴相比拟。[①] 后者的本质是人性从宗教桎梏下获得解放，而至明代，中国人的个性在宗法礼教束缚下获得一定程度的解放。晚明的这一变化一般以李贽等人物的出现为例证，本文提出把生日庆贺之普及于平民视为简明的标志。

217

---

① 张胜林：《明代后期中国的文艺复兴》，《华侨大学学报》（哲学社会科学版），1995 年，第 2 期。

笔者曾论证，广义的"寿"是家族生命的"寿昌"，譬如大树，年深为"寿"、枝繁为"昌"，个人（男性）就像枝丫。另一方面，国家是家族的扩大，皇帝相当于老家长，"年齿（总人口×平均年龄）日繁"成为皇朝的信仰：每当治绩突出，上天就会用"南极老人星"的出现加以褒奖。老人星又称"寿星"，唐代《通典·礼四》说"周制，（皇帝）秋分日享寿星于南郊"，历代大致沿袭这一礼制。

寿星意识形态属性的终结，礼制上曾有过庄重而明确的界限，就是明初对寿星（南极星）的罢祀。据《明史·礼志三》，明朝建立后，洪武之初"每岁圣寿祭寿星"，显示寿星与皇朝的相关性仍然沿袭，然而不久就被否定："（洪武）三年，罢寿日祀。"罢祀寿星的理由是"以其为妄"。这表明，新政权立足后，朝廷在对旧时礼制的审核清理中，发现追求寿昌的政治理念早已不符合社会现实，因而借着重新制礼的契机，宣布其相关信仰正式结束。

明初发生的这一仪节的变化，有着相当重要的意义，只是没有受到学界的注意。结合以上对中华文化的"家族生命观"的认识，可以把寿星的罢祀视为现实生活中人们的"个体生命观"相对觉醒的表现。随着这种觉醒，生日就成为值得本人及亲友加以庆贺的日子。世俗化的寿星，从天文—政治的殿堂下凡到民间，走进寻常百姓家。由于寿星与老、寿固有的关联，它被人格化为"长头大耳短身躯"的拄杖老翁，后来获得"老寿星"的亲切称号，担当起老人生辰时贺礼的角色。追溯起来，《萍洲可谈》记载，南宋后期高官生日就有"寮佐画寿星为献"，可见佞妄现象始于上层。

明代，连皇帝也接受了寿星的新角色。史载，中期的正德年间（1509—1521），"雅善绘事"的代宗皇帝曾亲画《寿星图》赐给朝臣夏元吉，祝他长寿。① 明代晚期，嘉靖三十六年，画家徐渭（1521—1593）也曾作《寿星画》赠给表姐萧夫人作为生辰礼物。② 老寿星起

① 《明史·夏元吉传》，卷一百四十九。
② 盛鸿郎：《徐渭年谱》中册，网络版。

先是画面上的，后来又立体化为各种材质的塑像。

平民过生日蔚然成风

生日忌讳的破除及庆贺的普及，从礼制的层面来看，曾有过自上而下的阶梯过程。皇帝作为有天下的代表，庆贺其生日有合理性，继而是贵族、大臣，这一阶层的生日庆贺较为节制，限于十年、五年等整数年寿，如《宋史·礼志》记载的宰相王旦的五十五岁生日。寿诞庆贺普及平民阶层，首先限于高龄老人的整数年寿，这是中华尊老传统影响的当然继续。考察明代，生日庆贺活动仍然沿着上述阶梯向下迈进。从王公一级来看，已不再限于整数年寿，而且像前代的帝王生辰一样张扬无忌。从大臣一级来看，明宣宗曾借着生日为有功的尚书胡濙举行家宴，明史记载说"生辰，赐宴其第"，以示褒奖。[①] 一般官吏一级，有史料记载，元明时期贪官污吏向下属敛财的各种"常例钱"中，已出现"生日钱"的名目，显示已成为官场的"潜规则"。[②]

明代以庆贺活动来过生日的新习俗，很快向全民普及。生日庆贺的风俗既已大为风行，自然会出现形式的多样化，不再限于赠送寿星。明人朱有燉杂剧《蟠桃会》中有"九天阊阖开黄道，千岁金盘献寿桃"一场，表明寿桃成为庆贺生日的瑞物。其他如李东阳过生日，学生鲁铎曾送头巾、干鱼等薄礼"为寿"，表达纯真的情谊。[③]

过生日的习俗逐渐向下层发展，很快就普及平民百姓，其庆贺形式变得简易欢快。最流行的是馈送老寿星的画像或塑像作为贺礼，其形象为持杖、白须，额部隆起，大耳垂肩，这个角色较早出现在明代中期成书的通俗小说《西游记》第 7 回中，显示寿星已经从国家意识形态的象征，经过彻底的世俗化，变为人格化的老人，个人

219

---

① 《明史·胡濙传》，卷一百六十九。

② 转引自黄阿明《明代官场常例钱初探》，《史林》，2008 年，第 4 期。

③ 《明史·鲁铎传》卷一百六十三。

长寿的象征。他的名称"寿星"来自古老的"南极老人星",他挂着的龙头拐杖来自汉代皇帝颁发的"王杖"。

"虚岁""周岁"来由难题的破解

每到过旧历大年,老人们就会念叨一副著名的对联"一夜联双岁,五更分两年"。除夕半夜是年龄的分界线,过了线,一家人就同时长了一岁。

少数懒得动脑筋的年轻人会问:满一岁,不是该按生日来算的吗?老人会说"中国人老年头讲虚岁"。2011年中央文史馆讨论春节文化("年俗")改革,笔者在准备材料时突然想到"虚岁"应该是个"新名词"。查了老版的《辞源》《辞海》(1979年版),果然都不见收录。

网上百科辞典倒有了"虚岁"条目,其释文大致说:虚岁是中国古代的记龄方式,至今在民间仍有沿用。按照虚岁,人出生时就记为一岁,以后每过一个春节增加一岁。释文又说周岁也叫"实岁",是国际通用的计龄方法,来自西方,它传入我国后,年龄才有虚实之别。关于虚岁与实岁的对应换算,因为还要涉及阴阳历、闰年闰月等因素,成为一个很复杂的问题,算法竟多至十来种,虚岁比周岁最多会大出三岁。结论说,"实岁"的传入使华人的计龄法变得混乱不堪。

至于为什么唯独华人讲虚岁,网上百科长达千余字的释文中根本没有涉及,显得文不对题。缘由何在,至今见不到任何解释,看来这是个还没人琢磨透的疑谜。重要的文化现象的"所以然"要求得到解答,至少要有合理假说。近年出现几种解释,都不够合理。例如说出生就加一岁,卵子受精是为生命的开始,怀胎十月算是一岁,这涉及性的知识,旧时属于严格禁忌,绝无此说。又说因为从前一家生子太多,父母记不住谁先谁后,因此元旦一起增岁。这是独生子时代的胡诌,岂不知儒家传统"悌道"严格,讲究长幼尊卑,竟认真到对双生子孰兄、孰弟的认定曾有学理上的争论。[①] 笔者在尊老传统研究中提出"家族生命"概念，论证儒家认为个人的生命不过是家族生命链条上的一个环节。《礼记·哀公问》说得很清楚："身（个人）也者，亲之枝也……伤其亲，是伤其本（树干）。伤其本，枝从而亡。"就连个人的肢体也不属于自己，而属于父母，个人有义务保养完好，所以说"身体发肤受之父母，不敢毁伤"。具体事例，可以举出《资治通鉴·卷第一百七十六》中皇族侄佺关于嗣帝位的一段话：侄子说"叔与我父共根连体，我枝叶也，岂可使根本反从枝叶"。

　　自然的人毕竟是以个体为单位而独立存在的，这是家族生命意识必须面对的难题。个体生命意识当然是确定的存在，但这种觉悟却对家族生命观的维系构成直接威胁，生日活动及生日带来的年寿增长，都会成为个体生命意识的提示，所以必须通过有关礼俗的刻意安排来加以抑制。中国古代的"生日忌讳"及虚岁计龄，都可由此得到合理的解释。诞生及死亡是个体生命的始终，要从正面淡化幼儿的诞生，更要从反面设法对老人死亡带来的影响加以消弭。有效的措施是对丧礼、祭礼的极力重视。一部《礼记》十来万字，竟有三分之二的内容说的是丧礼、祭礼的繁文缛节，这有什么意义？笔者年轻时初读此书，曾感到大惑不解，如今恍然大悟。丧礼、祭礼的意义，在于极力弥合因长者死亡带来的家族生命断裂，尽量延长已死父祖的影响力，强化对家族生命的认同。每年强化若干次，以抵御时间的冲淡。自然的人毕竟是个体的存在，而每年的生日对个体而言不啻是经常的提醒，这在客观上弱化了家族生命意识的危险。因此，礼俗规定家人尊卑长幼，统一增岁于除夕子夜。这就是全家团聚守岁年俗的原理所在。

　　虚岁问题十分重要，比方说当法律条文跟年龄界限相关时（例如中国古代法律规定七十岁以上免除死刑，现代法律规定十六岁以

221

---

　　① （宋）洪迈：《容斋随笔》，上海古籍出版社，1995 年，第 217 页。

下减轻或免于承担刑事责任），怎么操作，事关生死。现行法律都按公历生日计算，《最高人民法院关于审理未成年人刑事案件具体应用法律若干问题的解释》有详细的规定。

跟虚岁相关的文化现象，还涉及中国古代冠礼的细节。网上流行的国学通俗文章声称，古时男子二十岁生日要行冠礼，作者不知道说"生日"是犯了想当然的大错。近年来有年轻的所谓儒学家提倡仿照韩国，恢复"成年节"仪式，但在被问及"日期怎么算"时，却陷入茫然。根据《仪礼·冠义》，冠礼的日期要通过占卜来决定（"古者，冠礼筮日"），行礼之家前十天要先卜筮吉日，其选择的范围，清代有考据家解释当在二月内。道理何在？未见说法。笔者认为，定在二月，其原则仍是过年增岁。拖过正月当是因为按旧俗正月"过大年"太忙，没有时间为冠礼做服饰等种种准备。此外，《仪礼·士冠礼》说要由占卜决定，用"天意"遮盖生日，这也当是故意避免个体意识觉醒的有力佐证。

说明：

本文由两篇论文合并而成，一篇题为《寿诞庆贺的由来和演变》，发表于《寻根》学刊 1998 年第 4 期；一篇题为《明代普及于平民的"过生日"与个体生命意识的觉醒》，为应南炳文先生推荐参与 2012 年明史研讨会（中国社会科学院明史研究室、南开大学历史系合办）而作。

"斯芬克斯之谜"与王杖、南极老人星、人瑞坊

古怪的埃及狮身人面兽吸引着各国的观光客，它也是古希腊神话中的著名角色斯芬克斯，所以西人对此并不陌生。乾隆末年，当西人登上神州大地时，会见到正在兴起的"百岁人瑞坊"，这种中华景观可能比斯芬克斯更加让他们感到诧异。皇帝敕建祠坊，这是用忠臣的血和烈女的泪才能换得的身后殊荣，怎么一个田夫野老但凭活得长久就能坐享？什么是"人瑞"？这些都叫异域文化的人们无法理解。

斯芬克斯是谜的象征。古希腊神话说，它用一个谜语来难人，猜不中的就吃掉。谜语是：

> 今有一物，先有四足，后有两足，最后有三足。问此是何物？

原来谜底是人：婴儿时四肢爬行，成年时两脚步行，老迈时拄杖而行。此谜被猜中时，斯芬克斯立即自杀①，这表明它被认为是不能猜中的。答案中关键的第三条腿，是老年人的拐杖。此谜反映了西方

---

① 《不列颠百科全书》（第 7 卷），中国大百科全书出版社，1985 年，第 420 页。

文化相对无视老年。相反，笔者认为，中华文化的特性可以用一个"老"字来概括。"老"的字形，《说文解字》错解为下部的"匕"是"毛"的省略，意为有胡子。甲骨文出世后，被认定为"像老者拄杖之形"①。这根拐杖不正是"斯芬克斯之谜"中的关键吗？

更加意味深长的是，中华文化中的拐杖绝不只是老年人生活之所需，更是老年特权的象征。古籍记载，远古天子就向七十岁老人颁发"王杖"，出土的《王杖诏书令》证实，有胆敢欺侮持杖老人的，一律按大逆不道罪砍头。②

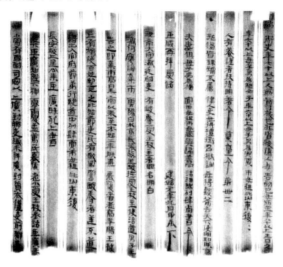

东汉《王杖诏书令》

尽管经史典籍对"尚齿"和"天子养老"之礼早有零散记载，先前史学界却一直不敢确信。这固然由于史料不成系统，其情节与帝王至尊的身份相悖，尤其是因为汉武帝独尊儒术，极力推行孝悌之道为大一统的政治服务，掩盖了上古的尊老礼制。孝道与"尚齿"有对立的一面，后者以父亲为中心，有辈分的讲究，会造成"老尊少"的局面。

在如何看待老年人这一点上，中国文化跟西方存在着强烈的

① 徐中舒：《甲骨文字典》，四川辞书出版社，2003年，第940页。
② 《汉简研究文集》，甘肃人民出版社，1984年。

反差。

中国文献总体上带有明显的老年色调，例如汗牛充栋的"笔记"著作基本上都出自老年人。衰老谈衰的"有病呻吟"，在中国诗篇总量中占有很大比重。笔者在专著中提出"老境文学"的概念，这跟西方所有、中国绝无的"儿童文学"适成对照。相反，全部西方文献中很少涉及老年。亚里士多德的《论老年和青年》① 常被提到，但此文论的是动植物的生命过程，通篇竟找不到"老人"一词。

反差的根源在于文化基因，在于"游牧—农牧互补"和"聚居—单一务农"两种生存方式的异型。对此，中国古人早有清楚的认识。《汉书·班超传》记载，外交家班超出使西域各国，归来曾向皇帝报告说："蛮夷之俗，畏壮侮老。"《史记·匈奴传》说，游牧生活中，吃美食的习俗跟中原恰好相反，大块肉先尽着青壮年吃，筋骨偏要留给没牙佬。这是当然的，因为打仗、打猎都靠他们。

西方人类学家说，游牧民族冬季迁徙，老人只能掉队等死，"只有狗才对甩下了人感到困惑"②。罗马战争中掠夺的大量奴隶进入家庭，家庭 family 的本义就是奴隶。儿子像奴隶一样被视为个人财产，《罗马法》规定，儿子要被出卖三次之后才能获得自由；每遇内战，常见儿子在混乱中杀死父亲，奴隶反倒更可靠些，因为他们不能因主人的死而获得解放。③

中华传统讲究"父慈子孝"，恩格斯说过，十世纪德国的先民还有吃父母的事④，而大约同时，据《宋史·礼志》，在中国"割股啖亲"已成风尚。

中华传统讲究"兄友弟恭"，实际强调弟弟要服从兄长，因为在

① ［古希腊］亚里士多德著，苗力田译：《亚里士多德全集》（第 3 卷），商务印书馆，1996 年。

② ［英］布朗诺斯基著，徐兴等译；《人类文明的演进》，台湾世界文物出版社，1975 年，第 61 页。

③ ［德］F. 缪勒利尔著，王礼锡等译：《家族论》，台湾商务印书馆，1975年，第 262 页。

④ 《自然辩证法》，人民出版社，1975 年，第 262 页。

普遍的三世同堂家庭中，父亲去世，即由长子充任家长。西方封建社会只有长子有权继承家产，已婚兄弟的关系形同陌路。反观中华，《三字经》说，四岁幼儿孔融反而要向年龄更大的兄弟让梨，这是"尚齿"的遗风。

这类特异的文化形态还有不少，无不令异域文化人士和今天的国人感到惊异。下边再举"老人星"和"人瑞坊"两项，供大家玩味。

宋代大贤范仲淹写过《老人星赋》，书法家多以此篇为题材，宋代名家米芾等都有相关作品传世。杜甫著名诗篇《寄韩谏议》中有"南极老人应寿昌"之句，"应"的意思是对应；"南极老人星"的出现，对应着"寿昌"盛世获得老天认可。何为老人星？"寿昌"何意？近世可能连学者也难以理解透辟，而相关典故深邃地关联着中华文化基因，堪称体现"天人合一"哲学的标本。

(元) 何九思书法《老人星赋》

"老人星"是一颗罕见天体的中华古称。《史记·天官书》说："狼比地有大星，曰'南极老人'，老人见，治安；不见，兵起。常以秋分时候之于南郊。"《晋书·天文志》说此星"见则治平，主寿昌"。"寿昌"是个重要的传统概念，可以理解为"寿"概念的广义。

中国古人以"寿"为幸福观的核心（西方以快乐为核心，乐happy是福 happiness 的词根）。旧时器皿上常见"五蝠（福）捧寿"

图案。汉字中"寿"字异体最多，远超"百寿图"。华夏最早的理论体系《尚书·洪范》"九畴"一节说："五福：一曰寿；二曰富；三曰康宁；四曰攸好德；五曰考终命。"郑玄注，"康宁"即"无疾病"，"考终命"即"各成其短长之命以自终，不横夭"。分析起来，除了以寿为福之先，另有两福（康宁、考终命）也无非寿的同义反复。这绝不能肤浅地理解为幸福就是活着。"九畴"是上天授给禹王的治国法则，可知"五福"本来非属个人，对"寿"的解释要从氏族群体着眼。正如唐人孔颖达在"攸好德"的疏中解释郑注所说："言人君所好者道德为福；《洪范》以人君为主。"君王本来是群体的代表。

《庄子·天地》记载上古传说：帝尧视察"华"地，人民祝愿说："请祝圣人，使圣人寿！……使圣人富！……使圣人多男子！"多寿、多富、多子的"三多"是幸福观的简明表述，与"五福"一样以"寿"为核心。至于"多富"，农业文明早期的富主要是粮食，食物富足才能维持人的寿命及生殖力；"多子"（女儿除外）则显示出父系家族生命的观念：多子以形成多支，能避免一支夭折导致宗祠香火断绝，而保证家族的"寿"；各男子也要多生子嗣，以造就家族分支的"昌"。可以说家族生命有时、空两个维度，譬如大树，年深岁久谓之"寿"，枝繁叶茂谓之"昌"。① 中华特有的家谱，活像倒立的大树。树不离原地，"安土重迁"也是家族生命的天性。

为什么华夏特有寿、昌的追求？首先可以从两者的反义词夭、亡来破解。"夭"比寿更值得注意，甲骨文已有"夭"字，金文才有"寿"字。《说文解字》段玉裁注，曾根据篆字"幸"的构成（上"夭"下"屰"）而曲折论述"夭"的逆反即是"幸"。② 尽管这已被甲骨文否定，也能反映古代的现实。由于水旱灾害等生存逆境，上古华夏儿童夭亡较多，换牙前的儿童数量在人口统计时是被忽略的，

227

---

① 高成鸢：《中华尊老文化探究》，中国社会科学出版社，1999 年，第 57—65 页。

② （清）段玉裁：《说文解字注》，上海古籍出版社，1981 年，第 494 页。

故有"生齿"一词（《周礼·秋官·司民》："自生齿以上，皆书于版。"）世界史和人类学上有个规律现象：原始群体会通过杀婴等手段限制人口增长，使之不超出食物来源许可的范围。①独有华夏文明违背这一规律，宁愿接受它的"惩罚"，即严酷的饥馑。馑、殣二字分别表示草被吃光及因饿而死。西汉盛世的贾谊还说，每遇天旱，人们就会变得目露凶光，像可能吃人的饿狼（《新书·无蓄》："失时不雨，民且狼顾"）。至于"亡"，其本义同"无"，引申为死。祖先的土地上不见子孙繁衍，死了、逃了都一样。人多而地不挪，又会加重生态破坏，恶性循环难以避免。

为什么华夏崇尚繁生、聚居？二十年前笔者曾在中华尊老传统探究的课题研究中试着提出假想：华夏文明摇篮的黄土地生态不良，只能单一种植耐旱的粟；加之地理上缺乏回旋空间，早期务农者处在游牧者的包围中（《史记·周本纪》："务农耕""在戎狄之间"），要保护收成免受强悍对手的掠夺，唯有凭人多势众。周族能够反弱为强，靠的是文王"敬老慈幼"（疼爱幼崽是动物的本能，华夏文化中的"慈幼"强调呵护儿童使其成年，可能属于空前之举）和"来远人"（《孟子·梁惠王》记述"文王善养老者"，"天下之大老"率家人来归）两大人口方针。

最早的政典《尚书》开篇再三强调尧、舜之德，表现为团结百姓，同时告诫君王以民为本（"天视自我民视……"），可见天、天子、百姓三者在德上是一体的。"德"的实质可以理解为农耕部落联盟的群体凝聚力。在中华古代，天文被视为王政的反映，其哲学原理在于《易经·系辞》说的"天地之大德曰生"，即《尚书·大禹谟》的"好生之德"。据上述繁生基因，天子若能通过德政使百姓群体臻于理想的"寿昌"境界，相信上天就会用"老人星"出现的祥瑞予以褒奖。《论语·为政》说："为政以德，譬如北辰，居其所而

---

① ［美］斯塔夫理阿诺斯著，吴象婴、梁赤民译：《全球通史》，上海社会科学出版社，1999年，第83页。

众星拱之。"北辰即北极星，是天子的代表；遥远的南极竟有另一颗星体，能隐然跟天子分庭抗礼，可见"老人星"可以视为"天生烝民（斯民）"整体的代表。为什么以"老人"为名？华夏农耕生活中，高寿老人是群体聚居的核心，又是智慧与道德的化身，"德高望重"一词至今绝不能用于青年。对比游牧文化，据《汉书·班超传》，外交家班超曾向朝廷报告说"蛮夷之俗，畏壮侮老"。

《礼记·王制》等篇记载，虞夏商周，社会价值观经历过贵德、贵爵、贵富、贵亲四次演进，而"尚齿"是不变的主干。《礼记》很早被认为不是先秦之书，其中所言的上古天子"养老之礼"不被确信。《后汉书·明帝纪》详细记录了永平二年举行的同名礼仪，使人惊异于其仪节太过隆重：皇帝降贵纡尊，亲自向代表天下父兄的两位老人礼拜献食。据《礼记·祭义》，这是天子带头做孝悌的榜样，其实从"老人星"的天文角度来看，此礼的哲学意蕴更为深邃。

上古之"德"本是对君王的要求，平民百姓只是受惠者；孔子时代"仁"的观念形成，作为普遍伦理，"仁"同等地要求于平民和天子。核心伦理的"仁"，与古老价值观的"寿"结合，便形成"仁寿"的理念。《汉书·礼乐志》曾引用当时名句"驱一世之民，跻之仁寿之域"，以表示理想的政治境界。"仁寿"一词很常用，如《汉书·董仲舒传》说"尧舜行德，则民仁寿"；宋代苏轼《儒者可与守成论》说："至于汤武，拯涂炭之民而置之于仁寿之域。"还有"寿域"的简称流行，始于杜甫诗《上韦左相二十韵》中的"八方开寿域，一气转洪钧"（"鸿钧"指天象变化）。"仁寿之域"显然与孔子提出的"仁者寿"命题相关。东汉荀悦在《申鉴·俗嫌》中探讨其机理说："仁者内不伤性，外不伤物；上不违天，下不违人；处正居中，形神以和……寿之术也。"这符合现代的心理卫生原理。然而"仁者寿"当与《中庸》所谓"大德……必得其寿"意思相近。《吕氏春秋·制乐》说宋国曾出现"天罚"星象，太史认为"祸当于君"，但可用方术转移于宰相、人民或收成。宋景公三次推辞，宁愿以己一死来承担，结果上天反而让他延年二十一岁。这个掌故表明

"仁者寿"也指的是国民的"寿昌"。

据《史记·天官书》,秦代曾在首都咸阳建造寿星祠,供奉寿星。据《后汉书·礼仪志》,东汉"祀老人星于国都南郊老人庙"。上古用宴席款待老人以体现"尚齿",随着社会进步,礼仪趋向形而上学的象征化。实际做法,一是用老人代表充当被礼拜的"偶像",二是设立星寿星祠或郊祭南极星,后者更近于宗教仪式。

汉代以后游牧民族大举入侵,社会陷入长期动乱,"仁寿之域"的理想日益渺茫。宋代社会变为平民化,个体生命意识开始觉醒,标志是华夏传统的"生日忌讳"逐渐破除。① 南宋《萍洲可谈》说"近世长吏生日,寮佐画寿星为献"。元代传统文化大受摧残后,据《明史·礼志》,明初还"每岁圣寿(皇帝生日)祭寿星",到洪武三年宣布"罢寿星祀"。但明代民间"过生日"风俗渐渐盛行,用作老者寿辰贺礼的"老寿星"——须眉皓齿的男性拄杖老人走入寻常百姓家。后来"寿星"彻底世俗化,用作老者本人的称呼。

上古形成的"尚齿"风尚是中华文化的突出标志,对此,似乎出身游牧文化的统治者更有认识。据《周书·武帝纪》,鲜卑族的北周皇帝曾首创向老人"版授"名誉官职的新形式,他曾断言"尊年尚齿,列代弘规"。"尊年"是"尚齿"的通俗而准确的提法,胜于流行迄今的"尊老",后者会被理解为青年尊老年。而《礼记》中"尚齿"的古义却是以十年为年龄段而递尊,民间则六十的尊七十的,七十一的尊七十二的,形成长幼的序列。提倡"尊老"还会跟辈分纠结,形成尊卑的等级,反而弄出"老尊少"的局面。

"尊年",就是对生命之"量化"的尊敬,这更有形而上的意蕴。范仲淹在《老人星赋》中说:"皇家以大洽雍熙,咸臻仁寿……发天文之炳焕,符帝德之悠长。"范的学生张载,理学鼻祖之一的哲学家,在名篇《正蒙·西铭》中提出"天人合一"的崇高理念时,就不再涉及天子,但却有"尊高年"之语。"高年"的世代承续,直接

---

① 高成鸢:《寿诞庆贺的由来及演变》,《寻根》,1998年,第4期。

通向"乾（天）称父，坤（地）称母，……民吾同胞，物吾与也"的最高境界。

清代统治者积极认同华夏文化，曾造成"尚齿"的高潮，表现于"人瑞坊"的创新形式，把象征性和世俗性结合起来。它是以皇帝名义为百岁老人敕建的，世俗化的"人瑞"之称与古代"南极老人星"的祥瑞相呼应。作家孔尚任在户部侍郎任上曾著奇书《人瑞录》，记载康熙年间人口普查中发现的百岁寿星 21 人，序言说："……以见我国家休养生息五十余年，跻四海于仁寿之域。"①

福建省闽侯县咸丰年间的"升平人瑞"牌坊

对于清代成批登上中华大地的西方商人，最难理解的景观可能是人瑞牌坊。"皇帝敕建牌坊，本该是用忠臣的血、烈女的泪换得的身后殊荣，为什么田夫野老单凭活得长久就能坐享？"这是笔者二十年前在"尚齿"课题专著前言中提出的问题。主题论文《尚齿：中华文化的精神本原》在张岱年先生主编的一级学刊上意外获得前置的重视②，其后本人受兴趣驱使而转向"物质本原"（古怪中餐的由来）的探究，愧对季羡林、庞朴、张岂之诸先生的期许。③ 2019 年

① （清）孔尚任《人瑞录》一卷，康熙版昭代丛书收录。
② 张岱年主编：《传统文化与现代化》，中华书局，1994 年，第 4 期。
③ 三位先生所赐相关手书，保存至今。季信称，尊老史研究为"振兴东方文化、拯救世界到达沦丧的重要措施"；庞信称"存亡继绝、功德无量"。

分担中央文史馆的传统文化课题时，以新视角和材料再次进入旧题，发现昔日专著已被史学界肯定"有开拓之功"①，才知"尚齿"课题历来确属学术空白，可惜近年的研究都限于"养老"（新义）的现实。

当年曾寻找人瑞坊的遗存，费尽心力只获一处，这足以反映相关文化已经基本被遗忘。今天网上又涌现人瑞坊二十来处，都幸赖旅游景点的开发而被"重现"，但其文字介绍却无一涉及"人瑞"的哲学意蕴。这个古老问题不该完全被遗忘。

说明：

2018年有青年友人为作者开设微信公众号，需要图文并茂的小品，即改写此文应之，观点较旧作专论加深。

---

① 李岩：《近二十年来中国古代尊老养老问题研究综述》，《中国史研究动态》，2008年，第5期。

从中华饮食史看划分“陶器时代”的强固依据

金岷彬、陈明远二位先生在《社会科学论坛》连续发表系列论文，提出在史前史分期中增设“陶器时代”的新说，对此笔者产生强烈共鸣。认同的理由，不仅在于原文的论证相当充分，更因为本人长期探索比较饮食史之所获，与“陶器时代”之说高度契合。

一、发明陶质饪器是走上粟食“歧路”的华夏初民的求生之道

在西方人看来，古华人的饮食经历可能奇特到难以想象。

目前学术界公认人类起源于中非。古猿由于打猎食肉而进化为人。[①]后来为追逐猎物而移动扩散，来到中土时当然仍处在肉食阶段。人类学家的论断在中国独有的古代文献中得到印证：《白虎通·号》总结先秦多书的记述说“古之人民皆食禽兽肉”，后来才遇到“禽兽不足”的食物危机。

何炳棣先生否定中华文化外来说，亦即认为华人的文明成果都是本土原生的。他借助出土的古花粉资料权威地考定：华夏初民身处的黄土地带植被较差，干旱的土壤只宜于粟类生长。[②]为了适应较

233

① 《自然辩证法》，人民出版社，1962年，第142页。

② 何炳棣：《读史阅世六十年》，广西师范大学出版社，2009年，第408—416页。

恶劣的生存环境，很早就实现了模式独特的务农定居。

对比欧洲，到处密林大兽，几乎没有肉食匮乏的经历。从狩猎进入畜牧是顺乎自然的，再进化到懂得农作，也都是半牧半耕。[①] 人类学家认为最早种粮食极可能是为了给牲畜补充饲料。[②]《旧约·创世记》的洪水故事中，为"留种"而带到挪亚方舟上的只有雌雄牲畜而忽略了麦类，这透露了西方肉食文化的基因没有中断。

不同于原始农业普遍的游耕阶段及定居后普遍具有的农牧互补结构，以周部落为典型的华夏定居者从事单纯种粟、不离原地的生产与生活方式。中土兽肉资源相对不足，很早就陷入饥饿状态。据《韩非子·五蠹》，用火之前就曾以蚌蛤等细小动物充饥；据《淮南子·修务训》，神农之前甚至还曾"茹草"，终于命定地走上粟食"歧路"。南方种稻也很早，但粟食地区因社会发展先进而成为中华文化正宗。粟食、稻食统称"粒食"（来自《尚书·益稷》"烝民乃粒"），"粒食之民"曾是古华人的正式自称，《大戴礼记》的《用兵》《少闲》两篇中就出现七次之多。

远古人类就会以火熟食，兽肉悬挂在用枝条搭成的三脚架下直接用火烧烤。华夏传说中的燧人氏事迹，较之其后的伏羲氏极为简单，常被置于"三皇"之前，推想属于远古人类的共同记忆。文明进化，包括熟食，是难以接受倒退的，细小的谷物又无法沿用火烤来致熟，这是摆在先民面前的难题。

最早是怎样把细谷粒弄熟的？幸而古书记载中留有片言。《礼记·礼运》在阐述"礼"（大致相当于"文化"）"始诸饮食"时，提到最初的火熟法是"燔黍捭豚"，汉人郑玄注释说："古者未有釜，释米捭肉，加于烧石之上而食之。"《辞源》"释"字有"浸渍"的义项，"释米"即经过浸泡，"烧石"即烧热的石板。用火烘"释米"可以借助米粒带有的水分，一定程度上避免内部未及变化而表面已

---

① 李根蟠：《原始农业起源和发展若干问题探讨》，《农业史研究》，1995年，第1期。

② 《摩尔根〈古代社会〉一书提要》，人民出版社，1965年，第6页。

变焦糊。

这个最简单的致熟法中蕴含一项原理，即先要有水以控制火。用"烹饪"对译西方的 cook 是不准确的，cook 主要是直接用火，"饪"字义为熟透，前边的"烹"即水煮（如"烹茶"），直接用火与"水为前提"之别，是西人与华人致熟途径的根本差异之所在。

用热石板烘出的半焦化夹生饭难以忍受，必须继续摸索致熟方法。西方谚语说 Necessity is the mother of invention（需要是发明之母），较理想的技法终于被发明出来，就是运用"水火交攻"的有效手段，这必须借助特殊工具，即鼎鬲甑鬶等饪器，于是作为质料的陶器之发明便应运而生。

三国时代的谯周在《古史考》中总结记述说："裹肉烧之曰炮……及神农时民食谷，释米加于烧石之上而食；及黄帝始有釜甑，火食之道成矣。"[①] 这表明，在中华饮食文化中，直接火烤是被排除在正式烹饪史之前的。烹意为煮、饪，《说文解字》解释为"大熟也"。"孰"（古熟字）本义是享用成熟的果子，西方文化中没有"熟"的概念，烤牛排多是半熟。

陶器发明的意义在于它是破天荒的人造之物，但更重要的意义在于它是伟大文明成果的孵化器，所催生的乃是中华烹调及其中华哲学的"水火"之道。陶器的质料是土、火、水三者的结合。深入分析，水与土、火与土的结合都是自然中固有的存在，只有水火的结合是人为的。《天工开物·陶埏篇》对陶器工艺的科学概括是"水火既济而土合"。

请注意"水火相济"一词，这是中华文化哲学的核心范畴。水火本性相反，《尚书·洪范》说水性趋下，火性炎上，《周易》"既济"卦的解释是"水在火上"。水上火下，这是反自然的，而竟能实现，全靠有陶鬲加以隔离（"隔"与"鬲"相通）。"水火既济"或曰"水火相成"，"成"即创新，如《周易·杂卦传》所说"'革'去故

235

---

① 佚书《古史考》一卷，见（清）孙星衍，平津馆丛书嘉庆版第九卷。

而'鼎'成新，明其烹饪有成新之用"。西汉《淮南子·说林训》对其中哲理做了深刻揭示："水火相憎，錯（鼎）在其间，五味以和。"从烹调实际来看，水火协力能把生米做成熟饭，更能创生菜肴的美味，原理是用水溶解、用火催化，使肉料的不良气息跟植物调料发生化学作用。

陶器的意义只有通过它所体现的"水火"关系才能得到深刻的阐释。西方人连水火"相灭"都未必熟悉，英文中二词连用都很少见。火灭水最能从煮沸水的实践中得到提示，但西方人历来甚少饮开水，而华人自古就琢磨是"扬汤止沸"还是"釜底抽薪"。

蕴含深奥道理的陶质饪器可说是古华人在因求生而走上的"歧路"中遇到的瑰宝。

二、陶器由来的新假说与炮、埕等前期文明成果

关于陶器的由来，陈明远先生总结各国学者的研究，认同较多的一种说法，即初民把（稀）泥土涂在枝条编成的容器外边再用火烧，以抵御焚毁，结论说："这是根据印第安人的做法而做出的推论（猜测），并没有科学实验和考古学的证据。"[①] 笔者可以补充人类学家罗伯特·路威的论述，他在根据实验否定了多种说法后，明确断言："陶器是怎样起源的，没人知道。"[②] 重大文化现象的由来需要有个假说。前人假说被否定后，可以提出更合理的新假说，直至得到公认。鉴于中华文化类型的独特性，尤其是陶器与先民生活实践之极为密切的关联，陶器由来的新假说，似乎最有理由由华人提出。

原理深刻、难度较大的文明成果往往不能突然冒出，而有其诱因、形成的阶段性等前期成果，陶器的发明理应如此。与陶器形成

① 金岷彬、陈明远：《没有陶器技术就没有青铜器时代》，《社会科学论坛》，2012年，第2期。
② ［美］罗伯特·路威著，吕叔湘译：《文明与野蛮》，生活·读书·新知三联书店，1999年，第101页。

相关的文明萌芽的事物，可以找到四项，即华夏先民独有的致熟方法的"炮"法，以及质地相近的器物埙、臼、灶。

【炮】"炮"（阳平声）的用火法为中华文化所特有，十分值得注意。出于兽肉不足，华夏初民可能常吃鸟类（汉语鸟在兽先，译为西语 bests and birds，反而兽先），据《易·系辞下》猎具主要为网（弓箭是从东夷民族学来的，所以夷字由大弓构成），网到的小鸟、小兽常用炮法致熟，即用稀泥包裹起来再用火烧。《诗·小雅·瓠叶》："有兔斯首，燔之炮之。"《礼记·内则》："涂之以墐涂，炮之。"《礼记·礼运》曰"以炮以燔"，郑玄注："炮，裹烧之也。"稀泥含水很多，用以包裹可以控制火力使之较为和缓，否则小型动物容易焦糊。另外，先民所居的黄河低地到处是黄土稀泥，可供就地取材。炮法与"粒食"之初的"释米"同样可视为中华烹饪"水火相济"原理的萌芽。

【埙】炮法的发明及运用，使人联想到中华文化独有的古怪乐器埙的由来。"埙"为简化字，原字为"壎"。烹饪界熟悉的民间传说称，有乞丐偷到鸡没法弄熟，就用泥巴裹了再烧，被人发现风味独具，遂成名肴"叫花鸡"①。（按，显然此即流传至今的炮法。）叫花鸡外壳属于陶质，跟埙极为相似。当火堆中的大鸟炮熟时，个别小鸟会被烧焦成烟，从破孔逸出而只剩空壳，人们偶然发现可以向破孔中吹气发声，就成了天然的乐器。推理过程参见笔者的长篇散文《埙里乾坤》。② 埙较早出现在约七千年前的河姆渡、半坡遗址中，与鬲等陶器的出现时代恰好接近。如若否定这一猜想，则无法解释头脑简单的先民怎么会想到用稀泥捏成中空的球形坯胎并用火烧硬。

【臼】神农被迫"尝百草"而发现"粒食"之路后，先民的生活中又出现了另一种无人有意为之而形成的陶质器物，就是春谷脱壳的臼。

237

---

① 熊四智：《食之乐》，重庆出版社，1989 年，第 18 页。

② 高成鸢：《饮食之道：中华饮食文化理路思考》，山东画报出版社，2006年，第 311—332 页。

　　粟粒、稻粒跟麦粒不同，外边都紧紧裹着坚硬的壳，不经脱壳不能食用。麦粒则无壳，只有无法剥脱的半硬皮膜，这就决定了中东及以西的广大区域较早有石磨的发明，用以把麦粒磨成麦粉，产生的麸皮可用箩汰出或混合食用。由于食物性状不同，中国古代只有石臼、石碾用以脱壳，石磨是到汉代跟面食一起从西域传来的。运用裹稀泥的炮法致熟，表明初民生活在黄河低地，及至种谷而要脱壳时，会缺乏石料以供凿臼。推想最早的臼可能像坝一样是"自然"出现的。这恰好与古代文献的记载相吻合。《易·系辞下》说先民"断木为杵、掘地为臼"，表明"臼"在发明过程中的第一步是挖泥坑。更重要的一步，泥坑如何变得坚硬，《易·系辞》没说，这里很可能有脱文。后来被人补上半句，全句见《黄帝内经》："断木为杵、掘地为臼，以火坚之，使民春粟。"[1]

　　直到近代，石质的臼作为生活日用的器物，在农业村落中随处可见。按古书的明确记载，从泥坑到石臼中间要有"陶臼"的过渡。中间环节是什么？陈明远先生的见解与笔者有不谋而合之处。他认为"启发先民烧制陶器的技术诱因，应是穴居室里的火塘灶坑泥土被火烧而硬化甚至陶化现象"，其"实物考古的证据"是"史前文化灶坑遗址，周围的泥土都被长期高温烧烤得硬化甚至陶化"[2]。半坡村落遗址家家都有保存火种的掘地而成的火坑（考古学上称为"火塘"），高温的火种长久烧灼含水的土质坑壁，自然会硬结成"陶"。还有另一方面的记载可资参证，即《吕氏春秋·慎人》所说的：帝舜"陶于河滨"，"河"即黄河，河滨只有黏土。如果没有先民牢固的文化记忆为依据，《易·系辞》凭空就为石臼编造出曲折的由来，是不可想象的。

　　从陶臼还可以联想到"舀"字，《说文解字》说其字形为"从爪

---

　　[1]　《黄帝内经》，《影印文渊阁四库全书》（第 365 册），台湾商务印书馆，1985 年，第 109—110 页。

　　[2]　陈明远：《修正"史前史三分期学说"——在"石器时代"和"青铜器时代"之间须划出一个"陶器时代"》，《社会科学论坛》，2011 年，第 4 期。

臼"，段玉裁解释为用手从臼中挹出舂好的米。火烧的硬坑偶尔跟周围的软泥分离，便像一件陶器，与后世厨具水臼子的出现或有关联。

【灶】火坑壁的陶化作为陶的前身，已蕴含着陶器的重大文化意义，这被认为最明确地体现于"灶"的名称上（"灶"为简体字，繁体为"上穴下竈"）。与原始火塘相比，灶能使烹饪的热效率更高，以节省中原聚居生活中短缺的燃料。《释名·释宫室》对"灶"的解释是"造也，创造食物也"。东汉字书《释名》的特色是一概用同音字来解释字义（谓之"音训"），这尽管不免失之牵强，但却被公认为能够传递丰富的古代事理信息。从陶器的主题来看，结合《说文解字》把"灶"字解释为"炊穴也"，可以理解为对"火塘造成湿泥硬结"原理的把握利用，这样灶就成为第一项独立于自然物的"创造"。

三、西来的考古学对中华饮食史的无视

作为人类学分支的考古学是从西方引进中国的。1921 年主持发掘仰韶遗址、开始田野考古的是瑞典人安特生，1927 年领导安阳小屯考古的李济是从美国学成归国的。他们运用的只能是纯西方的专业理论，当然会把仰韶文化归为新石器时期。

半个世纪后新中国的考古发掘全面开花，学者面对大量实物迟早会发现，实际情况与西来的分期在名称对应上的不合理性。重大的问题在于，中国陶器所反映的本土饮食文化的重要性与独特性不能得到正视。

【弋】中国考古学家无视饮食史，这在陶器以外也有重要表现。突出例证是中国特有的猎具"弋"（带丝绳的箭），它作为名词与动词在古书中频频出现，宋代大型类书《太平御览》设有"弋"的专节，列举先秦到晋代各书中关于弋的记载多达 23 条，还有同义的"缴" 4 条，连现代汉语中的"缴获坦克"都跟弋相关。著名的汉代《弋射图》中，坐姿的弋者身后的绞轮架都有显示，然而众多的考古

239

学家至今对弋的存在与否未见表态。中华农耕文化吃的是"粒食"，可行的致熟方法以陶器的运用为前提。不同于其他古文明中原始陶器之主要功用为提水，中国很早就将陶器用于烹饪。一万多年前的陶器，例如湖南玉蟾岩、广西甑皮岩出土的陶器，都有一些底部带有烟炱。① 从黄河流域来看，1997 年北京大学考古系在河北省徐水县于家沟遗址（年代距今约一万年），报告说出土的平底罐底部"都有烟熏火燎的痕迹"②。

【器盖】考古学家目无饮食，最重要的后果在于长期无视器盖。20 世纪大量的考古报告中极少见到器盖的踪迹，所附图版中各种早期陶器都敞着大口。21 世纪之初，笔者在网上只能搜索到几条，最早者为 1965 年的夏代遗址发掘报告。③ 有权威论文显示，考古学家对器盖确实有所忽略。例如，发现半坡遗址的石兴邦先生综述仰韶陶器的长文中最早论及甑的出土，却没有提到器盖。④ 庙底沟类型一节有甑而无盖，然而同一篇在讲述另一处遗址时又突兀地说（出土的）器盖"加多"。

器盖的专门研究至今未见一篇，其实它的文化意义极为重大。用鬲煮粥，盖在鬲上可以保存热量、提早沸腾，节省宝贵的燃料。甑（以及鬲甑结合的甗）的发明首先要改进盖子，使之与甑口精密相合，提高内部气压使温度能高于一百度，米粒才会变熟。其实有考古报告表明较早的器盖已能上下咬合，称作"子母口器盖"⑤。笔者在考记中悟出，盖子有重要的文化意义：哲学上可用"天人合一"一语概括中华文化，而"合"就跟盖子有依赖关系。盖子还派生出中国天文学上的"盖天说"，以及作为天子仪仗的华盖。考察《说文

---

① 朱乃诚：《中国陶器的起源》，《考古》，2004 年，第 6 期。

② 赵朝洪等：《中国早期陶器的发现、年代测定及制陶工艺的探讨》，《陶瓷学报》，2000 年，第 4 期。

③ 《河南偃师二里头遗址发掘简报》，《考古》，1965 年，第 2 期。

④ 石兴邦：《中国新石器时代考古文化体系及其有关问题》，转载自黄盛璋主编：《亚洲文明论丛》，四川人民出版社，1986 年，第 33—57 页。

⑤ 王迅：《模糊数学在考古学中的运用》，《考古与文物》，1989 年，第 1 期。

解字》中的"盖"字，草头为简陋的苫盖，下边的"盍"，篆体为"大"加"一"再加"皿"，皿即食器，再次表明饮食在中华文化中的本原地位。

有记载说，国学大师章太炎早已注意到现代考古学对出土器物之饮食功用的忽略。周作人在谈吃的文章中说："章太炎先生曾批评考古学家，他们考了一天星斗，我问他汉朝人吃饭是怎样的，他们能说什么？"[①] 章太炎晚年曾目睹过西方考古学在中国的兴起，按周作人青年时曾跟章太炎学习《说文解字》，1932 年章氏到北平讲学两三月，周又是组织者之一，非常可能亲耳聆听到老师的讲谈。他的记述当属可信，更正式的出处待考。

【窑】关于陶器，西方考古学在中国最重要的成果，当属陶窑的发现，可惜由于未能与饮食这一中华文化根本相结合，也没有引发更深入的思考。

世界公认窑是中国人发明的，美国人类学家房龙说："中国人发明了火窑，就由巴比伦人传到西方。"[②] 人们会奇怪其他文明没有窑怎么会有陶器？那是用露天堆烧法制成的，中国原始陶器也曾用此法。关于陶器的发明，《吕氏春秋·审分》说的是"昆吾作'陶'"。"窑"字去掉穴头的"缶"本来就是陶器，甲骨文中已有缶字，出处编号是"一七八"[③]。"陶"本作"匋"，《说文解字》说陶"史篇读与缶同"。"缶"加上"勹"，表示非露天堆烧的陶器。"窑"字从穴，最早出现的是简单的穴窑，后来改进为结构复杂而合理的制陶设施。

为什么独有中国会发明窑？未见有人解答或提问。这个问题在中华饮食史以至文明史上具有重大意义，因为发明窑的必然性与华人饮食文化的独特性具有把两者联结为一的共同的背景，即生态破坏问题。

① 锺叔河编：《知堂谈吃》，中国商业出版社，1990 年，第 220 页。

② ［美］房龙著，常莉译：《人类征服的故事》，江苏人民出版社，1998 年，第 51 页。

③ 徐中舒：《甲骨文字典》，四川辞书出版社，2005 年，第 580 页。

由于自然地理上较少密林，加以过度垦殖造成生态恶化，中土燃料短缺的问题历来存在。根据汤因比"生存逆境激发创造力"的原理，古华人为了适应环境，被逼着不断发明出节省燃料的种种妙法。突出的成果如把陶鬲的三足改进为布袋足形状，使热效率提高到极致。鬲为家家所必需，又很容易破裂，《周易·鼎卦》爻辞"鼎折足，覆公𫗧……"显示损坏为常见现象。耗费大量树木的堆烧法是古华人无法承受的，所以高效节能的窑必然应运而生。最早的窑在西安半坡，很多就在房舍近旁，不过几平方米大小，一次只能烧陶器四五件[①]，但比堆烧还是能节省大量燃料。

烧窑标志着粟食文化的成熟。《书经》《史记》都从帝尧讲起，《韩非子·十过》说"尧有天下，饭于土簋，饮于土"，正如钱穆所说："陶、唐、尧皆指烧窑事业言。"[②]

上述灶的发明使火力集中，同样是提高热效率的有效措施。这类成果都是中华饮食文化独特性所在，可惜中国考古学家囿于学科固有理论，对本土陶器的意义未能别具慧眼。

窑的发明，为陶器的发展提高打开了大门，后来升华为瓷器，西文名称CHINA与"中华"完全同一，岂是偶然？

四、肉食文明必然重青铜而轻陶，粟食则反之

"陶器时代"问题的讨论，密切关联着游牧文化与农耕文化的差异。这里要强调指出，用历史的、世界的眼光来看，游牧与农耕之间并不存在严格界限，单纯游牧是短时、局部的。原始农业普遍经历过"游耕"阶段，定居后则半耕半牧。进入农业经济后，普遍模式是农牧互补：农提供饲料，牧提供肉奶、役力及粪肥。

但是，还有一种独异于普遍模式的、至今未能引起学界重视的

---

① 宋兆麟等：《中国原始社会史》，文物出版社，1983年，第174页。
② 钱穆：《国史大纲》，商务印书馆，1997年，第11页。

农耕模式，即中国黄土地带远古由周部落开创的纯农生活，特点是所有土地都种粟，没有轮作及牧场，用人粪来肥田养猪。从陶器时代讨论的角度来看，最有参照价值的农耕文化是华人的这种古怪模式。它的致熟手段催生了陶器并使之成为烹饪工具，已如上述。

西方中心论的地域基础在欧洲，那里的人们很早便开始定居农业，食物也以谷物为主，但却保存着猎牧阶段的肉食基因，致熟方式仍沿用烤法。虽然很早也做汤，但与烤肉和面包相比很不重要。

陶器在西方文化中显得无足轻重，这是与青铜器相对而言的。游牧文化从打猎时代起就以兽类的屠杀和部族之间的掠夺（战争）为要务，如《史记·匈奴传》所说："人习战攻以侵伐，其天性也。"对于打猎、战争及肉食，最为重要的是锋利的工具和武器，从旧石器时代到新石器时代的进化是以工具的锐利化为认定标准的，循着同样的标准，青铜的发明更是大大提高了工具的锐利程度。那么，对史前史的时期划分上，以青铜时代承续新石器时代，自是理所当然的事，至于陶器，怎么会为了做汤的缘故而让它压倒青铜？况且游牧生活难以保存陶器，它被忽视也就不足为奇了。青铜时代在西方始于公元前 4000 年，在中国的兴起要迟至数千年后的夏商之际，它在中原地带的出现缺乏陶器那样深厚的文化背景。张光直先生的权威著作《中国青铜时代》中有几点十分重要，摘述如下：

"提出'青铜时'的丹麦人汤姆孙（Christian Jürgensen Thomsen）认为'青铜时代'乃是'以红铜或青铜制成武器和切割工具的时代'。"[1] 评点：从饮食的角度来看，青铜与烹饪无关，不过更便于生熟肉类的切割。

"铜器中皆以饮食器为主，表示在祭祀上饮食的重要。"[2] 评点：可见青铜传到中国时并未用作武器（恐因成本太高），主要用于饮食

---

① 张光直：《中国青铜时代》，生活·读书·新知三联书店，1999 年，第 2 页。

② 张光直：《中国青铜时代》，生活·读书·新知三联书店，1999 年，第 65 页。

而且只限于作为礼器而用于祭祀中，这些功用先前已由陶器承担，青铜器唯有以贵重庄严取胜。

"据我所知，在殷商西周时代，青铜食器非常稀罕，甚至是没有。"[①] 评点：贵族实际使用青铜食器烹调、进餐，是从诸侯竞雄的春秋战国时期发展而来的新风气。

"青铜器不是宫廷中的奢侈品，乃是政治权力斗争的必要手段。"[②] 评点：这句的前提是张先生断言中国的古青铜器只限于在宫廷（当含周王及战国诸王诸侯的宫廷）中出现。

"曾侯乙墓中出土青铜器多达一百余件，全重在 10000 公斤以上。"[③] 评点：中国青铜礼器形体巨大，制备艰难，除非统治者，普通民众没有能力动员巨大的人力、物力，因此可以宣示统治权威所在（所谓"国之重器"），以震慑政治敌手。

综上所引，青铜器起初只用于宫廷食器（且重象征性而轻实用性），后来又用于武器的优化。这印证了《左传·成公十三年》所谓"国之大事，在祀与戎"，而与广大百姓的生产、生活并无关系。

青铜器真正在华人的生活中被使用，标志是"镬"的出现。《周礼·亨人》有"掌共鼎镬"，古注："所以煮肉及鱼腊之器。"《淮南子·说山训》曰"尝一脔肉，知一镬之味"，古注："有足曰鼎，无足曰镬。"镬是与灶配套、用以煮肉的薄壁大锅，是汉代铁锅普及前的过渡之物。

西方人重青铜而轻陶，而华人相反，这一历史现象的根本缘由，在于饮食在中西文化中的地位或重要性之高下悬殊。《礼记·天运》断言："夫礼（作者注："礼"大致相当于'文化'）之初始诸饮食"，

---

① 张光直：《中国青铜时代》，生活·读书·新知三联书店，1999 年，第 74 页。

② 张光直：《中国青铜时代》，生活·读书·新知三联书店，1999 年，第 36 页。

③ 张光直：《中国青铜时代》，生活·读书·新知三联书店，1999 年，第 38 页。

而林语堂说西方人羞于谈吃，似乎吃近于动物本能。饮食在中西文化中地位的悬殊，表现为文献的多寡。先秦诸子几乎个个借吃说事，而专业学者发现西方典籍中"涉及饮食烹饪的文献较少"，近代才有法国人傅立叶（Fourier，1772—1837）论及饮食观[①]，还不能排除中国的影响。西方人罕言饮食，原因是欧洲饮食史上没有经历过大饥饿等重要曲折，农业出现后，先前肉食的烤法直接沿用于面包的致熟，后世的技术进步表现于大型公用烘炉设备。饮的方面，猎牧时期人们直接饮用林中清水、牛羊乳汁。

仅凭一般事理来推想，陶器就不大可能是游牧文化的发明，因为在迁徙中很容易被打破。游牧民族惯常用以携带水及牛羊奶汁的容器乃是革囊。人们对洋成语"旧瓶装新酒"的理解其实犯有想当然的错误：所谓"瓶"（bottles）本来是个皮袋子。权威的《韦氏第三国际词典》（*Webster's Third New International Dictionary*）给bottles的解释是游牧民族用以盛液体的一头扎紧的皮袋（A nonrigid container resembling a bag，made of skin，and usually closed by tying at one end.）还引用了《圣经》中的例句。[②] 同样，按照事理来看，青铜器也不可能普遍用作食具，这凭一条理由就够了：华人自古吃饭、饮酒都追求趁热，如语出《楚辞·九章·惜诵》的成语"惩羹吹齑"表明吃羹先要吹气降温到不至烫嘴（热吃有多种理由，如北温带大半时令气温较低，饥寒交迫的民众可借热食暖身；华人追求"味"，作为其嗅觉因素的气体分子遇热会变得活跃），金属散热快，青铜食器厚重，所盛食物的温度极易变化。贵族讲究"列鼎而食"不过为显示排场。

把史前时代分为旧石器时期、新时器时期是1865年英国学者J.卢伯克（John Lub-bock）提出的，那时人类学家对美洲的考察还没有发生（摩尔根专著《古代社会》问世于1877年）。现代西方人探

---

① 杜莉：《西方饮食文化》，中国旅游出版社，2006年，第23页。
② 《圣经新约·马太福音》第九章第17节。

245

究饮食史，主要靠人类学方法，考古学也属人类学的分支。史前分期的问题当然会受"西方中心论"支配。因为现行学科体系是西方人制定的，饮食文化在其中完全没有地位，直到二十年前"文化研究"（Cultural Studies）学科兴起，借着对摇滚乐、麦当劳快餐等大众文化的批判，饮食才得以进入文化领域。饮食如此，主要作为炊具及食器的陶器，当然也无缘受到特别重视。

总之，中西文明的差异，追溯到史前时代，可以归为陶器与青铜器的歧路。只要确认吃是人类的基础实践，这一论断就是确定无疑的。那么，为史前时期增设"陶器时代"就不过是整体文明史的纠偏了。

说明：

本文原载《社会科学论坛》2013 年第 1 期。

"箸"的由来、与中餐细节的相关
及对汉语的影响

小　引

　　网上有人把用筷子吃饭说成是"中国人的羞耻",甚至把中国文化的落后诿罪于筷子。青年一代对民族传统文化的虚无态度令人感到痛心。

　　鄙视筷子者,认为成套的餐叉才代表先进文化。很少有人想到,洋人使用餐叉是很晚的事。17世纪初有人从意大利把餐叉带到英国(具体说,其人是 Thames Coryat),时间为1611年。[①] 起先使用者还曾受到普遍的嘲笑,认为装腔作势。还有教士说,用叉子取饭?那上帝给我们的手指头是干什么用的!保守的英国女王直到18世纪才学会用叉子就餐。

　　其实中国古人吃饭也曾用手指头,《礼记·曲礼》告诫人们跟人会餐时别用出汗的手抓饭,要先洗手。中国人用餐具代替手指,要比西方早数千年。

　　筷子古称"箸"。大连有一家中国箸文化博物馆,规模很可观,

247

---

　　① 刘云主编:《中国箸文化大观》,科学出版社,1996年,第10页。

还是爱国主义教育基地。前几年该馆应台北故宫博物院邀请前往展览，受到学术界的高度重视；到印尼，亦在华侨中引起热烈反响。日本学者有"箸文化圈"的提法，认为其覆盖面比"汉字文化圈"更广。科学家李政道认为简单而奇妙的筷子深含哲理，中国人的聪明跟它有关。[①]

当本人应邀参与大连箸文化研究所的研究时，众多学者合力完成的总结性学术专著《中国箸文化大观》早已问世。[②] 其研究成果侧重于实物的收集和形制的演进，这当与研究者多为考古学界人士有关。对考古学我是大外行，应该从其他方面做新的开拓。研究任何题目都要有比较，做比较就需要参照系。研究中国的箸文化，就得参照其他民族的饮食文化，考察筷子出现的特殊背景，还要参照跟饮食文化相关的其他文化现象，进入本文所谓的"超饮食"的文化领域。

筷子由来之谜：何以发明于"梜—匙"具备之后

箸的研究，从先前已有的论著中可以看出一个重大空白：夹取食物放进口中，应该是一切民族的共同需要，为什么筷子唯独在中国文化远古就出现？

筷子与中餐紧密伴随，在西方人看来中餐也非常古怪，那么两者的由来也应当有同一的奥秘。关于筷子的产生，史料严重不足；关于中餐独特性的由来则文献较多，可以借作探究筷子由来的参考。

中餐的由来，可以用"饥饿"和"粒食"两个关键词来概括。简单说就是：我们祖先经历过人类同有的肉食阶段，古文献中有明确记载，只是由于生态环境不良，肉食匮乏，很早就被迫走上了单一种粟的粒食"歧路"。否则华人将像洋人一样以大块烤肉为常食，

① 王天佑主编：《西餐概论》，旅游教育出版社，2005年，第3页。
② 刘云主编：《中国箸文化大观》，科学出版社，1996年。

那么两根细细的筷子也就毫无用武之地。

肉食阶段最重要的食具是割肉的小刀，中国最早的食具古名为"匕"，今天还有名为"匕首"的小刀。"匕"与后来的"箸"连用为"匕箸"，是取食用具的通名，属于常用的词语，例如刘备"闻雷失箸"的掌故，《三国志·蜀先主传》的原文是"失匕箸"。清代大百科全书《古今图书集成》仍设有"匕箸"类目，反映了"箸不离匕"的食具演进史。《说文解字》说"匙，匕也"，后来变成小勺，与筷子形影不离，《红楼梦》第五十九回说"将黛玉的匙箸用洋巾包了"（"箸"为"箸"的变体）。

箸的由来要从匕开始考察。《说文解字》解释"匕"与"比"通，是取饭的用具。石器时代就有匕，是用骨制作的，最早出土于7000年前的磁山遗址①，为长舌形薄片，前部边缘有钝刃，后部便于把持。这种构造除了拨饭兼能切割食物，后来演变成"匕首"是很自然的。《逸周书》记载"黄帝始蒸谷为饭，烹谷为粥"，按理应当先有粥，经过较稠的"馆"，再进化为干饭。稠粥半舀半拨，带凹形的匕就成为最方便的两用食具。这当是匕向勺变形的缘由。近似勺状的天然用具是存在的，即大汶口文化中的蚌质餐匙。另一方面，"匕"又向"匙"演变。清代字书《说文通训定声》解释说："世俗所谓茶匙、汤匙、调羹……者也。"② 匕首何以又变成小勺？道理在于羹的出现，舀羹的需求使匕演变成"羹匙"，即小勺。作为主食的粟粒，起先带着糠秕，蒸出的饭干涩难咽，必须用半流质的羹来下饭，形成"饭羹（进化为菜）分野"的模式，是为中餐的本质特色。汉代及以前，饭、羹永远相伴。用于舀取流体的勺接近半球形，而拨饭的匕是平的，两者在形状和功用上都有根本不同。而同名为匕，加上切割的功用，实际上有三物同源的历史。这种反常情状，透露出中餐的演进与箸文化的发展同步的重大线索。从肉食向粒食的过

①　河北省文物管理处：《河北武安磁山遗址》，《考古学报》，1981年，第3期。
②　（清）朱骏声：《说文通训定声》，中华书局，1984年，第443页。

渡中，当有一个阶段存在着三种取食功能可用同一食具来完成的客观现实。

我们祖先也经历过用手抓饭的阶段，而且比箸发明之后还必须用手抓，《礼记·曲礼》开篇的"食礼"部分就规定，吃米饭时不许用筷子（"饭黍毋以箸"），这反映出群体饥饿的文化背景，类似规定还有共餐时不得吃饱（"共饭不饱"）、不许把米饭聚成一团来抓取（"毋抟饭"），唐代孔颖达解释说："取饭作团，则易多得，是欲争饱。"①

探究箸的由来，有一关键事实："它的出现要晚于餐匙。"② 于是就有一大疑问：古老的骨匕已经兼能用来分割熟肉、拨食粟饭，后来更演变出舀食羹汤的匙，取食的用具已很完备，何必再发明筷子呢？筷子的结构极其简陋而功能极其灵活，巨大的反差决定了它的发明和推行是难度极大的（长期训练才会使用）。这种器具在远古的出现，简直是匪夷所思的奇迹。所以就箸的由来问题提出解释，是中国饮食史和文化史研究中的重大挑战。西方谚语说"需要是发明之母"，这个道理世人公认。那么箸的发明有什么特殊的需要？难题的答案只有从羹的吃法中寻求。

羹的本义是煮熟的肉，后来肉料匮乏，只得用野菜填充。随着肉料变得日渐稀罕，它反而转化成为菜羹的调料。为使肉的调味功用充分发挥，需要将其先行细切，《礼记·内则》说肉要"薄切之，必绝其理（切断纤维）"，这当是中餐刀工发达的缘由之一。

笔者是从探究中国尊老文化转而对饮食史发生兴趣的，也许因为视角特殊，故能提出新说。尊老文化以老人为群体凝聚的核心，礼仪要求用美食"养老"以保证其"寿康"③，因而强调让平民中的老人也尽量获得"肉食者"（贵族代称）的营养。古代老人饮食特权

① （清）阮元：《十三经注疏》，中华书局，1994年，1242页。
② 刘云主编：《中国箸文化大观》，科学出版社，1996年，第40页。
③ 高成鸢：《中华尊老文化探究》，中国社会科学出版社，1999年，第104—110页。

的史实，现已被完全遗忘，典籍中有惊人记载，这里只从《孟子》中举其两点：据《尽心》篇，"七十非肉不饱"；据《梁惠王》，平民的"八口之家"中，老人的"食肉"竟比孩子的"无饥"更重要。

据《礼记·内则》："羹食，自诸侯以下至于庶人无等。"贫民之家没有肉食专供老人，有菜的羹才用筷子，其具体用处并非从肉羹中择取蔬菜，而是相反，从菜羹中择取小块的肉，专供家中的老人食用，因为这是当时通行之礼俗的绝对需要。

羹中只有少量的肉块，那当然要择出来给老人享用，这就决定了进餐时需要有夹取小块食物的用具。这是任何其他民族饮食生活中不存在的需要，所以只有古华人发明了筷子。

关于箸的由来假说，以上只是间接的推论，更要从典籍中找到直接的记述。研究者翻遍古代文献，关于箸的使用只有一句话，就是《礼记·曲礼》说的"羹之有菜者用梜，其无菜者不用梜"。据郑玄注，梜就是箸。至于何以只吃有菜的羹才许用筷子，历代的注释都没人讲得合乎情理。从文字学来看，"梜"是从动词"挟"衍生的，显然"梜"曾是筷子的前身，箸发明后，有的方言中沿用这个俗称。从人类学来看，夹取较小物品可用树木枝杈截取的夹子，天然有弹性，便于开合。据《礼记·曲礼》郑玄注："今人或谓箸为'梜提'。""箸"又叫"提"，印证了它的功用是从食物中一块块地提取选定的目标。《礼记·曲礼》那句话只跟羹的"有菜"或"无菜"相关，而缺少用或不用的具体理由。对此，唐代孔颖达有较为具体的解释："铏鼎（烹羹的炊具）中有菜交横，非梜不可。无菜者，大羹湆也（按，'湆'即肉汁），直啜之而已。"[①]"无菜"之羹不用箸的理由已交代清楚，就是可以直接啜食，至于非纯肉汁的羹，孔颖达解释说因为有菜"交横"所以用梜，却无法理解。

上面说过，中餐烹饪特点是材料的预先细切，以求充分调和。"有菜交横"如果理解为整棵的菜，那是西餐烹饪的做法，被林语堂

251

---

① （清）阮元：《十三经注疏》，中华书局，1994年，第243页。

看成是洋人"不懂调和"的表现①，因此，"羹之有菜者用梜"这句原文，只有一种理解可以完全讲通，即夹（梜）的目标物不是羹中的菜梗，而是其中的小肉块——用梜把肉择取出来给老人吃。

中国古代典籍因刻写繁难，词语都极端简练，容易引发聚讼纷纭。关于箸的使用，原文只是说羹中有菜者用梜，道理不详。据现代诠释学原理，完全应斟酌事理，对细节加以补充，后人注释之"提"的动作对本文的新说是有力的支持。孔颖达之说比较含混，他的疏解也会出错，例如"饭黍毋以箸"的本意是用手抓，他却武断地说"（要）用匕"，权威的《礼记集解》已做出纠正："孔疏谓'饭黍当用匕，非是'。"②

箸与刀工、火候、热食等中餐细节的相关

网上流传的一篇谈论筷子的文章，认为筷子比刀叉落后，说："从真正人类学发展的科学角度来看，筷子是一种极端原始的、天然的工具。多数人种在刚开始学会使用工具时，都懂得用几根树枝来取代手夹起食物。"文章还认为因此中国人"思维能力不发达，未能产生工业革命"③。此说的错误显然在于孤立地看待筷子，未能把它跟中餐的复杂性联系起来，透露了作者对中国饮食文化的无知。

中餐和西餐有种种重大差异：中餐以粮食为主，西餐以肉食为主；中餐讲究味道，西餐重视营养，等等。外在来看，最直观的是中餐用筷子取食，而西餐用刀叉。筷子、刀叉分别与中餐、西餐的本质差别紧密相关。用筷子取西餐有很大困难：盘子里的肉块太大，无法分割；同样，用叉吃饺子，也会很觉不便。稍作思考就会想到，

---

① 林语堂：《谈中国人的吃》，转引自聿君编：《学人谈吃》，中国商业出版社，1989年，第15页。

② （清）孙希旦：《礼记集解》，中华书局，1989年，第58页。

③ 《中西饮食文明差异》http://ishare.iask.sina.com.cn/f/iDxUkAWmfu.html。

筷子的出现绝非偶然，而是跟中餐长期演化出来的诸多细节互相配合而来的。

从时空分析的角度来考察。空间方面，筷子使用的前提是制备完成、可供取食的中餐菜肴已被赋形，体积细小。肉食在烹饪前需做预处理，切割成易于入口的尺寸，略小于口腔张开时的直径。长形的蔬菜茎叶，也切成厨师所谓的"寸段"。这种工序逐渐带来了中餐厨艺特有的刀口，三国时期就有"蝉翼之割"（曹植：《七启》），发展到现代高厨有百余种刀工。时间方面，形成了中餐特别讲究的火候，从先秦《本味》篇中的"时疾时徐"，到现代的文火、武火，以及结合多方面条件发展而来的爆、炒、熬、焖等火字旁的几十种加热致熟技法。

中餐的刀口、火候两大要素之间固有密不可分的相关性。没有细切，则小火必不熟；既已细切，则大火必过烂。没有刀口、火候的技艺，则中餐最独特的炒法根本无法形成。

这可以作为中餐诸细节相关性的典型。筷子的使用，同样是中餐总体相关性的必然要求和体现。中餐菜肴碎块的尺寸不大不小，恰好是筷子可以灵活夹取的，正如它便于进嘴，恰好作为"一口"来咀嚼、下咽一样。

筷子与粒食的关联显而易见：细碎的粒食，天然排除了用刀切割、用叉刺取的必要和可能。粒食需要"下饭"，菜肴用料的细切，是筷子出现的直接缘由。菜肴形体细碎化的必然性，在于受粒食形体的"同化"，或者说，在于与粒食配套的需要。袁枚曾论述菜料的搭配原理："清者配清、浓者配浓、柔者配柔、刚者配刚"（《随园食单·搭配须知》）。举一反三，这一原理当然也应体现于菜肴与米饭在细碎形体上的搭配。例如同书中有"炒肉丝"，肉料因与细长的韭菜搭配，也要切成细条状。肉料只有切成片或丝才便于夹取"一口"，好与一口米饭交替进嘴。饭菜交替是中国人独有的进餐模式。

研究箸文化，当然会涉及与其同时使用的食具。人所共知的是匕，古书里总是"匕箸"并提。匕后来演变成汤匙，那是与西餐相

253

同的。与箸形影不离的碗为中餐特有，这一点往往被忽视。"饭碗"甚至成为中国人生存的象征，碗在中餐中的重要性自不待言。碗在西餐里极少应用，英语中的碗 bowl 兼表半球形物体，不仅是食具；与"碗柜"对应的英语单词 cupboard 本是"杯柜"之意。西餐中更重要的是盘子、碟子（从英语来看，碟子 dish 甚至常作"菜肴"的代称）。有中国研究者还从食具与饮食文化相关性的角度，提出用"盘文化"来象征西方文化。

分析起来，盘子和碗在功用上是有本质区别的。置于餐桌上的盘子离嘴较远，而饭碗则是用手拿着直接凑到嘴上。碗与其说是用来盛饭的，更重要的是用来取食的。俗话说"吃几碗干饭"，碗应当和筷子、羹匙同属取食（羹）的工具。最早的时候吃饭不需要碗。《礼记》规定，米饭不用筷子而用手抓，没有提到碗。但从限制大口喝汤（"毋流歠"）的食礼来看，已有吃羹的碗（《说文解字》有"盌"，与"碗"同音，解释是"饮器也"）。后来盌也用于盛饭，较大量的饭在锅中，用小而灵便的碗取出一小部分，一手拿碗，一手用匕或箸辅助，一口口拨进嘴里。推想唐代已普遍如此，反映在孔颖达的对《礼记》的疏释中，他把"饭黍毋以箸"理解为用匕拨食而不是用手抓（"饭黍无用箸，当用匕。"中国台湾学者王梦鸥注意及此，说"许慎解'箸'为饭欹，孔颖达说是饭匕"[①]）。这样饭碗和箸就成为搭档。"碗"字出现很迟，宋代《集韵》才收录。这都需要深入的专门研究，以弄清中餐食制的演化。此处不过作为相关性研究的例证，显示箸能引出新课题。

从碗的功用又会引出中餐的热食问题。古代食礼规定吃黍米饭不得用箸代手，以免不等饭凉就抢食，已涉及筷子和热食的关系。中国人自古喜爱热食。成语"惩羹吹齑"（出自屈原《九章》），表明烫嘴的羹汤要边吹边喝。袁枚曾强调"起锅滚热之菜"，要"登时食尽"，否则"味之恶劣可知矣"（《随园食单·戒单》）。热食简直成了

---

① 王梦鸥：《礼记今注今译》，台湾商务印书馆，1978 年，第 23 页。

美味的必要条件。然而张起均教授在《烹饪原理》一书中却说，"从来没听说洋人吃西餐要趁热"，"他们天性爱吃凉的"[①]。有个成语"火中取栗"，笔者研究箸文化之初曾怀疑其并非中国典故，怕烫手为什么不用火箸？一查《成语词典》，果然出处是法国拉·封丹的寓言。洋人纵是双手同执枝条也难以夹取栗子。

有了筷子，中国人取食烫嘴的食物就有了可能性，筷子打开了新的幽径，值得循向探索——中国人热食的必要性何在？可以找到两方面的缘由。

一是讲求"味道"，热量使分子活跃，能强化菜肴的香气。羹的美味来自向匮乏的肉料里填充蔬菜而引起的"调和"（化合）。古书说筷子的使用唯独跟有菜的羹相关，可见箸文化与中餐味道的研究相关。中餐同一菜肴用料多样，筷子还具有指示、挑拣的功用，所以对于味道的仔细品鉴也是不可缺少的。

从箸到"筷"：筷子对现代汉语的深远影响

饮食对于人是无比重要的行为，筷子是百姓日用不离的东西，它会反过来对整个文化产生影响。箸的使用已涉及作为文化深层的哲学思想，当然更会影响到思想赖以活动和交流的语言。

语言学告诉我们，语言是随着社会生活的发展而不断变化的，其变化按深刻程度分为三个层次：语音、词汇、语法。箸的使用对汉语的影响，在这三个层次上都有突破的表现。

语音方面。只需考察"箸"字的读音变化，《说文解字》明确说"者声"，即此字下部的"者"字是表音的。箸、者二字古代同音，今天其韵母已有很大不同。但语言学家认为这种变化完全是有规律可循的。"箸"与"者"的发音不同，大约发生在南北朝时期，那时编纂的字书《玉篇》中首次收入跟"箸"同音同义的新字"筯"，

---

① 张起均：《烹饪原理》，中国商业出版社，1985年，第119页。

《辞源》中此字的例句也采用南北朝的《世说新语》。按古代语音，很多今天韵母为〔ù〕的字要读成韵母〔ù〕（京剧中仍然如此），但"箸"字的古音及后世的变音都跟"者"字不同，按王力先生《汉语语音史》的体系，虽同属"鱼"韵部，但"箸"的韵为"遇"，而"者"的韵为"假"。在箸、者的发音变为不同后，民间就造出一个用"助"表音的俗字代替用"者"表音的原字。可以论证，这种语音的改变是跟饮食的变化相配合的。南北朝时期，由于北方异质文化的融入，中国饮食史进入新阶段，其标志是《齐民要术》的问世。

词汇方面。从唐代到元代的很长时期，一般书籍中，"箸"的名称都通行为"筯"，这只是语音层次上的变化。到了明代，箸的名称发生了词汇变化。人所共知，《菽园杂记》记载，江苏一带船民因为"箸"与忌讳的"住"同音，故意改称为反义的"快"①，后来文字也加了竹头，筷子的新名称因而流行。一地的方言竟能在全国普及得这样彻底，令人诧异。筷子的流行可能顺应了汉语词汇双音节化的潮流，但这一食具名称上的快速统一，更反映了饮食文化对于整个中华文化日益重要的意义。无论如何，筷子与箸的语音进一步拉开了距离。

在此过程中，值得注意的是近古时期汉语的重大变化，尤其是"这"和"着"的出现及高频率的使用。"这"是指示代词，还属于词汇现象，"着"则深入到语法范畴了。先说词汇的"这"，中古时期的《玉篇》中始见此字时，意为迎接，跟后来的字义毫无关系。迟至宋代的《增韵》才解释说："这，此也。凡称此个为者个，俗多改为这。"就是说，当近古的汉语中出现指示代词"这个"时，正规的写法本来是"者个"，后来才用同音的白字"遮""这"代替"者"，到了唐末，"这个"才开始流行。

双音节词"者个"中的者，其实早有来历，而且是"者"字不为人知的本义：《说文解字》对"者"字的解释是"别事词也"，即

---

① （明）陆容：《菽园杂记》，中华书局，1985年，第8页。

对事物加以区别之词，用今天的话说就是指示代词。"箸"字中的"者"是表音的，但古汉字由简到繁的发展中有个规律，即字的表义偏旁都是后加的，而大量表音部分有更为本原的表义作用，例如径、茎、经都关乎一段直线，伦、纶、论都关乎某种条理，这种规律现象被沈括称为"右文"。"箸"字即是如此。箸起源于对细碎食物的有选择地夹取。选择的重点对象是肉片，分散在更多的菜蔬中，因此夹取的动作首先是指示的动作。汉语把手的第二指称为食指，英语称 index finger，意为指示用的手指。我们说箸是手指的延长，应当说尤其是食指的延长。

循着分析"箸"字的思路，再深入一步，你会惊奇地发现："指"字本身的解释是"从手，旨声"，而"旨"字的解释正是"美也。从甘，匕声"。甘、美二字的古义都首先指美味食物，尤指肉肴（肉旁加"旨"即为"脂"，常与"膏"连用，而"膏粱"又为美食代称）。"旨"字中的"匕"更发人深思：转了一圈又回到了"匕箸"，汉语的手"指"反而可能从指点肉食而来。当先人用箸这种"食指的延长"指向菜羹中的肉片时，同时会说"者（这）"。"者"的语音总是跟用以夹肉的竹签联系在一起，"者"声的"箸"便自然成为那种夹具的名称了。汉字是反映高深文化的，语言则更容易由百姓在日常生活中加以发展。隋唐以后出现了很多口头俗语，包括指示代词"者个"，由于语音发生歧变，"箸"与"者"已不再同音，所以"这个"代替了"者个"而大为流行。"箸"的古义则已令人感到隔膜。

语法方面。语言学告诉我们，语法是语言的最深层次，是稳定的不易改变的。但箸文化却对汉语语法发展带来重大影响。这里指的是"着"的由来。

语言学家高名凯先生在论述现代汉语中表示完成体的"了"和表示继续体的"着"时指出，"着"是"从表示附着的'着'演变来

257

的"①。"着"字跟"了"字一样属于语法符号，在现代汉语中使用频率极高，据《汉语大字典》，它有四种读音，释义及用法多达三十项，"附着"并非"着"的第一义项。出人意料的是，这个字直到近代的《辞源》中还没有收录。尽管唐代李白的诗句"更着老莱衣"中就用"着"字表示穿着，但那是"著"的别字，着字的前身"著"已经是个大白字，是"箸"字的俗写，所以《辞源》收"著"而不收"着"也就不奇怪了。唐代的《广韵》说"箸，同著"；宋代的《集韵》说"著，明也，或从草（作著）"。"著"字的读音更多达六种，包括以入声为韵母（带有辅音韵尾-k，后世变为-ao），更有读轻声的 zhe，是纯粹的语法成分；"著"字的释义也多达四十项，为汉字之最。

统观箸、著、着这三个字，共同的特点是含义繁多，这也表明它们是同源的。从繁多的意义中可以明显看出由本义逐渐派生、转化的关系脉络。著、着二字已跟筷子没有联系，因为"着"字是跟"助"字同时出现的，后者只有筷子一义。在著、着两字的几十种含义中，什么是其本义呢？最基本的两项，应该是《集韵》所说的"著，明也"，及《汉语大词典》对"着"的富有概括力的解说："使接触别的事物或附着在别的事物上"（"着"的义项之一），由此引申出另一义项"中"（读去声，动词，意为命中）。在什么动作中同时实现命中、接触和附着呢？只有用筷子夹取菜肴，特别是拣取菜蔬中的肉了。在命中之前首先要有发现（明也）和指示，这已是箸的功用，由此建立了"箸"与"者"（这）的同一性，反映在语言中终于引起语法的重大发展。

箸的研究，从事物到名称、从技法到语文，都可以跟"炒"相比。梁实秋先生说"炒"是唯中国才有的烹饪技法②，"炒"字从宋代才由原先的"吵"（像水火交战的冲天杀声）字俗化派生而来，像

---

① 高名凯：《汉语语法论》，商务印书馆，1986 年，第 54 页。

② 梁实秋：《雅舍谈吃》，百花文艺出版社，2006 年，第 20 页。

"着"一样，迟至《康熙字典》还未收录。炒、箸都是中华饮食文化的代表，不同的是，炒法从未像很多中国发明那样失传或停滞，以上古"下饭"的羹到当代的"炒奶"，不断发展，而箸则历千古而不变。

炒法与用箸之间的必然联系（烹饪材料的碎切），似乎尚未得到充分注意。中华饮食文化的种种现象是个整体，都有内在联系。特殊的饮食是特殊的中华文化的本原，前述《礼记·礼运》的这一判断是可以肯定的。箸对中华文化影响之深广令人惊异，但很多方面仍未涉及，例如通过箸的使用使得手指的灵活性得到锻炼，跟中国人聪明出众的头脑之间的关系（手脑相关）。

有的学者拿筷子跟汉字并提，而有"箸文化圈"的提法，这并无不可。当代两者都在向圈外的广大世界扩展，而筷子的普及更容易，更有必要性做诱因。即使吃烤肉离不开刀，但叉子却可以用筷子取代。在法国，国王从1418年开始用叉子代替手指，普通人则迟至18世纪才开始这样做。学会用筷子肯定可以提高人的能力，例如"火中取栗"，对惯于使用筷子的中国人来说不过举手之劳，而对惯于使用刀、叉的西方人说来，纵使双管齐下，仍然无济于事。

21世纪，东方文化和西方文化的关系，也许像两根筷子，或者说，像一双筷子。

说明：

本文由两篇旧作合成，两文分别题为《箸的粒食文化背景及其超饮食的文化意义》《筷子与中餐饮食诸多细节的相关性》，系为应聘中国箸文化博物馆研究员而作，收入作者文集《饮食之道——中华饮食文化的理路思考》（山东画报出版社，2006年）书中。

对联是中华格律文学的最高形式

大书法家、诗人吴玉如先生常说："不能文则不能诗；不能诗则不能联。"

这也正是大学者陈寅恪先生的观点。他曾力主以"对对子"作为最高学府中文系的入学试题。他发表在当年《青鹤》杂志上与人论辩的长信，令人信服地论述了那一破格举措的充分理由。

与诗并列的"联"即对联，今天的正式名称似乎是"楹联"，但"楹"限于它的物质形式，所以并不确切。

对联实际上是一种综合艺术，仅从外在形式来看，它是建筑的装点，也是书法艺术的重要载体。像京剧、烹饪、太极拳等很多中国文明成果一样，对联经历了漫长的孕育发展，到清末民初才达到顶峰。

对联是中国独有的文学形式。日本的古建筑多仿中国，但没有一处楼台殿阁装点着对联，因为日本文化引自中国的唐代，那时对联的文体还没出现。

对联的内涵有文学和民俗两个方面。

民俗方面：它起源于岁时活动，现在最早的实物是唐代的"宜春贴"，倒是保存在日本的皇家宝库"正仓院"中，为单张方形，上有"令节佳辰、福庆维新"等全无对仗的四行吉祥字句。这种形式可通过《论衡》等古书追溯到上古神话：从辟邪的"桃（木）板"

演变为立春日张贴的纸质"桃符"。文学与民俗结合的对联，一般认为最早是出现于五代后蜀宫中的"新春纳余庆，佳节号长春"。后来经朱元璋的大力推行，成为主要的时令对联——春联。

文学方面：对联的本质，像诗、词一样具有格律、对仗两大基因。当然诗词的格律还包括押韵，但从诗到词，随着形式的活泼，韵脚的要求已趋弱化。再参考西方诗律的发展：先前其严格并不差于中国，近代变为自由体，连韵脚一并放弃，但无一人否认确立了这种体裁的惠特曼（W. Whitman，1819—1892）是大诗人。对联单单放弃了韵脚，而格律仍很严格，所以像诗、词一样当属格律文学的范畴。

对联最突出的特点是两句对仗，包括声音上的平仄和意义上的排偶两方面。西方诗歌中也有对偶的形式，英文称为 couplet，意为"一对"，英文就用此词翻译汉语的"对联"。18 世纪英国还有一位诗人波普（A. pope）以专长两行的 couplet 体诗而闻名，然而那"音步"跟中国对仗仍有本质的不同。Couplet 两句的节律抑扬完全一致，而中国式的对仗要求必须同时具有相反、对照的性质。各举一例：

As yet a child, nor yet a fool to fame,
a X / a X / a X / a X / a X /
I lisped in number for the numbers came.
a X / a X / a X / a X / a X /

白 发 悲 花 落 ，
丨 丨 丨 — — 丨
青 云 羡 鸟 飞 。
— — 丨 丨 —

261

从对联来看，音律可宽可严，但绝对禁忌的是两句的最后一字同为平声或同为仄声。西汉时有君臣对诗的所谓"柏梁体"，每人一句都是平声韵，此体没有流传，因为它不符合处处体现"阴阳对立"的中华文化特性。中国人对立观念根深蒂固，甚至表现为简单成语中的重复，例如"欢天喜地""胆战心惊"，这在外语翻译中必须舍弃一半，否则毫无意义。需要注意的是，这类四字成语在声音上也都是两平两仄，至少是第二、四字的平仄相对。所以，它们实际是最早的、最简单的对联。

从表达复杂意思的诗文语句来看，早在诗经中就有对偶句，例如"谁谓尔无羊，三百为群……谁谓尔无牛，九十其犉"（《小雅·无羊》）。经过楚辞、汉赋等文体的发展，六朝以后，"四六"格式的骈体文已实现了完备的对仗形式，例如《滕王阁序》的名句：

　　杨意不逢，抚凌云而自惜；
　　钟期既遇，奏流水以何惭。

上下句从音、意两方面都处处对应，已是典型的对联了。

对联与古代对偶句不同，首先是语言要求完全像诗一样高度凝练，只限两句而包括丰富的思想感情。从内容看，上引《滕王阁序》两句内涵单薄，请比较下引北宋人楼钥特别撰写的一副厅堂联（为记载中著名的早期对联）：

　　门前莫约频来客，
　　座上同观未见书。

是否如同一篇更精练的《陋室铭》？

这是简短的七言对联。这类对联跟七言律诗有很大的共同性。律诗的格式规定为八句，其中间四句要求是两组对仗句，实际是两副对联，所以分别称为"颔联""颈联"。但对联的格律突破了诗律的限制，举一副同样的七言对联，就可以看得很清楚：

春来也鱼龙变化，

时至矣桃李芳菲。

七言律诗的平仄，要求"一三五不论，二四六分明"（一位翻译古诗的教授主张更简明地表述为：以两个字为单位，除句末单字外，概以第二字定平仄，笔者赞赏其说）。上联两句的第四字"鱼""桃"同为平声，这是违背诗律的，但却完全符合对联的格律。又，按诗的句式结构，七个字一般是4+3，但这副对联中却变为3+4。

对联打破了诗的呆板格律，变得活泼，获得了文学表现力新的广阔空间。这绝不是突然发生的，而是对从"诗"到"词"的体裁发展的继承。律诗兴起于唐代，称为"新体诗"，以相对于不大讲求格律的古体。唐代以后，律诗盛极而衰，格律严极而宽。从五代开始，形式活泼的新体兴起，就是后来所称的"宋词"，又名"长短句"。

从外形上看古诗的发展，大致表现为字数的发展。从作为基础的四言（如汉末曹操的《短歌行》："对酒当歌，人生几何"）及古谣谚的三言（如《后汉书·五行志》中的"直如弦，死道边；曲如钩，反封侯"），到晋代陶渊明诗的五言，不大流行的六言（如王褒的"萧萧易水生波，燕赵佳人自多……不惜黄金散尽，只畏白日蹉跎"），到后来萌芽很早的七言最广泛地流行。宋词的长短句，其实可以视为多种字数句型的不同连缀。

长短句的文体，至宋达到极盛。像唐诗让位于宋词一样，又必将有新的文体兴起。对联文体的创新，就是把宋词的长短句与律诗联句的对仗结合了起来。例如李珣《临江仙》两阕的结尾：

"几回偷看寄来书，离情别恨，相隔欲何如？"（之一）

"旧欢无处再寻踪，更堪回顾，屏画九疑峰？"（之二）

从长短句的结构来看，这种7+4+5的连缀，在后来的长联中是常见的。对联要做的只是按律诗对仗的要求，使上下句的词义及平仄两两对应，例如这副春联：

> 六十年甲子重新，闻鸡此夜，桃符迎旭日；
> 九万里坤舆复旧，耀马中原，杨柳引春风。

宋词以后，继起的是元曲。元曲的概念较复杂，包括形式更活泼而口语化的小令，及用以表现情节的套曲，后者实际属于戏剧。宋词的口语化，常跟生活中"对对子"的智力游戏结合，就像汉代的"柏梁体"对诗一样，一件作品的作者不止一人。例如有人出了一个"绝对"，终被对上：

> 冻雨洒窗，东两点、西两点；
> 分瓜切菜，横七刀、竖八刀。

这种挑战、迎战具有的智力测验功能，正是陈寅恪先生将对联用于语文考试的理由所在。另外，这种征对下联作为兴趣盎然的游戏，也大大促进了对联的普及和发展。受其影响，白话对联也很流行，举一副戏台对联为例，更有意义：

> 你也挤，他也挤，此处几无立足地；
> 好且看，歹且看，大家都有散场时。

这类对联故事在明清两代随处可见，反映了对联成为继元代戏剧而兴起的新文艺形式。

通观对联的发生、发展，从各种字数的古体诗，到五、七言新体律诗，再到长短句的宋词、元曲，最后形成集大成的对联，实在是自然的甚至是必然的过程。

清代后期，对联在艺术形式上已臻于完备发达。对联被用于社会生活的一切方面。上至官府衙门，下至市井店铺，各处的厅堂正中都装点着对联，就连棺材铺也不例外：

> 梦且得官原瑞物，
>
> 呼之为财亦佳名。

更重要的是祝寿、吊丧等应酬，都有大量寿联、挽联。当时谚语说"太太死了白了街（读 gai），老爷死了没人理"，"白了街"者，即由上千副挽联造成。名人丧礼过后，多有挽联专集的编刊。例如李叔同为母亲举办的虽是新式丧礼，但同样曾编挽联集。

很多鸿儒大师级的人物都曾从事对联撰作，例如曾国藩就以长于撰联而闻名，他为乳母写的挽联就是一篇名作：

> 一饭尚酬恩，况褓褓提携，只少怀胎十月；
>
> 千金难报德，论人情物理，亦当泣血三年。

然而却有一个怪现象：诗人学者、贤达耆宿的对联作品，不管多么精彩，却从不收入作者的诗文集中。曾国藩有佳作几百副，但在《曾文正公全集》中休想找到一副。这是因为对联作为新文体，尚未得到文学上的正式承认。文体承认的滞后，是中国文学史上的规律。

关于中国文学史的论著已浩如烟海，但极少见到对对联做系统深入的考察，更谈不到给它以文学史上的正式地位——与诗、词、曲并列的重要地位。

"对联运动"（就其对深入社会生活的深度和广度而言，谓之运动毫不过分）超过历史上的任何文学运动。尤其，对联文体是中国文学之众美兼备的代表之一，值得大书特书。然而，自宋代对联开始形成以来，绝少有专门论述，有关史料都散见于笔记类书籍中。只有清人梁章钜（1775—1849）曾撰刊《楹联丛谈》及《二谈》《三谈》，内容也多是作品的辑录。今天可参考的对联书籍品种不少，都是像尺牍范文一样应用性质的对联集，以供缺乏文采的普通人选用应急，这足以表明写对联像写信一样为日常应酬所需要。

为什么重要的文学成果得不到正视？笔者认为缘于社会政治的急剧变动。文学史对一种文学现象的总结，总要开始于相当的时间距离之后。尽管对联文体有较强的民间性，但终如唐诗、宋词一样属于精英文化的结晶。由于西方列强的入侵，近代中国文化先锋卷入救亡斗争，激发了根本检讨传统文化的思潮。对联生不逢时，首当其冲，在五四新文化运动后与古文一起受到文化转型的致命打击，退出了文化主导地位。

作为近千年的社会文化现象，对联仍然在生活习俗中占有重要地位。中华人民共和国成立后，受时代影响，对联从现实生活中逐渐消失。20世纪50年代，从时间距离上讲，应当是开始对联研究的适当时代。但现实中既已消失，加以学术创新的环境不够宽松，对联未及总结就永无出头之日了。

鉴于未见一本全面考察对联的专著，笔者不自量力，于20世纪80年代初期利用图书馆岗位的便利，收集材料写成《对联概论》，虽经鲍昌先生推荐，不想出版社认为有"四旧"之嫌，于是愤而将书稿束之高阁。

对联是中国文化的瑰宝，可叹今天已被国人遗忘。偶有张贴，也多是不知格律为何物的拼凑字数，上下联倒贴更是普遍现象，徒然令人伤感。

对联真的失去了现实意义了吗？可以看看勃兴的旅游事业。中国的旅游以人文景观为特有价值之所在，岳飞墓的这副名联，可说能占景观内涵的一半：

青山有幸埋忠骨，
白铁无辜铸佞臣。

若游人视而不见，能算不虚此行吗？

对联是书法艺术的重要载体，现今只有书法家这个群体较为熟悉对联。书法艺术是新时代得到更多重视的传统文化领域之一，谨以几副与书法相关的对联结束本文：

咏笔一联：

五色艳称江令梦，（才子江淹做过县令，曾梦笔生彩）
一枝春满管城花。（韩愈《毛颖传》戏谓"颖封于管城"）

咏砚二联：

贵妃曾捧过，（贵妃指杨玉环）
学士任磨穿。（学士指李白）

以纯为体，以静为用；
如玉之坚，如砥之平。

说明：

本文据作者早年书稿《对联概论》而作，载于馆刊《天津文史》2002 年第 1 期。

第二辑　杰出人物生平烛幽

被遗忘的大教育家黄钰生（子坚）

——我的恩人黄馆长

黄钰生（1898—1990），湖北沔阳人，字子坚，中国现代大教育家，具有历史意义的文化名人。此言并非虚妄，可以从一个文献细节得到印证：1936年出版的工具书《古今人物室名别号索引》收录了他[①]，却不见闻一多、郑天挺之名。出于特殊的缘由，20世纪50年代以后，他突然变得阒然无闻。世纪之交以来，随着"西南联大研究"在海内外"逐渐成为一门'显学'"[②]，网上检索"黄子坚、西南联大"，反馈条目上千，在无数回忆研究文章中，与黄钰生并列的都是现代文化史上广受尊崇的大家名流。

在三校合并组成的西南联大中，北大、清华两校校长蒋梦麟、梅贻琦都在昆明，而南开的张伯苓校长却常驻重庆，忙于国民参政会副议长的政务。真正在昆明代表南开校长的是黄钰生，所以他是西南联大的主要元老之一。他自1927年起就担任总揽校务的秘书长一职，直至1952年被调任天津图书馆馆长，离开教育界。

269

---

① 陈德芸：《古今人物室名别号索引》，上海书店，1984年。
② 丰捷、伊继东等：《西南联大与现代中国研究》，人民出版社，2008年，第4页。

重大担当·身世注定

黄钰生于1898年生于湖北省沔阳县（今仙桃市），1911年来到"新政"中心的天津，在舅父卢木斋的教育下长大。卢木斋（1856—1948），名靖，堪称"国士无双"的人物：很早开始自学西学的理工课程，二十多岁以几何学应试乡举，经热心新政的湖北巡抚特别奏准，成为中国第一位靠西学取得举人"学位"之人，早于京师大学堂1907年的首批毕业生12年。笔者曾听黄先生说，其舅父的学位论文《火器真诠》是讲枪炮射程与瞄准的，因此被李鸿章聘为新设天津武备学堂的总教习。当时严复已在天津水师学堂任总同职，两人一海一陆，都志在强兵救国。段祺瑞、冯国璋都是卢的学生。卢还精通国学，是藏书家。由严复所译、颠覆了中国近代思想的《天演论》，最早的版本就是由卢家出资刊刻的。

除了舅父的影响，黄钰生的人生道路可以说是由"南开校父"严修（1860—1929）及张伯苓决定的。严修曾任学部侍郎，在袁世凯的主导下大力推进新学教育，其时卢木斋正在直隶提学使（主管一省学务）任上，跟严修密切配合，高效推进新式教育。后来政局变化，1908年严修毅然辞去官职，寓居津门，倾家创办民立大学。卢木斋与好友共进退，其实他也曾想创办"木斋大学"，见到更具实力的严修率先兴办大学便协力资助，自己退而致力第二志愿，即普及图书馆事业，并立即捐助大量资金和藏书，为南开大学建立了规模可观的"木斋图书馆"①。另外，张伯苓在威海卫目睹"两日三易帜（日、中、英）"，视为国家奇耻，愤而退出海军，发誓"教育救国"。恰逢严修物色人才，1904年两人赴日本考察教育，后来张伯苓成为创办南开大学的骨干。西学出身的卢木斋认为必须培养精通西学的接班人，严、张共同瞩望于年轻的黄钰生，于是他就命定地成

① 王淑贵：《教人长忆木斋翁》，《人物》，2000年，第6期。

为不二人选。1915 年，黄钰生从天津南开学校毕业，以第一名的成绩考入清华学校留美预备班。1919 年，即南开大学成立的第二年，他官费赴美留学。有人说黄的留学实为严修、张伯苓对自家子弟的"定向培养"①。1923 年，黄钰生获得芝加哥大学教育心理学硕士学位，在等待博士答辩时提前回国，据说因为国内费用不继，但极可能是因为张伯苓急需助手。1925 年黄钰生回到南开大学，先是担任哲学教授，1927 年他担任了总揽校务的南开大学部主任，时年 29 岁，不久改称"秘书长"。

由此可见，黄钰生的家世天然就与中国第一家私立大学紧密关联在一起，倾注全部心力于南开大学是他的宿命。正因如此，他的专业恒心确立极早，知识积累定向最准，教育理念个性最强，张伯苓始终予以全力支持。写于 1930 年的《大学教育和南大的意义》，显示了黄钰生的高远抱负。文章说：大学是干什么的？简言之，一是"润身"，二是"淑世"（可以理解为与启蒙、救亡相应）。鉴于当时的复杂形势，黄也清醒地说"南大将淑世放在润身之先"，即如今日的研究者所说，"启蒙与救亡"是近代中国教育家的两难宿命。②文章接着说，此外种种"外铄"的个人功利动机"是青年所不齿的"。他深刻地阐明，宇宙与原子构造的"万空一实"等"可怕的、可哭的"真理，使人忘掉一切"峭屑鄙俗"，"这种恬润的生活就是大学教育的意义"。他说，中世纪的巴黎大学是被文艺复兴的求知欲所激动的 Masters（教授、大师）和学生们的天堂，市民要看他们的脸色。中国古代书院中师生朝夕相从，互相论难，同样是"令人神往的境界"。但他清醒地指出，"在承平的国家，大学教育以润身为先，而在我们这纷乱的国家，就须以淑世为先了"。他说严、张办学，就因为屈辱于日英而"不服这口气"，南开的特点就是"不服气精神"，就是用"人格和学问去'争气'"，"南大不信中国人根本不

271

---

① 张晓唯：《黄钰生细说"南开掌故"》，《书屋》，2009 年，第 4 期。
② 李泽厚：《启蒙与救亡的双重变奏》，《走向未来》，1986 年创刊号。

行，不信在中国社会做事必须要圆滑敷衍，不信喊口号、讲主义可以制服军阀打倒列强……怕难的不必来，好奉承的不必来，服了这口气的不必来!"① 这是真正教育家的语言。

中国近代百年中，纯粹的教育家，即连学术研究都不暇旁骛者，恐怕为数很少。大教育家蔡元培也曾攻读哲学等学科，有伦理学专著。黄钰生兴趣广泛，才能多面，但因为身上一直压着全面管理大学的沉重负担，为了不负严、张及舅父教育救国的热望，为了把南开打造成"中国大学之母"(梁启超曾这样为南开大学定位，认为一个国家的高等教育水平应当由民立大学体现②)，个人只好甘心承受这种牺牲。所以有理由说，黄钰生堪称中国教育家的正宗标本。

民立大学压力重 · 战乱年代历险多

南开大学作为中国第一家民立大学，面临的困难可以想象：巨额的经费要依靠社会赞助。1929 年，黄先生担任秘书长时，经费的重要来源是张伯苓校长以人格魅力到处化缘，为此他必须广泛参与各种社会团体活动。南开大学的机构是独特的，没有教务长、总务长，校务由秘书长统揽，这种设置的缘由，显然在于让校长摆脱繁多的日常事务，而交由最信任、最能干的代理者处理。为了化缘，张校长经常离开天津。有个著名的事例：他在沈阳青年会的一席演讲，使张学良浪子回头，毅然通过"易帜"促进了国家的统一。③

说黄钰生先生确实起到代理校长的作用，有个典型事件最能证明。1929 年，南开大学突发"教师危机"，著名教授蒋廷黻、李继

---

① 申泮文主编：《黄钰生同志纪念集》，南开大学出版社，1991 年，第 49—57 页。

② 高成鸢：《要把南开办成"中国大学之母"的黄钰生》，《中华读书报》，2004 年 4 月 12 日。

③ 吴大任：《张学良与张伯苓及南开大学》，南开大学校史网，2013 年 10 月 20 日。

侗、萧公权等五人，因为清华高薪聘请等原因纷纷辞职。此时张校长正在美国募捐，黄钰生"无所秉承又不熟悉章程"，事后自己愿承担起细节上处置不当的全责，但张校长没有免去他的大学部主任职务，反而从此改为秘书长。[①]

九一八事变后，天津形势险恶，黄钰生受到严重考验。日本浪人策划便衣队暴动，枪炮就架设在南开校园周边，形势危急。黄准确把握局势，安排学生暂避一时。学生回忆说，他"胸有成竹，指挥若定"。后来日寇竟肆无忌惮地整天在南开校园中操练。七七事变后，日军得知南开大学是天津反日活动的基地之一，便疯狂轰炸校舍。黄先生置生死于度外，奋力指挥疏散师生，大量转移实验仪器、图书以及其他物资。一切处置停当后，他才乘小舟依依不舍地告别熊熊火光中的校园。辗转半个月后，他在南京面见张伯苓，交上学校的一大串钥匙，以示不辱使命。张校长感动至极，含泪道声"子坚辛苦了"。

不久，胡适建议的三所大学合并转移得到实现。北大上承汉代的皇家太学辟雍；清华前身是美国人用庚子赔款创办的留美预备学校，都是声名显赫的最高学府，一个代表古老传统，一个代表现代精神。梁启超说过："我们要希望大学能办得欧美那样好……如是南开大学不独为中国未来私立大学之母，亦将为中国全国大学之母。"[②]成立最晚的民立南开大学，十多年后竟能跻身最高学府之列，为此，张校长和黄钰生等同仁凝聚了无数心血。1938年2月，长沙临时大学向昆明转移，300余名男生组成"旅行团"，实现了徒步穿越湘、黔、滇三省到达昆明的壮举。黄先生任远征团教师辅导委员会的主席，也就是团长，成员有闻一多、李继侗、曾昭抡等教授。申泮文院士记述："旅行团的全部总务事宜，举凡路线选定、前站、宿营、伙食等杂务都担在黄钰生一人肩上。他把全团旅行经费数万元巨款

① 申泮文主编：《黄钰生同志纪念集》，南开大学出版社，1991年，第154页。
② 林放：《梁启超在南开》，转引自校史研究室编《最忆是南开》，南开大学出版社，2004年。

缠在腰间，自嘲'腰缠万贯'。"①

　　黄先生率团途经穷乡山路，遭逢险阻要他排除，学生累病要他安抚，漫漫三千里，跋山涉水、餐风饮露。他年龄最长地位最尊，晨起最早夜眠最晚，重任在身艰苦备尝，跋山涉水六十多天，安全抵达昆明。假如他没有留学时在美国当过棒球冠军的健壮身体，换了别人，很难禁得起如此沉重的磨炼。当时全国报纸都瞩目于这一壮举，黄钰生也名闻四海。

领导成员、南开代表　独建师院、理念超高

　　西南联大的领导机构是三校长组成的常委，但抗战期间张伯苓校长常驻重庆，担任国民参政会第一副议长（周恩来等都是参政员），因为会务繁忙，张伯苓还把自己赏识的吴家礵（即周恩来同班好友吴玉如）调进由王世杰等组成的秘书班子。他很少去昆明过问联大的校务，固然因为从政，更由于早已习惯于黄钰生的总管。三常委中代表南开的实际是黄钰生。九年中，黄经常与蒋梦麟、梅贻琦两校长平列。北大、清华固有的强势是南开远远不能相比的，主导权当然在蒋、梅，年轻力壮的黄子坚凭着实干、人格及出众的协调能力给南开争分。联大的校务都由教授组成的临时委员会来办理，黄钰生任委员的就有二三十个，其中半数都由他担任主席或召集人②，例如以他为首的校舍委员会中就有冯友兰、吴有训等。在不同的场合，潘光旦、郑天挺、贺麟、雷海宗等名教授都曾跟他同时担任委员。后期闻一多牺牲后，由黄钰生任丧葬抚恤委员会主席，他撰写的长挽联是：

　　　　茫茫人海，同乡同学同事，同步行三千里，回首当年伤

---

①　申泮文：《南开大学元老黄钰生教授》，《炎黄春秋》，1998年，第3期。
②　王云：《黄钰生院长在西南联大》，转引自申泮文主编：《黄钰生同志纪念集》，南开大学出版社，第21—28页。

永诀；

　　莽莽神州，论学论品论文，论豪气十万丈，横视古今有几人。

　　蒋梦麟也常逗留重庆，校务则由梅贻琦常委独当，遇梅短时离校，即由黄钰生代行其职务。后来常委决定请郑天挺先生出任联大总务长，但耽于史学研究的郑先生曾坚辞不就。近年发表的郑氏日记说："梅多次找我，我尽力躲避。校方领导黄子坚、冯友兰……诸人也来劝驾。"[①] 这证实了黄钰生确有"校领导"的名分。

　　独立的三所大学，在文人相轻的传统下，合并起来能亲密无间，九年间水乳交融，这一奇迹的造成，南开方面的作用相当关键，这不能只用北大、清华两强需要缓冲的世故来解释，关键在于南开善用自己与清华固有的渊源。1941 年清华举行校庆会，张校长从重庆提示黄钰生说，清华和南开是"通家之好"，有着南开、清华双重学历的黄钰生在会上大谈"通家"，指出清华的梅贻琦是南开的首批高才生；接着冯友兰登台发挥"通家"关系，说北大"胡适（文学）院长是清华人，我是清华的院长，出身北大"，顿时会场上气氛热烈，"所有的人都感到联大的团结"[②]。此外，黄钰生在管理工作中留意促进师生的团结，对南开学生避免偏袒，反而要求更苛。

　　联大成立不久，更为重要、艰巨，更有独立性和创造性的任务又压到黄钰生肩上。1938 年秋，联大常委会委托他全权创建、管理师范学院，与文、理、法、商四学院平行，同时将北大的教育学系合并进来，成为西南联大五位院长之一。黄先生把这看作实现自我价值、实践独特理念的难得机会。他自主制定学院方针，该院自成体系，被称为"校中之校"。师资方面他巧借联大精英，请朱自清等

---

① 郑天挺：《联大八年》，《中华读书报》，2007 年 12 月 5 日。
② 《梅贻琦、黄子坚、胡适在联大校庆九周年纪念会上的讲话摘要》，转引自西南联大校友会编，《笳吹弦诵在春城：回忆西南联大》，云南人民出版社，1986 年，第 511 页。

兼任系主任，聘冯友兰、闻一多、陈岱孙、罗常培、张奚若、贺麟等名家为教授，自己讲授教育哲学。更突出的是他对学生极严格的要求，为了将来"领导青年为人师表"，仪容行止都要合规矩。某学生因分数问题将黄打伤，他也不肯通融。他说"我原想把师院办成牛津大学式的或中国古代书院式的，以区别于联大的其他院校。但多数课程都和文理学院合班上课，不能不受环境的影响，我仿照南开那样进行严格的管理，也使一些学生不满"。黄钰生要实现自己的理念于西南联大的框架之内固然难以遂愿，加之昆明显然并非久留之地，黄钰生的理想实属"知其不可为而为之"，唯其如此，才令人敬佩。①

黄钰生的办学理念在师院附属中学的实践中则相当成功。他执意移植"南开经验"，发挥南开中学重视体育锻炼、提倡社团活动的传统，他回忆说："附中声誉渐好，省政府主席想送他的女儿来上学，我们坚持先考试后入学原则，这些官员子弟只好去读别的中学。"黄钰生又与地方政府合作，培养轮训大量师资，改变了云南教育现状。抗战胜利后，联大师范学院及其附属学校整建制地留在昆明，其后身西南师范大学至今仍是云南的教育重镇，培养出无数出色人才。

盛年命运转折　余生五味足尝

抗战胜利，西南联大使命完成，北大、清华各自回北平复校。南开不是简单地复校，由于它在联大的出色表现，加上胡适、张伯苓的说项，被当局接纳为国立大学。抗战后张伯苓更深地参与政治，直至成为与行政院长并肩的考试院长。他召集南开人员到重庆会商后，派黄钰生回天津主持复校以及转制的大工程。战后天津市百废待举、人力支绌，教育局一时无人执掌，张伯苓指示黄钰生权且充任，

---

① 申泮文主编：《黄钰生文集》，百花文艺出版社，2009年，第197页。

以便落实给大学的拨款。在这种情势下，黄先生很难推却。

　　黄先生的思想倾向是专注于教育救国。五四运动高潮中，他曾跟罗家伦等同为清华学生代表，他说从那时听到蔡元培讲话，便对蔡先生服膺终生。加上他深受罗素的影响，已定型为胡适式的自由主义者。在西南联大师生反政府、亲政府的派别纷争中，他成为"超然派"的代表。1946年的学生刊物总结说，"黄钰生教授贡献的意见是'钻到书本里去'，多数学生不予采纳"[1]。黄先生一直不肯加入任何党派，直到蒋梦麟出面动员才集体加入国民党。他厌恶跟官僚周旋，勉强出任天津市教育局局长四个月后，值"反甄审"请愿发生，立刻辞职。

（右起）黄钰生、梅贻琦、胡适于北大校园（1946年）

　　这里要说说黄先生跟周恩来的同学关系。他俩同岁，黄先生高出一年级，因为学生社团活动他们熟识。后来黄钰生、冯文潜的"三育竞进会"自愿并入周恩来、吴玉如的"敬业乐群会"，黄、周关系更密切。周恩来留学日本时致冯文潜的信里还问"黄子坚到哪去了，学何专业"[2]。

---

　　① 西南联大《除夕副刊》主编：《联大八年》，新星出版社，2010年。
　　② 周利成：《南开大学校长张伯苓的最后岁月》，《中国档案》，2007年，第5期。

1951 年开始"三反运动",南开查出食堂人员有小额贪污行为,追责到校秘书长,黄钰生被戴上了"贪污"的帽子。1952 年,黄先生突然调任天津图书馆馆长。"文革"结束后,他进了市政协,不久担任市政协副主席。

图书馆学界的无谓　教育家群体的寂灭

黄钰生的常见简介都把他的生平分为前后两时期:教育家、图书馆学家。图书馆职务的比重如何,一般读者不得而知。笔者的职业生涯一直处在黄馆长的领导下,知之较多:跟前期的教育家相比,后者除了时间长度,无可称道。首先,市图书馆从市属降格为文化局之下的处级单位,跟剧团、影院为伍而叨陪末座。黄馆长如何自处?他的做法是发挥其外语专长,埋头于西文科技图书采购。当周恩来提出"向科学进军"时,他在"为工农兵服务"方针之外又提出"为专家服务"口号,更有建立专家阅览室的行动。他还在业务学习中强调"图书馆是太上研究院"等国际理念。当市场上出现珍本时,他会用争取到的专款抢救国宝,例如用三千元购得海内孤本的宋版岳珂撰《棠湖诗稿》。这类以其学识及担当精神做出的贡献,是他后半生的亮点。

他首创的"西文书刊采购经验"得到全国业界的推崇。他最无奈的自责,该是对近代地方史料收藏的"不作为"。天津作为中国近代"北洋新政"的中心,聚有大量相关史料,理应是地方图书馆收罗的重中之重,但碍于形势未得实现。黄馆长对这一问题了然于心,只好提醒南开大学图书馆购藏来补救。进入新时期,百年前旧一轮开放的史料成为宝贵的借鉴,但在天津图书馆却往往付之阙如。

"文革"后黄钰生复任馆长,之后干了 10 年。1981 年,他率团参加美国图书馆学会第一百次年会,他的出现使来自海峡两岸的学者克服对立情绪,欢聚一堂。史上有名的中国图书馆学会复建,他被公推为副理事长。1986 年黄先生被聘为名誉馆长,大事仍然做主。

他老当益壮，教育家的本色不减，为补救浩劫后的人才危机，他于1982年以崇高威望动员北大、西南联大、浙大、清华、燕京大学五校天津校友创办天津联合业余大学①，给本市培养了一批高端人才。他以教育家眼光关注人才，发现笔者在文化史方面稍有成果，就特许半脱产从事学术研究，敞人才有缘承担国家课题，这在新中国的图书馆界别无他例。

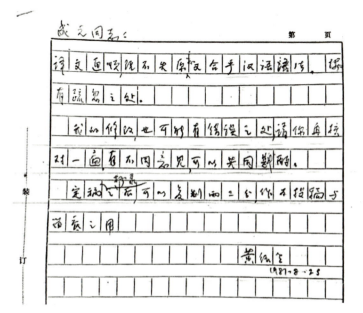

黄钰生写给笔者的书信

　　出于对恩师的敬仰，笔者通过了解他的生平而关注南开校史。一次在黄先生的纪念会上得识申泮文院士，他求学时曾两次得到黄先生的救助，"文革"后百折不回地为恩师蒙冤旧案争取平反。我曾把拙作长文《南开精神：被遗忘的黄钰生》呈给申院士，由北京大学文学系主任陈平原教授推荐，经删节后于2000年4月12日发表在《中华读书报》上，题目改为《要把南开办成"中国大学之母"的黄钰生》。"文革"后，劫后余生的天津市委原副书记王金鼎最早

---

① 申泮文主编：《黄钰生文集》，百花文艺出版社，2009年，第325页。

反思说："我们对不起黄先生，他是国家级的人物，1952 年的冤案使他受屈了。"受此启示，申院士等校友多方奔走，但在平反冤假错案的高潮中，只是解决了"政治历史问题"，1952 年的"撤销教授职称"则无人受理。校友劝黄先生提出申诉，他咏诗作答说"中钩无宿怨（借用春秋时代管仲的典故——引者注），事隐已宽容"。1985 年，校友自发聚会纪念黄先生从教六十周年，出席的有美籍著名科学家陈省身、牛满江等，又联系到中国台湾的吴大猷等，向时任中央统战部副部长李定（也是黄的学生）争取到具体批示。但平反三条中"撤销教授职称"一项又被忽略，会后，87 岁的黄先生突然问"我还是南大的教授吗"[①]。恢复南开人的身份，这才是老人的心事。

1990 年，黄先生病逝，得享上寿 92 岁。天津市为仍在政协任上的他出了一场大殡，堪称"生荣死哀"。但黄先生还是"带着遗憾离开了人世"，记载了他一生的书只能题名《黄钰生同志纪念集》。

黄先生的终身遗憾无法补偿，问题的关键何在？简言之，就在于教育家概念在新中国现实中的逐渐凋零。《教育家大辞典》卷帙皇皇，有心者通过检索就会发现，其中人物多因政治（或因其专业成就而有政治意义）才获得重视，否则无名。例如南开大学校父严修，他的《科举奏议》（教育改革）被梁启超称为"戊戌变法之原点"。袁世凯办"新政"主要是练兵、兴学，袁自称"兵事我自任之，学则听严先生所为，吾供指挥而已"[②]。1919 年黄炎培等建议严修与张謇就时局联名通电，他拒绝说"好发电报，皆空论"[③]。张謇被视为大教育家，其实也是借助于政治与实业。张伯苓是严修的延续，黄又是张的延续。如今掐头去尾，以爱国教育家张伯苓为南开大学唯一代表。

黄钰生的令名不彰，也由于没有著作或其他为社会所知的活动。南开大学的繁重事务占去他全部精力，使他无暇旁骛。他留美时起

① 申泮文：《南开大学元老黄钰生教授》，《炎黄春秋》，1998 年，第 3 期。
② 刘刚、李冬君：《通往立宪之路》，浙江大学出版社，2011 年。
③ 刘刚、李冬君：《通往立宪之路》，浙江大学出版社，2011 年。

先曾攻读哲学，晚年还能用英文背诵罗素的名句。他在南开曾开设心理学等课程，邢公畹教授回忆说："黄先生讲心理学，经常座无虚席，有外系的学生和青年教师踊跃旁听。"[①] 黄先生在纪念老友郑天挺的文章中流露心迹说，他俩年岁经历相若而学术上相差万丈，"我对他钦佩羡慕，对我自己遗恨无穷"。郑的很多成果是 20 世纪 50 年代后完成的，而黄先生却在图书馆枉抛心力 36 年。他也说过很羡慕友人吴有训，相信凭舅父的影响，攻科学也必有所成。[②]

近代中国很多教授都是文化名人，因为他们广泛参与社会文化活动，经传媒的报道而吸引了公众的眼球。黄先生因为没有闲暇而难得"混个脸熟"。然而他的社会层次、人格魅力绝不在名流以下。一流名人在本地的乡梓史料中理应光彩夺目，黄先生对天津文化有不少重要影响，仅举一例：抗战前罗隆基来天津担任《益世报》主笔，就是通过黄先生聘请的。然而如今在先生生长生活的天津，甚至连南开大学的师生，竟少有知其名者。黄钰生大名的彻底泯灭到底是何缘由，这本身就值得研究。

"大学与大师"的绝问，日益成为中华复兴中无比关键的问题之一，可以预见，西南联大研究及相关回忆思考的热潮将日益高涨，西南联大的每位名人都将有繁多的相关论著风行于世。水涨船高，"黄子坚何许人也"的追问也将日益响亮，人们对子坚先生"不知所终"的现状是难以接受的。全面认识名人全貌的热望，不是校方一件"标准像"式的文本可以应对的。真切生动的"生活照"最宜由天津本地人士来描绘，然而至今未闻有学者致力于此。按照中华传统中"留名后世"的价值观，社会亟应给斯人以公平，笔者一介边缘学人，于民国史、教育史素无钻研，单凭对恩师的强烈感念，不避越俎代庖之讥而权撰此文。

281

---

①　申泮文主编：《黄钰生同志纪念集》，南开大学出版社，1991 年，第 328 页。
②　申泮文主编：《黄钰生同志纪念集》，南开大学出版社，1991 年，第 106 页。

说明：

　　本文前身题名《要把南开大学办成"中国大学之母"的黄钰生》，由北京大学陈平原教授推荐并改题，于1999年南开大学校庆日发表于《中华读书报》。扩展而成的本文，发表于《社会科学论坛》2014年第5期，后被南开校史网站全文转载（收入本书时有较多删节）。1999年校庆百年时，为拍摄黄先生生平影视短篇，并在纪念会上放映，制片人曾长时采访笔者，据黄先生之女黄满女士告知，由龚克校长拍板，片名即采用本文之题。

深切怀念恩人季羡林先生

——季老对一个另类学人的扶助

2009 年季羡林先生去世，有很多文章感念恩师。季老是我的恩人，我更想倾诉受惠者的深情，力避借着名人来张扬自己。作为另类学人，只有把感恩变为动力，用做出的成绩说话，才符合先生与我极为质朴的关系。

我出身于图书馆职业，无缘于学术研究。幸而遇到两位恩人，我后半生才能走上学术探索之路。先是黄子坚馆长（前西南联大元老，1952 年调任天津图书馆）特许我从事研究，后有季羡林先生，以关键的扶助使我跻身于学界。两位长者常常亲切地出现在我的梦中。

我的第一个研究题目是华夏尊老（"尚齿"）传统，中途发现它与华人之吃的独特性有伴生关系，受兴趣驱使，转而探索中餐的由来。适值 1991 年首届中国饮食文化国际研讨会，我的论文（考证上古养老礼俗与美食相关）受到新加坡文化名人兼海外中餐界领袖周颖南先生的重视。他为我的尊老小书写序，并建议我去访问季羡林先生。

1992 年 10 月的一个上午，我来到北大朗润园，心怀忐忑地叩开了季老的家门。书房连地上都堆满了书，季老把书桌边椅子上的一摞书搬开，让我就座。我知道他每天四五点开始写作几小时，当时

283

好像在歇息。他接过我那本小书，用五六分钟认真翻阅了前言和目录，突然问我：怎么想到这个题目的？当时我困窘于这一问，没有回答。后来访问金克木先生，也被问到同一问题，我才悟出其实两位大学者想到的是"尚齿"问题何以空白至今。季老听了我简略的自我介绍，没有多问一句。我从周先生文章中知道，季老曾说"吾阅人多矣"，相信他看出我的本性跟他接近。他倾听时的表情一直略显冷淡，但过后他的反应则大出我的意料。

季老接连说出两项为我做出的具体安排。其一，他建议我把尊老课题纳入他主编的《神州文化集成》百册丛书，当即给了我一册他为丛书撰写的《中印文化交流史》（我没敢烦他题名）。他还要我去找汤一介教授，问问这套丛书是否还有空额（当天我就到邻近的住宅中拜访汤先生，归来给他补寄"尊老"小书，他回信要我按丛书体例修改）。因为我动作太慢，这一安排未能实现。其二，季老告诉我东方伦理国际研讨会将要举行，嘱我就"尊老"主题写篇论文，他要推荐我参加（后来我曾携论文拜访中国伦理学会会长、人民大学副校长罗国杰先生，不久由他来信邀我参会）。

季老即时给我的这两项扶助，使我受到巨大鼓舞。我想到正如他在文章中写的那样，"像个铁皮暖瓶，外表冷，心里热"。我事先决定最多待三刻钟，尽管心情变得轻松，也不能多耽误时间，只是提到我又转而探究中国烹饪。本来怕他反对心思不专，也许周颖南先生事先跟他说过——没想到他却露出笑容，告诉我其好友、台湾逯振东教授也在研究饮食文化，嘱咐我写出书来要给逯先生寄去一本，要我记下地址。我掏出笔记本来，他用钢笔写下三行字"逯耀东教授/台湾大学历史系/（原在香港中文大学）"。我决心早日实现先生的嘱托，万没想到饮食史的探索广阔无际，我的专著还未完成，逯先生先已去世。

1994 年春天，由联合国教科文组织资助的东方伦理国际研讨会在北京香山饭店举行，来自多国的著名学者与会。季先生坐在开幕式的主席台上，李岚清副总理讲话后，便由季老代表中国学界致辞。

记得他提出"奇谈怪论",即"东风压倒西风"的预见。按年月来推算,这就是后来人所共知的"21世纪是中国的世纪"口号最初的由来。

开幕式结束,季老从右侧走下主席台,我赶紧上前,用廉价的傻瓜相机,烦人抓拍了与先生的合影(附图片)。因为台下光线很暗,照片比较模糊,但显露的细节都特别珍贵:两人都佩戴着大会代表证,使"我与大学者并肩"的荣誉感,得以长久地鼓舞我。还有,季老褪色蓝中山服的口袋中漏出的纸页,正是那篇"世纪宣言"的讲稿,如果还存在,堪称有价值的文物。

季羡林先生与作者合影于东方伦理国际研讨会(1994年)

也许由于我的论文(《尚齿:中华精神文明的本原》)主题鲜明,三天会期中,我,一个图书馆副研究馆员得以结识不少与会的著名学者,包括美国的成中英(著名哲学家)、韩国的李允熙(朝鲜朱子学家李退溪裔孙)、中国的张岂之(西北大学校长、思想史权威)等,后两位日后对我有重要帮助。

开幕式后有半小时休息时间,代表们散坐在半透阳光的大厅中,我发现季老在大沙发上独坐,便侍坐在他身旁,获得为时不短的交流机会。我向他说明自己从"尚齿"的探索转到中餐由来的缘由,见他好像爱听，就阐述了自己的假想：华夏生态恶劣，先民只能单一种粟，高度聚居，老人是群体凝聚的核心；这种生存模式必然带来食物危机，对美味的追求是饿出来的。季老听了微微点头，最后说了一句："你这够上一家之言。"他说自己对中西餐的比较也有兴趣，后来我真的读到他在新民晚报上发表的随笔：《从哲学的高度来看中餐与西餐》。这使我决定同时致力于两个孪生课题，以回报他的鼓励和期待。

伦理研讨会后，1994年7月我有机会往韩国参加另一会议，结识了中国孔子基金会秘书长、中国社科院哲学所的刘长林先生，由他和韩国的李允熙先生介绍，我意外被韩国"成均馆"（韩国儒教最高机构，相当于国子监加翰林院）馆长邀请做客。刘先生知道季老对我的关怀，便劝我申请韩国基金研究项目《中韩尊老传统研究》。他说季老是中国东方文化研究会会长，由他推荐肯定成功，那就可以在韩国居留一年。我又通过南开大学友人请到北大东语系的杨通方教授（唯一留学韩国出身，与韩国基金会关系密切）做另一推荐人。杨老的夫人就是季老的秘书李玉洁老师。她跟季老约定了日期，我第二次拜访季老，恰值那天他临时有事要出门，要我写信说明情况，说他会把推荐信寄给我。没几天就接到季老的来信，除了推荐书还附有短信说"遵嘱写成一封推荐信，希望得到积极的结果"。

刘长林先生认为，季、杨两位推荐人是权威的组合，应该必中无疑，结果却失败了。分析原因，是那年申请手续变严，不合格规范的申请表会先被剔除；推荐意见要求直接填在表格中，而我不愿再去麻烦两位老先生，就把推荐信原件粘贴在后，相关空格中用英文写下"见所附下页"，因为不合格而未能进入评审。刘长林先生说很多申请者都不能一次通过，劝我转年再申请，我则决定放弃。为此我一直觉得愧对季老，他的推荐信绝非三言两语的具文，显然经过缜密思考、字斟句酌，做出重大判断的论文，应该视为季老的重要佚文，我有义务将其公之于世。原文如下：

韩国国际交流基金会：

敬启者：

　　尊老是以中国、韩国文化为中心的东方伦理的精华，尊老报德是我们的优良传统，在西方实用主义社会中鲜为人知。天津图书馆高成鸢先生从事"中韩尊老文化比较研究"之著作与研究，实为弘扬东方文化、拯救世界道德沦丧之重要措施。用敢郑重推荐。诚望贵基金能在经济方面予以赞助，共襄盛举。

　　荐人　中国东方文化研究会会长、北京大学教授　季羡林

1995. 4. 15

　　我没有再次申请韩国研究基金，因为先前申请的国家社科基金项目获得成功。这虽然没有烦季老帮助，但猜想也有他的间接影响，因为张岱之、罗国杰两位评委对我的参会论文早有印象，后来他们也是我的课题成果的评委。当年的顶级人文学刊《传统文化与现代化》发表我的主题论文时，竟置于几位大学者之前，使一个边缘学人一举获得不低的学术资质，所以我称季羡林先生为恩人，是实实在在的。

　　关于"尚齿"还有很多线索有待研究，我打算先用一年把关于中餐由来的独见写成小书，呈给台湾地区的逯教授，再回到季老为我铺就的学术坦途。没想到华人之"吃"内涵深广、体系庞大、目标遥远。其间我曾试图兼顾两项研究，交替推进，可惜自己的内残之身难以承受。凭兴趣探索，本来乐在其中，而我却一直急于求成，这是出于自我鞭策，想早日拿出"一家之言"（结合尊老、饮食两大特性，追寻华夏文化的由来），以报答季老的大恩。结果，困于"吃的研究不算学术"的学科成见，我的专著遭到多年延迟。由于我脱离学界太久而被遗忘，学术资质得而复失，更加愧对季羡林先生。

　　1999年，课题成果《中华尊老文化探究》再次获得国家资助即将出版，我征得季老的同意，把他写的推荐信置于书前。适值中华人民共和国成立50周年，此书被选定为中国社会科学院的献礼图书

287

后，一日上午，我携书准备呈给季老。知道他的精力已不如前，怕去太早会影响他休息，我独坐在朗润园小楼门前湖边的石上，心情非常复杂：对恩人的敬爱、对他进入衰年的惋惜，以及自己身世蹉跎的愁绪，交织成莫名的怅惘。我的不安更有个内心深处的缘由：从开头至今，每次看望老先生都两手空空，从来没送他一样东西。我明知，按古礼，天子看望"高年"都要带着礼物，弟子拜师更得呈上"束脩"，该做的，我为什么"做不出来"？实为顾虑那样会使我对季老的崇敬染上俗气。我知道先生爱读《世说新语》，喜欢魏晋风度，并直觉到他能够"会心"于我的无礼，我则为这种高境界付出了日益不安的代价。现在省思起来，两全而适宜的做法应该是：首次不带礼物，以给长者留出显示"到此为止"的自由；既已受到关注，再往则不可空手，免得给人以不恰当的印象。

谈论这些，真的俗了。我更为懊悔的是，同一魏晋风度还被放大到近于"欺人"的程度：违背了公平的酬劳原则。我拿着为数不菲的社科基金资助，又有分发咨询费的正当名目，对我烦及的每一位学者，都予以足额的酬谢，包括成果评委张岂之、来新夏、朱凤瀚等七位先生。季老为我写的推荐信，字斟句酌，耗费的心血、付出的"人情"，超过各位先生，而我内心却用"与课题是否直接相关"的尺度而无偿剥削老者的权益！身为尊老传统的研究者，岂不口是而心非？什么缘故使我如此？内心的矛盾一直无法表达。直到多年以后突然听到一位武侠迷说出"大德不言谢"之句，我憋屈的心理终获得抒发的语言。在小说情节中，"不言谢"是一种沉重的负担，意味着"以命相报"的决心；在我，就是为取得成果而拼命。

坐在那里想着这些，我愈加不忍再去打扰老先生，便决定把样书送到不远的燕园李玉洁老师家，请她转交。我在书的扉页上写了一些想说的话，起身正要离去，突然见到季老瘦弱的身影。季老走出门来，到侧旁的报箱中取了一叠报纸。我快步过去打招呼，他见到我，露出慈祥的微笑。我问他身体怎样，回答说还好，刚刚做完白内障手术，"连这台阶还都看不清楚"。为让他好好休息，我决定不再进去，便告诉他问候的话都写在书上："等您眼睛好了再看。"他立即回了一句："那样这本书就更有意义啦。"我扶他回到门口，立即告辞，他也没有挽留。我看着他的身影消失，禁不住一阵心酸。

后来我再没见到先生，除了寄送贺年卡，也没有再给他写信，免他复信之劳。我珍藏着他的三通手书，还有那页推荐信，以及他在我的笔记本上写下的"逯耀东教授……"字迹。还有两个信封，更有特色和意义：地址和收信人（我的姓名）都是预先写好的，右下角留下空白。季老很"随和"，在信封上只写"北京大学 季"五个字，不过这样真的能为他节省半分钟时间。季老八十高龄还在加紧撰写80万字的巨著《糖史》，他是多么劳累，他的时间何等宝贵。

2009年季羡林先生去世的消息传来，当时我的心情只有天知地知了。恩人季老，您的鼓励"一家之言"日夜鞭策着我，我欠您一个交代。2019年您的十周年忌日时，我的专著《味即道：中华饮食与文化》虽已在三联书店问世，而学界依然不予正视。我则被中华烹调哲学的结晶"水火互动"激发出新的狂热，这应该近于"天人之际"的目标。

2019年初，《"水火"范畴与中华文明论纲》在《文史哲》发表。早知突破学术格局必难获得认同，然而我报答您对另类学人的扶助，拳拳此心，可算初步得以告慰了。

附：

季羡林先生与电脑

当电脑开始改变世界时，季羡林先生已进入耄耋之年。这位展望新世纪的智者是怎样看待电脑的？人们对此很感兴趣。

1995年秋，我曾在北京友人冯佐哲先生家中看过季老一篇学术专论的稿件，印有"季羡林稿纸"的手稿厚达100多页，字迹甚为工整，我想这要用多少时间和精力啊。草草翻到末尾，见"注释"

289

的第一条很长，记得其中提到电脑，也没细看。

一年后刊有这篇长文的书出版了，那是繁体字精装的十卷本《中华食苑》（中国食文化研究团体的一大工程）的第六卷。季先生专论的题目是《元代的甘蔗种植和砂糖制造》，篇前特加了"羡林按"二三百字，末尾说此篇是专著《糖史》全书的一章，"蒙中国社会科学院历史研究所冯佐哲先生征稿采用，感谢之余，谨将本书的编纂目的简述如上，使读者不致坠入五里雾中"。大部头的《糖史》，充满中外文献的考证，一般人是难得通读的，尽管季老的论文绝不枯燥，还点缀着其散文特有的情趣。荣幸的是，同一卷中还收入了拙文，加上我正下大功夫钻研饮食史，尤其因为季老有惠于我，所以细读了那篇长文，意外发现其中有关于电脑的两处可贵的谈论。

他在正文中谈到从大量宋元文献中收集资料的经过，例如《元史》，"无法仔细翻检全书"，在《地理志》《食货志》《外夷传》中一无所获，感到"颇为失望"，还是借助大型类书《古今图书集成·经济汇编·食货典》中找到一条有用的史料。这样繁难的翻检使他想到电脑，写道：

> 我没有电脑，只有人脑，仍然使用以前使用过的极笨但又是唯一可行的办法：逐本、逐页、逐行地翻检。我所遇到的困难和苦恼，完全同以前一样。

巨著《糖史》的资料搜集，当是开始于电脑流行之前。作者说自己的方法"极笨"，是跟电脑的"极灵"相比而言的。这个现代利器用于网上检索的神奇效率，季老肯定不缺乏了解。

有一统计说，六十岁以上的老年人只占网民的百分之四五，大多是从事理工学科的。有人以貌取士，把季老归入远离电脑者之列，就像传说中的北大入学新生见他穿着中山装而认定他是老农民工一样。

季老书斋中至今没有电脑。这不会跟他不穿西服一样是因为早年穿够了，我猜其原因是他的"老眼昏花"。前年初夏我去送呈一本新著（承他推荐的课题的成果），适值他走出楼门取报纸，他说刚做了眼部手术，连门前的台阶都看不清楚，听了令人难过。最近我从网上看到他释读永乐大钟铭文的照片，知道手术很成功，令人欣喜。

季老心不老，对新事物认识敏锐。他在怎样使学术研究适应电脑时代方面很早就有心得，上述的注释中曾详细谈论。"注释1"说："写到这里，我才听说，台湾已把全部二十五史输入电脑。这当然是非常重要的消息，十分值得我们重视。"接着是他的想法："我临时想到了两点：第一，将来利用中国古籍研究学问，过去认为是最繁重、最艰难的搜集资料的工作，已经迎刃而解，可以大大地节省我们的力量了。这是一个福音，是社会进步的必然结果。"这话在多年后的今天已不新鲜。第二，则显示了老学者的睿智和洞见：

> 我们的研究方法和精力分配的重点，必须相应地改变。资料固然重要……不管多完备的资料，其中必有矛盾，有抵触。这就需要我们来解决，电脑是代替不了的。否则，今后就用不着学者，只会操作电脑，则学问之事毕矣。这哪是可能的呢？

说明：

本文载于《中华读书报》2002年3月19日，《人民日报》（海外版）3月22日转载。

被湮没至今的现代旷世奇士宋蕴朴

历史上被湮没的奇人无数，有的生前轰轰烈烈而身后阒然无闻，究其缘由，或是活动范围狭小，或干的是夕阳事业。笔者发现的宋蕴朴却完全相反：他活动的地理空间，从偏僻的中国西北到开通的南洋七国，所涉的领域，从土产贸易到新潮的纪录电影摄映；他是热情的爱国者，兼为一代高僧的虔诚信徒，其宏伟事业的支持者，包括顶级政要及国学宗师。最离奇的是他在灿烂的绽放中突然消失得踪迹全无，推想只能是他突然累死在抗战爆发所引起的时世巨变之际。笔者为他个人感到可悯，为他惠及的国人感到可憾，故下大工夫要使他重见天日。这本来只需正面综述其生平始末，鉴于他的泯灭本身也值得研究，本文也涉及谜团的破解过程。

宋氏生平的几条线索

线索一：笔者曾长期供职于天津图书馆，此馆的一大藏书特色是地方志书最齐全。方志都是大字雕版古籍，整部一般不过五六万字，唯有《天津志略》鹤立鸡群。此书西式大开本，缎面精装，洋纸五号小铅字排印，375 页，近 40 万字，十倍于旧方志，还有照片几百幅。因为没有像其他方志那样归入专库珍藏，几十年间被频频借阅，到我开始留意天津史时，前两页已破损。据版权页，编者是宋蕴朴，出版者是大兴县蕴兴商行。①

线索二：我少年离开故乡威海卫，思乡心切，几十年前，偶然从旧资料大书库（当时尚未分类编目）中发现一册《山东大观》，著者署名宋蕴朴，内容是几个城市的纪录电影解说词。曾把《威海卫大观字幕》一篇及书前的序言复印收存，后来弄没了，曾到图书馆再查原书却未能找见。

线索三：老来常往威海小住，结识市档案局原局长张建国先生，他曾六赴英伦复制英租威海卫的档案，后在市政府支持下大力搜集威海史料，创办《威海记忆》并任主编。四五年前他告我，1936年本地《黄海潮日报》曾连续8天追踪报道南洋华侨宋蕴朴拍摄《威海卫大观》的情况②，要我帮助查找有无宋在天津活动的踪迹。我询问几位天津文史专家，意外地他们都对《天津志略》著者的生平未予特别关注。

线索四：《天津老照片》一书中有《商会代表赴南洋》一幅，为1931年7月出发前合影，说明为：天津商会执委、织染同业公会主席王翰臣等访问南洋，偕同者为"刚刚完成的《天津志略》编辑宋蕴璞，他是此行的向导"③。

线索六：十多年前从拍卖网上发现宋蕴朴编印《南洋英属海峡殖民地志略》（以下简称《南洋志略》）信息，后又检索到"古籍网"的复制广告④，附有扫描书影，形制与《天津志略》相近，著者为宋蕴朴，出版者蕴兴商行，地址是北平大兴县白米仓8号，印刷者为南洋蕴兴公司。

随着网络的发达，近年与宋蕴朴有关的信息相继出现：潍坊市发现并放映民国纪录片《潍县大观》，烟台报纸发表回忆1936年《烟台大观》的文章提到宋蕴朴之名。这使我决心抛开一直缠身的题

---

① 《天津志略》影印本，台湾成文出版公司，1969年。

② 《黄海潮日报》，1936年5月7—15日。

③ 贾长华主编：《天津老照片》，百花文艺出版社，2011年，第64页。

④ http：//www.bookinlife.net/product-229194.html。

外编　学理独见　人物钩沉

宋蕴朴（前排中）与天津商会南洋考察团合影（1931 年）

目，全力打捞宋蕴朴的生平。首先我请天津图书馆历史文献部主任李国庆先生再次查找《山东大观》一书，李主任已成为古籍版本专家，忙于国内外讲学交流，一直不好意思麻烦他。万幸他很快找到原书，并将整部彩色扫描件提交给我。认真翻阅，天津图书馆独家收藏的此书，形质特异，内容惊人，堪称重大发现。由于涵盖众多领域，其历史价值及现实意义，尚无任何专家或其联合体能在短时间内予以估量。数月前天津图书馆领导请我到京津冀地方文献论坛初步宣布了这一发现。

《山东大观》书前有《〈山东十部大观〉摄制缘起》一文，内容包括宋蕴朴个人生平的自述，其中处处显示与《南洋志略》《天津志略》两书内容密切相关。要弄清宋蕴朴的生平，须先从这两部文献入手。

起步于西北　腾飞于南洋

宋蕴朴，北平大兴县人（此县原属河北省，1958 年划归北京市管辖，2001 年改为大兴区），其生年已无从查考。据 1932 年他与天津商会人士合影中的面容估计，当时不到 50 岁，推知应当生于 1880

年左右，大致与鲁迅同代。《南洋志略·序言》没有涉及他的早年境况，《天津志略·编辑经过》中有自我介绍如下：

> 余平生志愿，在于开发西北，以救国民之贫弱。年甫二十，即赴西北一带，经营文化实业、各种事业。奋斗十余年，颇获良好成绩。继见政局不定，地方无充分保障，内地人民不敢投资，知时机尚未成熟；乃毅然改辙，躬赴南洋群岛，调查其移民经划之次第，以备将来开发西北时有所取法。迨旅居南洋数年，经过华侨之提携，所事渐获发展。遂将兄弟子侄辈继续携至南洋，经营工商各业，又幸双亲健康、兄弟妻子无故，八子二女教养无缺，可谓极人生之乐事矣……

二十岁就到西北创业，应当只念过私塾而未参加科举考试（废除于 1906 年）。他因某种家世背景而接受新时代的启蒙，立下为国家、民族而开发西北的宏愿。他才干杰出，十多年间就在"文化事业"和"实业"（当指蕴兴商行）方面开拓出可观局面。同代中华精英多数投身于教育或军政领域（有的兼营实业以筹资金），宋氏则是第一代实业救国的志士。鉴于开发西北时机未至，他又采取迂回战略：先往南洋熟悉华侨经验，作为开发西北的借鉴。他率族人经营"工商各业"，包括为华侨巨商陈嘉庚（橡胶大王）、胡文虎（虎牌清凉油）代理国内业务，十年后事业成功，过上儿女成群的"极乐"生活。标榜幸福不符合宋氏的品性，这显然是为谋求《天津志略》的经费赞助而先取得天津各界陌生者的信任。

"殖民"设想与南北架桥：从《南洋志略》到《天津志略》

最先问世的《南洋志略》是宋氏个人倾资编刊的，他在此书序言中并未涉及自己的身世，只谈到早年所抱之"开发西北'主义'"（自撰"主义"，显示其夙志坚定）屡受政变军事之影响，停滞而不能进"，便先闯南洋。

令人惊奇的是他拟定的新方志系列计划之宏伟。序后的《例言》说"本书计分三十四部"，《南洋志略》是第一部，各部的特点是国内与东南亚混杂，从菲律宾到暹罗（泰国），国内则限于沿海大小港埠，以及西南西北落后省份蒙古（尚未独立）、新疆、西藏，第 33 部为《北平志略》，第 34 部题为《本书三十三处往来指南》，透露出南北架桥的宗旨。最后申明"兹先印行《南洋志略》，其他各部陆续出书"。

宋蕴朴这一计划的思路之形成，明确阐述在两部志略的说明中。他的志愿已从开发西北升级为国家振兴的大业。《天津志略》序中说："每返祖国，目击同胞之困苦，未尝不深叹其思想之锢蔽，缺乏冒险企业之能力。"他从自己的成功经验中悟出一条捷径，即学习西方人的冒险精神和企业思想，勇闯南洋。在《南洋志略》序言中，他借用"殖民"一词表达其移民—开拓方略：通过对多国的调查，"始知南洋群岛不独为世界乐土，实亦我国绝好之殖民地也"，祖国"内乱方滋，四民失业者日众。倘使国内与南洋热心之士联络一致，举国内失业之人移至南洋，以辟其未垦之土，则一转移间，内足以拯祖国之危，外足以增侨胞之势，岂非策之最得者乎"，然而国人"视南洋为畏途……欲与欧美日本竞争，焉往而不失败"。因此，他"不惮舌焦唇敝，大声疾呼，正告于国人"。

《南洋志略·例言》则表明，宋氏为践行理念而付出重大代价。志略系列的第一部，篇幅三十多万字，分为三编，涵盖三国，每编再分八章，详述历史沿革、地理物产……以至"人生日用琐事，无不毕载"。仅新加坡"名人"一章就收录各界人物 150 多位。为编此书曾参考南洋报纸 13 种，翻译英、法、荷、日、暹罗、安南（越南）书籍 51 种，这够上研究院的工作量，却几乎是宋氏独资完成的。各项费用合计三万元，只能从后来的零售中获得少量补偿。除了耽误工商业经营三年半，他付出的最大牺牲是危及自己的健康和生命："本书当调查期中，著者方患胃病，时作呕血之症；在槟城患痢甚剧，殆将不起。"呕血加痢疾，命悬一线。

《南洋志略》的序写于家乡大兴县，时为 1930 年 1 月。转年他又投身《天津志略》的出版工程。《天津志略》的《例言》中照样列出 34 部系列志书的名称、顺序，只是申明把原计划排在第十八位的天津提前到第二位。

方志编刊的重大创新：《天津志略》是南开大学的社会学杰作

天津从清末就成为北洋新政中心，是有着九国租界的国际大港。提前编辑《天津志略》显示了宋氏的"架桥"策略，要率先筑成北洋根基，以与南洋呼应。

与《南洋志略》相比，《天津志略》更加面目一新，堪称现代地方百科全书。全书近四十万字，分设二十编，每编十余章，各若干节，例如第五章"各行商之现况"有小节题目多达 53 项。但此书从策划到问世只用了短短两三个月的时间。令人难以置信的奇迹是怎样实现的？全靠利用天津较成熟的绅商自治。鲁迅诗说"城头变幻大王旗"，各路军阀的变换，对城市秩序并无多大影响。宋氏筹集经费依靠市商会总会，调查资料依靠南开大学。接下来他记述工程进展的经过：

> 首访总商会主席张君品题，提出对南洋通商问题，详举其利益所在。张君极表赞成，即决定着手实行。遂宴余与登瀛楼，介绍商会执行委员、织染公会主席、大新公司经理王君翰臣，召集商会 53 行全体大会公推王君为代表偕余赴南洋调查商业情形。所事既繁，自非短时间所能告竣，随访南开大学校长张君伯苓……更表示协助之意……即介绍该校"社会调查团"主任陆君善忱，谓倘有需要可与陆君接洽。其后复在总商会欢迎会中得与工商界人物会晤；在"广智馆"宴会，得与津埠各名宿畅谈；在青年会演讲，得与各团体接洽……

需要说明的是有利于《志略》编辑的天津特有优势：南开大学的"社会调查团"及当年的"广智馆"。注重社会调查是南开的办学特色，"广智馆"是在严复"开民智"及梁启超《新民说》影响下，由士绅创办的公益性民众启蒙教育机构。"编辑经过"中提到的各界头面人物，都为《志略》提供了各自领域、部门的概况，大量数据资料都是"南开调查团"众多师生课余调研的成果。宋蕴朴本人只需要充任"书记"（文字编辑，是最繁重的任务），只有南洋二弟兴武（"兴"当与"蕴兴商行"之名有关）做助手。经费的筹集，全靠商会和广智馆动员各部门认购《南洋志略》、预购《天津志略》，加上介绍广告（书中有大小广告几十项）。宋氏还特别感谢32位各界名流联名推介，列出的名单包括商会会董杨西园、报人刘孟扬、教育局局长邓庆澜、广智馆馆长林兆翰、南开校长张伯苓、博物馆馆长严智怡等，这个名单也出现在版权页上，他们共同呼吁各界捐款，推想是用来补偿亏空。

被遗忘的纪录影片宝库：《北平大观》和《山东大观》（十部）

宋蕴朴业绩的光辉顶峰，是他开拓的中国纪录电影庞大系列。这绝不是他从《志略》系列工程的退缩，反而是新的飞跃。倍加艰巨的新目标，居然在他有限的生命中完全实现。

两大事业之间的过渡，幸而有迹可循：《天津志略·编辑经过》在谈到筹款时，有句话很重要：除了售卖《南洋志略》，"并映演第33部《北平志略》改摄之《北平大观》电影"。这表明先前志书计划中的《北平志略》已经大致编成，没等印行，就改摄成纪录影片。此片曾于1931年前在北平公映，成为《山东大观》的先声。

天津图书馆独藏的电影字幕汇编《山东大观》（十部）属于重大发现。此书为16开横开大本精装，正黄色缎面金碧辉煌，无版权页，相册式手工装订，当是副本甚少的纪念性礼品。书前有林森、蒋中正等政要六人的题词各一张，随后是各界名流为赞助《志略》

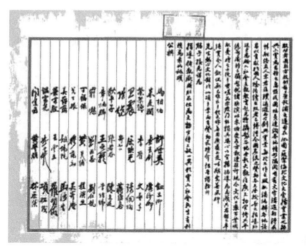

45 全国位名流联署《各地电影大观》赞助呼吁书

和《大观》而联署的呼吁书，亲笔签名者包括国学大师章太炎、九旬耆宿马相伯（不久去世）、北洋总理徐世英、党国元老张继、工商巨子虞洽卿等顶级人物32位。正文是十部影片的字幕汇编，自自独立而无页数，共75张150面。正文前有宋蕴朴撰《山东十部大观摄制缘起》，提供的个人信息要超过两部《志略》的前言之和，尤其是其志业升级的心路历程，然后是十部电影的梗概。全文共13节，这里将第1—9节内容摘要改写如下：

> 1923年宋氏"自南洋贸易归国，见海外华侨对于祖国情形虽多隔阂，而爱国思想犹复热烈异常，不禁为之惕然心伤"。为使华侨了解祖国情况，乃"编辑南洋群岛、我国沿海及边地商埠各为《志略》共三十四部，借使全国人士与海外华侨沟通竞进"。"数部印行"后，有一部进展缓慢，此时宋氏认识到"世界各国莫不以直观主义为普及教育之方针"，利用电影为"诱导感发之工具"可使功效倍增，因而决定把志略系列变为纪录电影大观系列，"摄制成片者，先有《北平大观》《中华工商业大观》数集，在各地映演，颇得各界人士之热烈欢迎"。1930年，宋氏在厦门"皈依太虚法师"，"电影事业之进行，拟广摄佛教

胜迹，多拍慈善事业，以牖启人心慈悲。尤以服务社会、谋群众福利为最大志愿"。于是毅然"将陈嘉庚公司及虎标永安堂委托之华北总经理先后辞谢，南洋贸易事业亦付与家人经理"，全力投入纪录电影拍摄工程。1934 年，经靳云鹏（前北洋政府总理，山东邹县人，后在山东创办多项实业）、吴佩孚（前北洋将军，山东蓬莱人）介绍山东省主席韩复榘，获得广泛支持。自10 月起，两年间"摄竣者为《山东大观》、曲阜《圣迹大观》《济南大观》《青岛大观》《崂山大观》《威海卫大观》《烟台大观》《潍县大观》《鲁西水灾》等十部。所用经费，由省府主席介绍济南市长、青岛市长、威海专员号召各地商会、各大银行、各大公司赞助，此外"并放映蕴朴前所摄制经中央选送万国电影赛会之《北平大观》影片"。

由于时间、经费、技术、人事等巨大困难，宋氏经历过动摇，想到"自我作之，不必自我成之"，"萌生知难而退之念"，但受济南静居寺真空老和尚、青岛湛山寺倓虚老法师鼓励"佛教徒应有的大无畏精神"，才能"始终忍辱精进"。在摄制鲁西水灾过程中，宋曾"躬涉艰险，屡濒于危，而身心泰然"。后来此片曾在上海、南京放映，"博得观众同情，直接统计，票价数万，灾民受惠匪浅"。所摄各片多在湛山精舍试映，倓虚老法师各界名流指导批评，倓虚老法师开示经偈曰"一切有为法，如梦幻泡影，如露亦如电"。关于《圣迹大观》，说明较详：由于题材重大，曾想推迟拍摄，但鉴于当时"国学凌夷、君子习于欧化"，面对国家内忧外患之局面，更要"挽横流于既倒"。拍摄中，孔孟两府奉祀官孔德成、孟庆棠都予以全力配合，"面嘱尽量拍照"，结果"数百年未启之门、未陈之物"，包括32 件古老祭器、乐器都收入镜头。

近年有两家山东报刊出现与电影《山东大观》相关的怀旧文章。《烟台晚报》所载《〈烟台大观〉拍摄记》[①]，其中说：1934 年初，为

---

① 佚名：《〈烟台大观〉拍摄记》，《烟台晚报》，2017 年 6 月 9 日。

激励国人抗日救国，提倡中国文化，华侨胡文虎计划摄制中华大观系列电影。永安堂总行特派华北总经理宋蕴朴带领摄制人员来烟台拍摄，云云。事实多与宋氏的《大观缘起》不符，肯定出于误传。但也提供细节，说"3月28、29日两天放映《北平大观》，每日三场，每场千余人"，为拍摄《烟台大观》筹足了经费。后曾成立大观拍摄筹备委员会，由烟台行政长官、商会主席、中国银行烟台分行、"进德会（官方主导的全省社团）"执行委员、基督教青年会总干事等人组成（4月下旬在某影院首映），可见《山东大观》的摄制运用了《天津志略》编刊的成功模式。济南《大众日报》于2012年曾刊载《〈潍县大观〉：民国潍县面面观》一文说[①]，1934年山东省政府主席韩复榘为了展示自己的政绩，决定拍摄《山东大观》影片介绍省内市县，潍县是其中之一。从上海高酬请来摄影师，历经几个月，于1935年拍成了一部全长1650米、可放映55分钟的纪录影片《潍县大观》。该片使人们有幸一睹20世纪30年代潍县多方面的真实面貌，是难得的历史影像档案。2011年，潍坊市档案馆曾公开播放。两报文章都提到《青岛大观》找不到了，唯有《潍坊大观》幸存。

两篇报道中都含有重要错误，前者说胡文虎出资拍摄《中华大观》，后者说韩复榘下令拍摄《山东大观》；前者没有提及宋蕴朴，后者中的宋氏只是奉命行事的人员。这反映了人们实在难以相信一个外来商人能说动高层，干成这样轰动全省的文化大事业。

据宋氏《山东大观缘起》，还曾拍成"《中华工商业大观》数集，历在各地映演，颇得各界人士之热烈欢迎"。更重要的是，《北平大观》还曾"经中央选送万国电影赛会"。查阅网上《中国电影大事记（1896—1948）》，1933年2月，中国电影文化协会在上海成立（以夏衍、田汉为骨干），同月，国际电影赛会在意大利米兰市举行，邀请中国选送影片参赛。由电影检查会选定6部影片参赛，第5部即

---

① 王学坚：《〈潍县大观〉：民国潍县面面观》，《大众日报》，2012年4月24日。

《北平大观》，这是"中国最早参加的国际电影活动"。然而权威专著《中国纪录电影史》中却对《北平大观》只字未提。①

宋氏结局的推想　被埋没缘由的讨论

根据分散在史料中的时间节点，能大致推知宋氏最后几年的踪迹。1930 年他成为太虚法师的信徒，1931 年完成《天津史略》，1934 年起，用两年时间摄制《山东大观》十部，其顺序（未必可靠）是烟台……潍县（1935 年），最后是威海卫。据当地报纸报道，拍摄威海卫的时间为 1936 年 5—7 月。《威海卫大观》的拍摄报道最详，但 7 月 15 日以后再无相关信息，该片肯定未能试映，这只能用突发意外来解释。推想结束拍摄后要到青岛或济南完成制作，还要用不短的时间总结十部影片整体工程，编撰、印制精美纪念册。

假设宋氏个人出现意外，最晚应在何时？遗憾的是单页合订的《山东大观》电影字幕汇编无一处标明日期。唯有一个细节，可据此划定时限不早于西安事变：按照抗战前惯例，纪念册中的政要题词都是蒋介石后必跟张学良，而此册独缺张氏。据此，意外情况恰好发生在纪念册制成、开始分赠之时，所以此册罕见存留。

宋氏的意外遭遇，最合理的解释是突然病倒。1936 年底西安事变和平解决，没几天日军占领山东省城济南，其海军则占领青岛。全国舆论突变，抗战成为压倒性主题，被冲散的经济文化建设无人关注。宋氏早在编辑《南洋大观》时就曾累到时常呕血，又"患痢甚剧"几乎丧命。编辑《天津志略》两个月的紧张工作，他是抱病坚持的。在《山东十部大观摄制缘起》中谈到信仰的力量时，他又透露说，拍摄黄河决口险情时，他以肿大难行的双腿站在洪水中。再经过五六个城市的拍摄，他随时可能猝死，当然也可能回南洋养病，但不会长久，国内的抗战洪流会把他的一些信息包括死讯完全

---

① 单万里：《中国纪录电影史》，中国电影出版社，2005 年。

湮没。随后的内战更不会去发掘一个华侨的事迹。

宋蕴朴是天资杰出的一代精英，他起点很低，并无官宦或书香世家的有利资源，却能单枪匹马干成感动全国的惊人事业，是值得青史留名的重要人物。历史对他的极端不公，仅仅用常见的偶然性不足以解释。深入思考，应当归因于偶然性之偶然的叠加，这会成为一个历史哲学命题。

重要人物或事件而遭无视，一大缘由是其处于既定的学术划界的边际地带。分析起来，宋氏遭遇的边际叠加多达三四重。空间上他处于中华境外—境内的分界处，中国历史和新加坡（原属马来亚国）历史都会把他除外；他的辉煌及同时的消失，恰值现代史的"亚时期"（抗战阶段及战前阶段），容易被分界线本身所覆盖或割裂；他的多项事业，处于经济—文化—宗教多领域交界的"三不管"盲区……

宋氏贡献涉及广泛领域　史迹寻求亟待多方协同

宋氏平生的贡献涉及众多领域，填补了无数历史空白，举其大者当有下列方面：

天津史方面：宋氏在天津虽然居留短暂，这里却是他事业成功的关键之地，对他的"殖民"架桥方略无比重要。天津时为河北省会，《山东大观》附有《河北大观》的联名倡议书，是他事业转折的见证。除了《天津志略》，他的电影成果及本人生平的再现又发现于天津，岂是偶然？天津史的广大研究者亟待关注这位失踪人物。南开大学陈鑫先生闻讯已从专门数据库中检索到一批史料。

社会学史及南开大学校史方面：宋氏生当中国传统宗法结构解体之时，社团网络起而代之，城市中绅商自治的商会是社团主干，以此为研究对象的新学科社会学恰好以南开大学为摇篮之一。《天津志略》四十万字，除了由市商会提供外，几乎都是南开社会调查团师生义务完成的。此书堪称中国社会学的第一硕果，其现代性光辉至今不减。然而中国社会学史、南开大学的校史中却找不到此书及作者之名。

方志学及地方史方面：编刊方志、重视地方史是中华优良传统，宋氏《志略》是这一传统的出新，学术意义重要。然而方志学权威、南开大学来新夏教授并未正视出现在天津的方志学新发展。宋氏生长于北平，立业于大兴（宋氏商行所在的白米仓，笔者去年曾面询北京掌故权威赵珩先生，他说大兴地界即今之北京市东城区）。又按《北平志略》的稿本摄制成《北平大观》影片，根据这一线索，北京史志部门如能发掘宋氏及蕴兴商行史料，必有收获。《山东大观》电影系列涵盖省会及青岛、潍县、烟台等主要城市，新发现的《山东大观》电影字幕汇编是各项景观的文字纪实，相信各地史志及旅游部门将据以开展新的研究。

现代佛教史方面：宋蕴朴抱病拍摄十部电影的感人事迹，动力来自"人生佛教"的入世信念，可见民国虚云法师的改革开辟了佛教史的新时期。宋蕴朴作为佛教信徒服务社会的样板，值得研究和纪念。

南洋华侨史方面：直至今天，《南洋志略》仍是相关研究的主要参考文献，例如一篇关于华人知识分子的论文，题目显示全以此书为依据。①

还有中国电影史、孔府史等众多方面，不胜枚举。他最珍贵的遗产是纪录电影系列，它是我国历史文化形象史料的宝库，关乎着儒学的传承。

宋蕴朴先生作为现代人物，距离我们不远，发掘抢救他的史迹，显然是亟待开展的现实任务。宋蕴朴研究要求众多地域和领域的协同努力，包括北京市、天津市、山东省及相关城市的档案、史志、文博部门，还有电影史、佛教史、南洋华侨史等各研究机构。纪录

---

① 陈舜贞：《二十世纪初期的槟榔屿华人知识分子——以〈南洋英属海峡殖民地志略〉记载为例的分析评论》，《华侨华人历史研究》，2008年，第2期。

电影拷贝（至少 13 种）的搜寻，要由相关部门主导。至于具体途径，威海档案局张建国先生的思路颇有启发：他认为最有希望的是马来西亚，那里是宋蕴朴创办商行所在地，也是六子二女家族的聚居之处，他的遗物最可能留存于此。

关于宋蕴朴的发现足以引发一系列社会文化工程，最宜由具有相当背景、实力和威望的大型文化传播实体机构，联系众多地方、部门策划大型活动予以宣传。

说明：

作者应邀以本文主讲于 2019 年京津冀地方文献论坛，后发表于《社会科学论坛》2019 年第 6 期。

305

真纯的逃名者吴家琭（玉如）

——我心目中的大书法家吴玉如先生

张伯苓的学生中有两位文章高手，白话文是周恩来，古文是吴玉如，两人是同学挚友。

1986 年中国美术馆举办吴玉如书法展，在他的作品上题满吴作人、李苦禅、欧阳中石、萧劳等书画家的赞词"上上神品"等语，启功先生则写道"三百年来无此大手笔"。前几年出版的《二十世纪书法经典》，以 20 本专册分别介绍康有为等书家，其中只有吴玉如少为人知。互联网的国学网站首页列有国学大师王国维、陈寅恪等 13 位，其中吴玉如、沈尹默同列于书家、诗人两类。岂知先生很不情愿被称为书法家。然则对他该怎样定位？窃以为可与王国维、陈寅恪先生并列而三，即所谓"以身殉文化"的、具有圣贤品格的人物。三位大师的身世冷寂都是自觉的选择，也有显著的不同：王著作等身，陈著作很少，吴则一生刻意"述而不作"，除书法题跋中的语录外没有论著。"不作"不等于不做，儒家的真谛是做人、为学合一。而根据自身的境遇条件，吴先生选择的是道德上的以身"作"则，其鲜明表现正是"逃名"。诸大师都能"点击"其名，打开各自的专页，只有吴先生的生平还是空白。

砥砺操行"独往意弥酣"

　　吴玉如（1898—1982），安徽泾县人，名家琭，后半生改以字行，晚年自号"迂叟"。曾在天津南开中学与周恩来同班。

　　吴先生中学毕业曾入北京大学预科，因家计而辍学，但无碍于其学识的渊博。1936年，张伯苓校长聘他在南开大学任教，卢沟桥事变后他未能随校南迁，转年拟奔赴西南联大，过重庆时被担任国民参政会副议长的张伯苓先生留下任参政会秘书，与周恩来重逢。参政会的王世杰、雷震等几位秘书中只有吴先生不是国民党员，故受到要其入党的压力。蒋介石约期召见他，雷震对他说"这是一步登天的事，别人求都求不到"。先生却向劝他参见蒋的张校长婉言推却道："天津被洪水围淹，母亲患病，见委员长不如见母亲重要。"他毅然绕道缅甸潜回天津英租界，行前只给周恩来留言辞别。为了躲避日本人的纠缠，他从此隐居陋巷。

　　如此耿介的个性，在吴先生担任津沽大学文学系主任时发挥得淋漓尽致。他在与驻校军管会的人员一语不合当场冲撞后，立即去职离津远游。归来便像翻译家傅雷先生一样，成为新社会中极少数的游离知识分子。这样的生存方式，地位上属于社会的底层，缺乏庇护，要承受巨大的精神压力，他却终不言悔。以其社会关系和地位，他本是重点统战对象，但市政协里没有其身影，显然是他逃避的结果。

　　在这条品德修炼的路上，吴先生越孤苦越坚定，用他的诗句来说，就是"独往意弥酣"。他靠为中华书局校注古籍的收入度日，"文革"一来便断了生计。从他的诗中可以看出其贫困多么让人心酸："饔飧锱铢较，小病喜粮积……体轻三之一，未死荷天赐。病唯诵佛号，医苦无药饵。""文革"后期，他的生活濒临绝境，周恩来通过共同的朋友章士钊得知情况后，立即指示天津市有关部门给予妥善安置。1973年春，他来到天津图书馆"工作"（直到6年后，市

307

文史馆恢复）。本是要"养起来"，但因失去工作岗位几十年，出于社会归属的特殊心情和报效国家的强烈愿望，这位75岁老人却非常认真地来上班。这就是我这个不学晚辈有幸忝为他的同事的缘分。馆里给他安排的任务是给部分人员教古汉语，每周两个半天，但他坚持全天出勤。直到风云再变，"反击右倾翻案风"中夹杂着"批周公"的叫嚣，他才过起了领养老金的生活。蒙先生偏爱，要我到他家去教我古文，重点课业有砥砺气节的《后汉书·范滂传》等篇。他在写给我的一篇教诲中说："他日莺果有成，恐迂不及见……"他所谓"成"指的仅限于人格修养，这在今天已无人理解了。上班期间，吴先生除以极大热情讲解《归去来辞》等不合时宜的篇什外，其余的长时间，包括中午休息，他都用自购的宣纸不知疲倦地给稍感兴趣的青年传授书法，边讲边写，还讲解各体文字的演变。这一切到今天我才理解。那时他曾在给弟子的题款中写道："吾黄帝之子孙今日能将毛锥作字者，千人中未必得一矣。三二十年后，五十六十之人即遇此，恐亦去覆酱瓿不远耳。"学生时代就以稽古为志趣的他，对作为古老文化核心的汉字有极其深厚的感情。他反对乱写草字，而主张用"行草规范"来提高书写效率。

"文革"对中华文化的无情摧毁使吴先生陷入焦虑惊悸中。他在诗中呼号："文字国之魂，魂亡何所寄。中夏百年内，文字乃日敝。有心痛哭者，能无心惊悸。亟思醒国人，勿自就坟次。""国灭犹可复，文字灭不继！"可知他是以怎样强烈的民族责任心和痛切的文化忧患来维护汉字的。

谆谆教诲"先器识而后文艺"

弟子回忆，曾有一位远道而来的慕名者登门求书，恭维吴先生为大书法家，先生听之木然。给他写了一幅，署名加印后让他拿走，写的是："会写几个字算得什么"（他给友人也写过同样的话，不过前加"仆自问"）。客去后，先生教导弟子说："'士必先器识而后文艺'，读书做人是第一要紧的。写字是读书人的本分，切不可颠倒本末。"先生曾把书法比作庄稼人编筐，只能看作副业。字写得优雅是本分，读书人都该做到，先生两代学人即是典范。小如先生是著名学者，其弟同宾先生也以京剧史闻名，乃父从不想让他们成为书法家，但却督责其自幼刻苦练字，所以两兄弟的书法颇肖先人。小如先生回忆说："先父嫌我笔力纤弱，嘱我备大方砖一块，炊帚一柄，每天在砖上写径尺大字一小时。"

吴玉如先生特书小楷以鼓励重病中的作者（1976 年）

吴玉如先生国学博大精深。卞慧新先生（陈寅恪先生高足）与他年龄相差不很多，却执弟子礼甚恭，在频往问学中暗暗记下吉光片羽，辑成《茂林吴先生语录》，内容涉及经史百家。传统文化不重学科，如强为归科，则先生的文字学就很突出。我莫测高深，偶有窥见：敝人名中冷僻的"鸢"字，他竟能在一篇墨宝中变出四种异体，其中一体我近年才在于省吾先生的甲骨文新著中发现。先生在诗词方面有更多遗作。他的诗稿在章士钊、巨赞法师、叶圣陶等名流中流传，以至于不易收回。叶圣陶先生很少为人题写书名，《迂叟自书诗稿》却是例外。小如先生在《诗稿》序言中说："搜求先人的遗诗，比辑理他的遗墨更难"，因为先生写诗时虽苦心推敲，但"写完便信手弃掷"。经小如兄弟收集的，也在"文革"中几近全军覆没。天津图书馆发现的抄本《群彦赓和集》中有他的佚作一批，同册作者有周瘦鹃等沪上名士。据郑逸梅主编的《永安月刊》（1947

309

年）的记载可以推知，先生的文名与唱和者一同远届海外。

沉醉书艺 "不随波流成俯仰"

人但觉"迂叟"性情古板，谁想到青年时代他曾是社会活动的组织者。关于他早年情况的文字材料极少，我在黄钰生先生的回忆录中有发现。黄先生留学归来一直任南开大学秘书长，1953年调任天津图书馆馆长。"文革"后两位南开老人在图书馆重逢，使我同时有两位恩师。高出吴一个年级的黄先生在回忆文章中总结说："吴家琭字玉如，晚年自号'迂叟'，与老同学通信仍用原名。擅文牍，在南开曾任教。张伯苓当参政会副议长时，任秘书；多吟咏，近宋人；善书法，追踪二王，近来才被认为书法家第一流。他是早期南开同学中的一个奇才、偏才。"推想后来吴先生之变为"迂叟"，除了是学术向"偏才"（专才）深入的结果，也与世事演变的不如人意有关。

陈寅恪在评价王国维时认为，中国引进西学毁弃传统根基，士人必有与文化共存亡者。儒家学养的起点是"修身"，孟子更强调"养气"。吴先生因家境而辍学，没有王、陈那样系统钻研的条件，又更早感受到社会上的恶浊，便选择了自立修身楷模以激励士人的道路。但在精力分配上，他大多埋头于书法。他的书法和修身当有某种一致。深入探究其生平，可以肯定这一思路。往浅处看，他的书法与修身相结合，在于对"名"的规避。跟一般的标榜清高甚至矫情以获名的书家根本不同，他是真的。他经常重复古语"三代以下，惟恐不好名"。此语意为承认"好名"比唯利是图有较高的价值，因而追怀上古的纯洁高尚，发出慨叹。他在题款中曾写道"好名究非德之宜……孳孳于名者，犹孳孳于利也"。他教导弟子对一些人物因政治地位而"凭附增价"的现象要有认识。

往深处看，他的书法、修身相结合更表现在对艺术美的不倦追求。书法和修身都有无限完美的境界。先生的格言是"大匠不示人以璞"，坚持不满意的作品不见人。小如兄弟回忆，他们想保留父亲的字，总是遭到拒绝。先生又引古人"身后名不若生前一杯酒"，接着写道："如一杯酒之念亦无，斯则神安矣。""神安"就是进入物我两忘的境界。他又强调"少涉造作，便无神韵"，"习字读书须骨气，盘根错节见精神"，书法、艺术、人格三者的完美是同一的。吴先生为汉字的命运忧心，也因书法生涯而快乐。有人评论说："当人们各自书写自己的人生败笔时，已经摆脱了名缰利锁的吴先生正在他的艺术天地中自由徜徉。"他的联语"不随波流成俯仰，庸因老病便颓唐"显示了儒家的乐观积极。

吴先生半生贫苦，全为避免跟人"沾光"。他从重庆回到天津英租界（我曾鼓励他的一位书法弟子发表文章介绍他的生平，因为漏写"英租界"三字，引起吴家兄弟同宝、同宾不满，因为那样有投入日寇占领区之嫌）。为了避免日本人骚扰，他改称"玉如"，以字行；抗战胜利后，如果他想多得润笔，则恢复本名可以借着与蒋、周的关系而身价百倍，但他却坚定地逃名到底。这一选择，可说他是在用自己的生命为儒家经典书写活的诠释。因此，这位国学大师的生平尤其不可湮没。偏偏至今他连薄薄的传记也没有一本，小如兄弟囿于传统家风，众多弟子也未闻有能当其任者。这一大憾何时能弥补呢？

说明：

本文发表于《中华读书报》2003年3月25日，为首次向全国介绍吴玉如先生生平。原题被改为《身后名不若生前一杯酒》，我得知后曾提出异议。"一杯酒"云云近于道家的滑头，而狂狷的吴先生正是因为留下"身后名"，以给他人留下明镜，以鉴其丑。相关短文另有《吴玉如先生在天津图书馆》（记述与笔者同事等情况）等多篇，发表于《天津日报》《今晚报》等报刊。

为我命名的太炎弟子汤炳正先生

先生为我选名"鸢"字

汤炳正先生（1910—1998）属于中国现代第一流的国学学者，在近年的国学复兴中，他给威海带来的学术荣光日益彰明。章太炎先生是公认的国学大师，而汤先生是公认的大师首席弟子。

我与汤炳正先生只是不同代的同乡，老来才知道他对我的一生影响很大：敝人名字中的"鸢"是他选定的。我父亲是荣成人，20世纪30年代在威海开设旅馆。1936年我出生前后，年轻的汤先生去北京、苏州求学，往来途经威海都住宿于父亲的旅馆。我兄弟之名都带"鸟"旁，两个哥哥占用了"鸟"部适合做名字的好字，为我命名就成了难题。"你的名字是章太炎的学生给选的"，父亲自豪地告诉我，还诵出他听来的《诗经》名句"鸢飞戾天，鱼跃于渊"。十多年前我开始上网，用关键词"太炎弟子、荣成人"搜索，初次见到"汤炳正"之名，那时曾想也许有机会拜见此老。后来我发现并读到先生之孙汤序波先生所撰《汤炳正传》，在传记的年表所记传主来往威海的年月，恰好符合我的出生年月，父亲的话得到证实。传记说汤先生的斋号为"渊研楼"，可以推想出他对《诗经》那一名句的偏爱。

说实话，怪名字给我一生带来很多烦恼：读不出音引起的交流障碍；给人以"想借怪字出名"的恶劣印象；还有据姓名学的拆字术，"鸢"字对本人带来的负面心理效应。然而，无论如何，我对给我命名的前辈学者只有尊敬。从他的传记可以看出他勇于探索的思维类型，这跟我也很相似。至于选字有欠含蓄，当是出于他的少年气盛。

《汤炳正传》是传主之孙汤序波先生用半生心血写成的、学术水平很高的专著，我读来感到间接带有"太炎文风"。汤炳正先生对故乡荣成感情极为深挚，很多回忆保存了丰富的乡梓文史资料，对地方文化研究多有价值。

汤炳正先生的生平

1910 年，汤炳正先生生于荣成县石岛镇张家村。据家谱及汤家的口传，他家祖上是明朝驻在文登营的抗倭将领汤和。为加强海防，汤和在荣成一带沿海设营，所任把总是正七品武官。卸任后在石岛（今荣成市）安家落户，大院门前两侧还竖着褒奖勋臣的旗杆，当地人习称该院为"旗杆底下"。

到汤炳正的祖父汤顺铭一代，汤家已成为石岛镇数一数二的富户。那时胶东属于偏远地带，文脉不盛。1905 年，清朝最后一班科举考试，其父汤丕治考中秀才，为汤家博得功名。由于"学而优则仕"时代已经过去，汤丕治开始经商，经办商号"瑞和"（后改为"瑞兴"）。他曾长期担任石岛商会会长，正值维新潮流兴起，他热心于家乡教育事业，于 1910 年创办明德小学，这是石岛镇第一所新型学校，今天的荣成三十六中前身。汤炳正六岁开始在这家小学读书，只对美术音乐课有兴趣，可能父亲见他大有潜力，九岁时又让他到村里拔贡张玉堂先生新设的私塾去攻读国学。张先生教学严格，对他影响很深，打下了日后钻研国学的基础。

十三四岁时，汤炳正显出早熟，求知欲强烈。除了自学英语等新课程，还遍读其父所藏的《天演论》《海国图志》《饮冰室文集》等那个时候的新时代名著。他偶然从上海石印《百子全书》中见到邮购地址，小小年纪就经常从商务印书馆、中华书局等出版社购书，事后才向父亲要钱。他回忆说："父亲虽有怒意，但其中也透露出喜爱的神情。"这样，他就购读了《十三经注疏》《皇清经解》《二十史》等大量国学基础典籍。有一本书后附有"革命元老，学术泰斗"章太炎先生的一篇跋语，汤炳正读后大感崇敬，幻想未来要名列于章门。

1930年，他有幸结识邻村姜家疃书香门第的姜忠奎先生。姜从北京大学毕业后留校任教，暑假回乡探亲，带着一篇国学文稿到张家村拜谒蒙师张玉堂。老先生特地找来汤炳正让他俩相识，相差十来岁的两位才子于是成为莫逆之交。汤先生曾感慨说，"人生除'读书''背书'之外，还可以'著书'，这观念是姜君带给我的。"受姜的影响，于1931年与几位同乡学友同赴北京求学。

汤炳正缺乏正规的中学教育，没有资格报考北大，1933年考入私立民国大学（由马君武创办，蔡元培曾任校长）攻读新闻学。汤炳正才高志大，经常去北大各系旁听补课，每天风雨无阻到北京图书馆博览群书。他读汪荣宝先生《法言疏证》的影印手稿时，发现不少错误，便写了十余万言的《〈法言〉补正》书稿。这是他"大胆怀疑、不避权威"治学思想与研究方法的体现。

1935年，汤炳正大学毕业，即返故里。他曾在天津《大公报》上发表短评《关于毕业后失业问题》，说明了那时的世情和个人心境。不久，他欣喜地从《大公报》上见到，章太炎在苏州举办的章氏国学讲习会研究班招生考试的消息。入学考试很难，规定有著作者优先，汤先生把自己的《〈法言〉补正》交上，得到太炎师的高度赏识。据笔者所知，章太炎有自己的学术体系，曾谢绝北京大学导师的聘请，对现代教育保持距离。试题是专题研究的体会，汤炳正的答卷竟然在大师亲自主编的国学学刊《制言》上发表。章太炎把汤炳正视为"继承绝学唯一有望之人"，众多同学无不心服，他作为章太炎最得意的弟子，突出地体现于 1936 年大师去世时他被公推为追悼会上的致辞人。

由于各界重要人物的支持，国学讲习会以太炎文学院的名义继续存在，后由于日寇逼近苏州而迁往上海。汤先生回乡休假时，请他任教的聘书寄到石岛，他托人在上海代租公寓，准备全家前往。不幸日寇侵略导致道路阻梗，使他困居家乡六年之久，学术生命被耽误。乡居期间他曾患伤寒，大病一场，家庭生活也陷入困境，曾在几处短时教书。1942 年，青岛德国教会创办的礼贤中学友人请他去任教。他到青岛不久，又开始了奔向四川大后方的颠沛流离生活。经过济南—河南—安徽—陕西，或行或止，直到 1948 年 8 月到达四川南充的西山书院。后半生，他曾任贵州大学等高校教授，后又被调往四川师范学院。或许由于地域、时代与民国时期的苏州不同，他专擅的古代语言文字再无用武之地，只能业余从事，主要以屈原和楚辞研究专家而闻名于世。他还被分配教授现代文学课程。早年在北京读书时，他发表过不少新旧文学精品，后来放弃此道，可能觉得不足以充分发挥自己的脑力，正像最初就读的新闻学一样。细读汤序波先生为其祖父所作传记，我的印象是：汤炳正先生是一位被环境所限、被时代所误的语言学天才。

汤炳正先生离乡求学较晚（22 岁），学成之后，又因为战乱而困于乡里多年，后来他终老于偏远的川贵地区，关山阻隔、身不由己，他竟再也未能还乡一行。其思念故乡之情，可以想见。他的夫人十分贤惠，支持他费钱求学，以致在兄弟分家时所得很少。她细心服侍丈夫熬过一场凶病，又鼓励其离家逃亡，从此长年分隔。更可悲的是，汤炳正之弟后来投奔贵阳，说汤夫人"土改"后可能已不在人世。汤先生因此再度成家，后来夫人携子女去到贵州，使他惭愧不安。1998 年，汤先生去世后，其爱孙汤序波才把骨灰送回家乡与祖母合葬。

语言学天才与胶东方言研究

章太炎的学问难以企及，特别是他在古代语言文字学（旧称"小学"）上的渊博造诣，他本人也唯恐这一绝学失传。他曾明确说过，唯一有希望继承绝学的就是汤炳正。

大师门下集中了举国精英，为什么汤炳正独能中意？他的籍贯可能是重要缘由。章先生在给弟子吴承仕的信中曾感叹："人才难得，过于随珠"，"山东……应当出这样的人才"。姚奠中先生曾说，汤"深受老师器重，就在于他在语言研究上的悟性之高"。"悟性"当指声韵学上超常的天赋，汤本人可能已意识到此点。其孙撰写的传记是在他亲自指导下进行的，书中说："当我接触祖父的语言文字学时，深感他长于古音，不知是否与他是齐人有关？""齐人善音，自古而然。齐鲁大地生长的人，对读音似乎有某种天赋，古往今来出了许多语言文字学家。"据《汉书·艺文志》载，西汉宣帝时曾审核古文字读音，为此特别"征齐人能正读者"来验证标准古音。

我十岁从威海迁到青岛、天津，感到莱东方言独特，为此曾研读王力《汉语音韵学》，虽然远未读透，但已坚信家乡话在声母方面有两大特色。不够学术地说，一是保留了与粤、闽相同的古舌尖音、舌根音两个系列的区分，没有像广大地区那样退化而混同为"舌中"的 j、q、x；一是知、彻、澄三"纽"的发音似乎比粤闽更为"古怪"（语言学家赵元任戏作《施氏食狮史》中的几十个汉字，在莱东话中半数不读 shi，为全国仅有）。这里单说舌尖、舌根之分，例如"家"字，粤语读 ga，莱东读 gia，比粤语的古音多出了中间的字母 i。

汤炳正先生在语音学上的贡献似乎正在于此。他的成名之作是《古等呼说》，据《汤炳正传》载，此文"不仅受到章先生的赞许，当代几部很有影响的声韵学专著，都把此文列入必读书目"。传中对"等、呼"问题讲解很详。这里结合传统音韵学原理和威海方言实际，做个简单说明：古汉语在辅音与元音之间有 a、i、u、ü 四种介音（术语是：开口呼、齐齿呼、合口呼、撮口呼，总称"四呼"），威海话例字可分别举干 gān、间 giān、关 guān、捐 gǖan 为代表，清代音韵学家江永只能从口形角度描写为"一等洪大，二等次大，三四皆细，而四尤细"，这显然不够清楚准确。其中的间、捐二字，难得莱东方言还准确地保存着古介音的原状。清代学者对纽、韵的研究早已登峰造极，而正如《汤炳正传》中所说"古等呼的研究，向被忽视"，所以说汤先生的论文填补了古音学的空白。他的论著还有《齐东古语》，表明家乡方言曾是他的研究对象。章太炎认为属于新贡献的这个问题，只有莱东人容易发现。

学术上常用"填补空白"来肯定重要成果的价值，空白越大，价值越大。汤炳正先生很早就显示出语言学研究的天才，其治学精神又是大胆探索、解决难题，那么他最重大的成果是什么？他自己认为是提出人类语言由来的学说。这个问题实在太难，以至于被世界语言学界认为几乎无解，法国语言学会的旧章程中甚至曾把这项题目排除在外。但汤炳正却提出令人信服的假说，曲高和寡，有评论说"由于种种原因，尚远未得到学术界应有的重视"。巨著《语言之起源》在台湾地区出版后，其价值正在彰显中。其论证依据，在于著者对汉语古方言之深广的把握。这当然与他的母语方言的古老相关。

山东半岛的方言似乎越东越古（仅就声母而言），为什么？我从年轻时就不断琢磨，在追念我与之有缘的汤先生时，很想"非学术"地把自己的想法吐露出来，作为结尾：华夏农耕文化的基地在中原地带，几千年来在游牧民族的冲击下不断南移，南下民族的通道是大运河的平行地带，胶东半岛与其距离最远，所以人文原生状态保存较多。莱东方言能启发汤炳正先生钻研世界难题，所以威海方言比其他方言有更大的保存价值。

说明：

本文发表于《威海记忆》（威海市历史遗产保护委员会主办季刊），其后又有相关短文刊于《天津日报·副刊》，意外被贵阳学者、汤炳正先生之孙汤序波先生发现，并建立联系。他正为乃祖撰写年谱，以本文中的细节互相印证，无不契合，遂将此事记入《汤炳正年谱》中。这真是一段佳话。

辜鸿铭之友和溥仪之师

——两位英人殖民官的汉化

关于欧洲人的"汉化",人们熟知的是明、清时期的利玛窦、汤若望等传教士。很少有人想到,时至近现代,竟有两位英国殖民部属下的官员,不仅精通汉学,而且相当程度上具有华人的思想感情。更有趣的是,这两位洋人还分别跟国人熟知的传奇人物密切相关:一位是学界"怪杰"辜鸿铭的好友骆克哈特(汉名骆任廷),一位是末代皇帝溥仪的老师庄士敦。

他俩共事于曾是英国租借地的威海卫(闻一多爱国名作《七子之歌》中的"游子"之一)。这里是笔者的家乡,老来常去小住,结识了档案局前局长张建国先生,他曾六赴英伦,觅回英租界时期的巨量档案资料,编成图文并茂的《米字旗下的威海卫》一书。他的英语助手马向红女士则把庄、骆二人的传记翻译出版。

我童年的背景是 1930 年威海卫收回后设置的"特别行政区"。我读了庄、骆传记就想撰文推荐,转念我的兴趣出于相关的回忆,别人则不然。新的史料报道使我突然悟出:骆、庄身上的中国人特性,恰好分别酷似儒、道两家。从这一角度来作评介,有趣味更有意义。

庄传题为《回望庄士敦》,骆传题为《蓟与竹》,后者需要解释:蓟,是苏格兰的象征植物,竹,象征着传主骆任廷的汉化。传记作

319

家史奥娜女士正是苏格兰收藏机构中骆任廷档案及藏品保管者的夫人。她早就对骆、庄两位苏格兰老乡的中国生涯大感兴趣，研读之余，不禁动笔写成两部传记。多次前来查阅档案的威海客人受到作者夫妇的热情款待，双方亲如一家，感人的细节都记在中译者序中。

庄士敦（Reginald F. Johnston，1874—1938）的事迹，早已见于两本书中：溥仪的《我的前半生》和庄氏的《紫禁城的黄昏》。史奥娜女士有鉴于此，在《回望庄士敦》中特意避开陈旧故事，着重介绍传主不为人知的经历。开篇第一句就说庄士敦"实在是一个古怪的人"，他的放荡个性和冒险行动会大出读者所料。书中内容倒能纠他在国人传闻中他的过分行为，例如他晚年在自购的小岛上悬挂着伪满洲国的旗帜，陈列室中摆着御赐的官服和顶戴。事实不过是图书室中存着"溥仪赠给他的中国书籍"，包括"中国百科全书1734册、佛经1500册"①，据册数可知为《续修四库全书》和《佛藏》。单凭英国对日本的蔑视，庄士敦怎肯承认傀儡的伪满洲国？

骆克哈特（James S. Lockhart 1858—1937）在国人中的知名度远不如庄士敦，但其重要性则实际相反。骆比庄年长16岁，是其上级领导，威海卫租借地治理模式的确立者；而庄士敦续任的政绩，不过像汉朝历史上的"萧规曹随"。骆克哈特只是闻名于香港历史，而骆任廷之名近年日益多见，他跟"怪杰"辜鸿铭是爱丁堡大学的同学，后来一直是好友，亲密到无话不谈。最近有报载文章《辜鸿铭是否担任过溥仪的"帝王师"》②，披露辜曾致信骆任廷，告诉他徐世昌总统正在为溥仪聘英人教师，辜本人因为"对礼仪不够熟悉"而落选，听说要请骆任廷，劝他"请您万勿推辞"。辜没想到这位行政长官不会屈就私人教师。

前几年还有更重要的信息传遍学界：辜鸿铭英译《大学》的文

① ［英］史奥娜·艾尔利著，马向红译：《回望庄士敦》，山东画报出版社，第128页。

② 吴思远：《辜鸿铭是否担任过溥仪的"帝王师"》，《文汇读书报》，2019年2月28日。

稿弄丢了，想起曾把复件寄给骆任廷求教，1912 年他致信给老友想找回原稿。[①] 这些年儒学升温，基础教材"四书"之首的《大学》意旨深奥，虽有多种英译，谁也比不上精通多种洋文、专门翻译经典的奇才辜先生。如果能从苏格兰的骆任廷档案中找到《大学》英译稿，将是儒学史上的大事。

用中国旧眼光看，骆任廷的传记好像正史，而庄传的情节近于野史。我曾误以为庄士敦是威海卫的长官，这是由于野史给人的印象更深，所以需要对骆传做更多的介绍。《蓟与竹：骆克哈特爵士传》问世在先（1989 年，香港牛津大学出版社），中译本是 2016 年取得授权才出版的。读骆传的感受与读庄传完全不同。骆任廷在香港任职较短，但业绩出色。他上学时成绩优异，二十岁走出爱丁堡大学就进入英国殖民部，转年作为见习生被派往香港，立即陷入对中国文化的迷恋中，不仅攻读经史子集，而且喜爱琴棋书画，成为"中国通"。他的杰出才干颇受赏识，获得一路升迁，1895 年，37 岁的骆任廷就掌管了港府的辅政司兼华民政务司，成为仅次于港督的人物。适值英国扩大在华势力，同时强租跟香港毗邻的九龙（后来的新界）及威海卫。骆任廷在接收和治理新界中立了大功，三年后由英王委派为威海卫首任行政长官，跟港督平级。这些事迹在骆传中才占三分之一的篇幅，读者预期他会有更大作为，然而再读下去，却会有异样不适的感受：不满于内容的平淡，一直"失望"到结尾。掩卷思之，不禁对传主的官运不通、"冯唐易老"感到同情。骆任廷是跟威海卫同命运的。起先他曾壮志满怀，决心打造"第二香港"，无奈天时地利都无可能。租借威海卫的借口是帮清朝跟占据旅顺的俄国对峙，没几年旅顺就在日俄战争后落入日本之手，使威海卫租期成了问题。因此，英国视之为鸡肋，不肯投入开发资金，要求"自负盈亏"，而骆定的税率却远低于清廷时期。他试图利用威海卫

321

[①]　吴思远：《辜鸿铭与英译〈大学〉出版之谜》，《中华读书报》，2015 年 9 月 16 日。

自由港优势自力更生，但此地西靠开埠最早的烟台，南邻德人倾力开发的青岛，繁荣经济没有可能。他反复争取拨款，惹恼了殖民部的大官，说：你这么高的薪金驻在那里都是浪费。他曾开金矿、修公路，山东当局都设法阻挠，这逼迫他在中国官场拉关系、找出路。他曾结识山东巡抚，到济南会见北洋实权人物周馥，还参拜孔府，被衍圣公按英王代表的身份待以隆重的礼仪。周旋揖让于中国官场，加深了他的汉化，以致辜鸿铭都认为他比自己更熟悉中国礼仪。他设法把香港僚属、同乡好友庄士敦调来。殖民部对庄的过分汉化早有不良印象，骆的另一佐僚对他俩的亲密看不惯，常"打小报告"说坏话，断绝了骆氏异地升迁的可能。这都客观导致威海卫小天地跟女王政府的日渐疏离。庄士敦赴京就任"帝师"后，漫长的冬季少有故国来客，骆任廷只有盼着轮船带来信件，再就是靠钻研汉学"皓首穷经"来打发时光。

林语堂曾说，儒、道两种元素奇怪地结合成中国人的性格，当官时是儒家，赋闲时是道家。这种深刻认识在骆、庄二位洋人身上得到别样的体现：骆像是纯正的儒士，而庄则是狂热的道徒。"骆任廷"是特选的汉名，庄士敦不过是英语谐音，他号"志道"是自认道家。若按"官大一级压死人"的中国传统，他俩不可能亲密无间；既是一儒一道，则自然会结为一体。下边分别考察两人的儒、道表现。

骆任廷治理香港新界时就凸显了儒家"宽猛相济"（《左传·昭公二十年》）的政治理念，他迅速压服了本地民众的反抗，紧接着顶住同僚的反对，定下华人自治的体制和税收的实惠，取得成功，骆传中的相关章节竟题为"华人保护者"。在威海卫，他居然实现了中国近代史上一大体制创举：全面依靠"村董"（自然村的长老）联合体，接管民事诉讼，免除了传统县官断案的负担和弊端。"村董"摆不平的官司才由庄士敦辅导判决，他一年阅读诉状千份，还走街串巷，练熟了本地方言。其实这一重大改革并非出于骆的才干，而是被硬逼出来的：威海卫的英国公务人员，包括警官只有 10 名，他们就连跟不良势力串通走向腐败都没有可能。中国传统政治制度的核心在于政法合一，其基础是县官断案，改革之难也在于此。骆式在威海卫独创的体制是逼出来的，实属难能可贵的标本，收回威海卫后，民国政府把这个弹丸之地设为"特别行政区"，显然是为延续和保留这一成果。由此看来骆任廷也是不该被遗忘的。

骆任廷的形象是儒士清官。一次有乡民落井无人救助，他曾直接训导民众："你们这般狠心人，生于孔孟之乡，习闻圣贤之教，竟无恻隐之心……"19年中，他改变了威海卫的习尚，实业发展也有所贡献，例如引进专家和良种，使当地成为水果之乡。他廉洁勤政，够上正史中的"循吏"（模范官员），我猜想他取名"任廷"（人名，见《后汉书·循吏传》）或是此意。他告老回国时，威海商会的送别赠礼是象征廉洁和公正的清水一碗。① 骆传中译本对殖民者不会过分肯定，但序言的结尾却为他写了颂词："为官一任，造福一方……"

儒家的本质在于学术，威海卫的闲暇有助于骆任廷成为汉学家，用这个词语检索，网上轻易呈现四五条回应，其中他跟丁韪良、翟理斯等名家并列。② 他的研究注重儒家经学，无怪乎辜氏的《大学》译稿要请他校正。他曾编写《左传索引》，表明这最难读的大部头已被他读熟。他退休后荣任伦敦大学汉学教授，也是实至名归。

说庄士敦近乎道家，根据是他明显违背儒家最重视的家族伦理"出则忠，入则孝"（曾国藩语）。童年的家庭遭遇造就了他的叛逆性格。母亲奢侈、父亲酗酒使他很早就一心逃离伤心的家庭而远走高飞。传记中的事迹表明他实属"不孝之徒"，突出表现是"母殁丧不临"（白居易诗），"母亲去世的消息传来，庄士敦并未感到真正的悲伤"③。儒家要求对兄弟要"悌"，但他却不肯答应弟弟和姐姐提出的

---

① ［英］史奥娜·艾尔利著，马向红著：《蓟与竹：詹姆斯·斯图尔特·骆克哈特爵士传记》，山东人民出版社，2015年，第174页。

② 刘正：《海外汉学研究：汉学在20世纪东西方各国研究和发展的历史》，武汉大学出版社，2002年，第99页。

③ ［英］史奥娜·艾尔利著，马向红译：《回望庄士敦》，山东画报出版社，2015年，第69页。

通信愿望。儒家最重视传宗接代，但他却终身未娶。儒家"移孝为忠"，"忠"可以用于宗教信仰，但童年的家庭变故引起的教会歧视，使他看透了基督教的"虚伪"。他甚至化名"林绍阳"公开声讨基督教"想改变中国社会"的企图，此举对传教是"一次毁灭性的打击"①。

中国的道教是借外来佛教形式而兴起的，僧道往往不离。道教追求回归自然，这方面庄士敦的表现非常突出。他在不同职位都很尽职能干，没人想到他能争取到那么多自由时间。他的多次出行，首次是利用父亲的丧假。他酷似佛、道"方外之人"云游天下，更像融入大自然的道家隐士。从五台山到普陀山都遍布他的足迹，更惊人的是他穿过西南边境无人区的天险之地，深入泰国、缅甸。儒家认为身体"受之父母，不敢毁伤"，而他却不怕出生入死。他记述说："山隘积雪是如此之厚，骡子都寸步难行，累死其中一头……近一个月未见人烟。穿越雅砻江……桥仅是一根带有滑轮装置的竹索，悬吊在湍急的江流上。每晚都睡在雪地上，身上只裹着一条毯子。赤脚穿着中国的草鞋，一套旧卡其服补了又补……用绳子而不是纽扣系在一起。"种种险境惊心动魄，职业探险家也莫过于此。再看他作为孔府贵宾跟衍圣公的合影，不禁慨叹人生的多彩以至如此。

庄士敦在"帝师"生涯终结后，又回到威海卫任上，直到1930年向中国政府交接完成。我听家乡父老回忆，还记得他走街串巷的口音。庄士敦在告别仪式上声言"我比中国人还中国人"，这句实话也该代表他的搭档骆任廷。这两好友告老回乡后依然来往密切，直到庄士敦突然去世。听译者说《回望庄士敦》是简本，全传正在翻译中，值得期待。

公认中华文化有较强的感化力，它的儒、道两元素分别作用于骆、庄二人，这种特例无疑值得深思。

---

① ［英］史奥娜·艾尔利著，马向红译：《回望庄士敦》，山东画报出版社，2015年，第64页。

附录

自述：
华夏文化“所以然”探索者的“学科”苦闷

2019 年初，海内一级学刊《文史哲》发表了我的超长论文，题为《“水火”范畴与中华文明论纲》，该刊的微信公众号还作了广泛的推送。这期开篇就是一组关于学术创新的名家笔谈，主编在“按语”中呼吁，要提炼出“中国的概念、范畴”，而拙文的题目就带有“范畴”。

对于此文，学界会感到疑惑：作者之名，前所未闻，或许是个后起之秀？惭愧，我在学界确属无名之辈，但已届耄耋之年。

不过，可能有些老学者还记得“高成鸢”之名，例如郭齐勇先生，国际中国哲学会会长，通信中还称我为“前辈”，闻之惶然。二十多年前我的名字曾经耀眼于一时：1996 年，比《文史哲》更显要的学刊《传统文化与现代化》（哲学泰斗张岱年先生主编，1999 年因故停刊）第 4 期，曾发表我的论文《“尚齿”（尊老）：中华文化的精神本原》（国家史学课题成果概论），意外地还忝列前茅，跟大学者邓广铭、庞朴等先生并列，使我不安至今。那时此刊每期的目录都在《光明日报》上发布广告四次，为全国学界所瞩目。人们会纳闷：前后两篇论文之间的二十多年间，作者干什么去了？检索显示，“高成鸢”偶尔在“饮食文化”（加引号系因毫无学科地位，即不算学问）圈里出现；此人为什么长期脱离学界，甘于在“饮食之人”（孟

327

子语）圈里"浪费"宝贵光阴？对此问题，我只能浩叹曰"一言难尽"。硬要用一言概括，就是本文的题目"学科的苦闷"。这种苦闷在学术界不易获得共鸣；它关系着华夏文化"所以然"的绝问，严谨的学者因为缺乏依据，无不回避。

另类求知者的两位恩人

我，高成鸢，生在半岛尖端的海员之家，长在曾是"特别行政区"（先于香港，为保留其自治政体而设）的威海卫。[①] 少年时代家世的离奇经历[②] 及随后的贫病生活，造就我心性内向，唯以遐想沉思作为精神寄托。漫长的图书馆生涯，大半以文化禁锢时期为背景。我长年沉溺在限制借阅的民国旧书大库里，自由冲浪于包括科学的百科海洋中。我最感兴趣的是中西文化对比（曾半夜想到传统常识中没有"半径"，起床查《辞源》证实）。探讨文化差异的人类学旧书我都读遍，结果对中华文化的独异于众产生满腹疑问。参照先秦诸子对史前的记载，我对西方人类学名著《古代社会》拿美洲落后部族冒充"古代"觉得可笑可怜。

"文革"后，恩人黄钰生馆长有职有权，特许我专门从事学术研究，为全国图书馆业界的唯一。黄馆长即西南联大元老黄子坚教授（实际代表南开，张校长只去过昆明一次），20 世纪 50 年代初他被调离教育界，世人都莫知其所终，直到我撰文披露了他的后半生。[③]

黄馆长指斥我"务广而荒"，引导从目录学入手。我拿西式卡片目录跟传统书目比较，发现图书分类无非学科分类大树的倒影。旧时的"群书"欠缺分类，经史子集"四库"基本属于伦理学，而这一学科却被新中国的图书分类法删除，社会学、人类学也同时遭禁。对分类法的关注，使我对"学科"早已了然，又有自己的看法：它对知识的把握大有用处，也对学术的融通相当碍事。

我头一个研究专题就遇到"学科"的纠葛。蔡元培《伦理学》

---

① 参见本书外编《辜鸿铭之友和溥仪之师——两位英人殖民官的汉化》。

② 参见本书附录：《我家于 1946 年离开威海卫的传奇经历》。

③ 参见本书外编《被遗忘的大教育家黄钰生（子坚）——我的恩人黄馆长》。

断言中华伦理始于孝道，我对照《礼记》，发现孝道远迟于"尚齿"伦理。我的随笔体《中国尊老文化探究》小书意外得到季羡林先生的重视，就因为它还是空白课题。他推荐我参加东方伦理国际研讨会，得以拜识汤一介、张岂之等著名学者，还向韩国基金会推荐我做比较研究。[①] 我发现小书在国家图书馆想当然地被分到"老年学"类中，正值此学当红（官员离休），其国内开创者邬沧萍先生把我拉进老年学学会中，意在开拓伦理学分支；我才知道学科名称 gerontology 本意是"老年医学"，研究对象为"老龄化问题"（Aging program），本身还是社会学的新分支。

上古"尚齿"不离史学，我申请 1994 年史学课题成功，专著在 1999 年问世[②]，因为出版社属于中国社科院，还成为"建国 50 周年献礼图书"[③]。此书未见多大反响，这又跟学科的困厄相关：为使申请易于通过，课题名称曾特加"现实价值"，专著后部也只得大谈"尊老传统有助于应对老龄化危机"。不料因此在推荐书目被归为"综合类"，遂无缘得到史学界的关注，有负于课题评委张岂之、来新夏、朱凤瀚等七位先生的高评。[④]

发现"尚齿"空白时，我早已年过半百，理应无比珍视难得的学术坦途。然而我却犯了"不搏二兔"的大忌：探索中"不幸"又有更重大的发现：尊老礼俗只是华夏文化的"精神本原"，特异饮食则是其"物质本原"（以老者为核心的早期农耕部族，在恶劣生态中聚居繁生，必然导致饥饿及"吃"的畸形）[⑤] 目标升级的兴趣。拜识季羡林先生时，我早已开始比较饮食史的探索，不料他并不反对，

---

① 参见本书《深切怀念恩人季羡林先生——季老对一个另类学人的扶助》一文。

② 高成鸢：《中华尊老文化探究》，中国社会科学出版社，1999 年。

③ 《我院推出 53 种图书向祖国母亲寿辰献礼》，《中国社会科学院通讯》，1999 年 9 月 21 日第 2 版。

④ 《中华尊老文化探究》，附录二《国家课题"中华尊老传统的历史原委"鉴定摘要》，中国社会科学出版社，1999 年，第 412—413 页。

⑤ 参见本书《华人独特饮食的由来及对文化的影响》一文。

反而赞许为"一家之言"。他那一代学者,都是从背诵四书五经转向留洋攻读专业的,通识(博雅)学养使他们不会囿于"学科"分隔。当时没想到及至我的新探索完成,学贯中西、具有通识的前辈学者会凋谢殆尽,新一代学术共同体的专业意识倍加严密,对传统文化又鲜少"同情之理解"(钱穆先生语),加之学风浮躁,跨学科的创新注定不再有幸引起任何反响。

"学科"拒我廿余载

华人的"饮食歧路"对其"文化歧路"的决定性影响是明摆着的。象形文字刻在甲骨上、拼音文字写在羊皮上,甲骨、羊皮不都来自食物?我明知西来的学科体系是极难由华人做出改进的,仍然曾有信心让"公共学科"接纳被无视的华夏瑰宝。谁会想到,"吃"之为学何其广大精微。由问题引导,我在经史百家上下过笨工夫,小字薄卡片几万张今已发黄。可叹我的精力远逊于常人,以致年复一年不竟其功。更倒霉的是,成果的问世又被种种遭遇一误再误。最令人绝望的是,这一切都无非由"学科"的困厄所注定。

新时期,饮食文化新学术圈形成,开拓者们学风活跃,不久我就参与其中。我的三篇论文因"跨学科"而受到欢迎:一、论美食追求与尊老伦理曾有的孪生关系;二、论美食烹调在世界学科体系中的地位;三、从中式烹调技提炼"水火"范畴。第二篇宣布了震惊业内人士的发现:西方饮食经历简单,食物研究附属于农业;但惊人发达的中式烹调在中国图书分类法中的地位,竟卑微到跟理发同级。同道都期待我的研究能提升中餐的国际地位,因而我被冠以海内外业界研究团体的高级顾问等虚名。这反而使我增加了"失去学术资质"的顾虑。

我的研究题旨是华人饮食与文化的双向关联,以文化为重。我一向轻视一味谈吃的闲文(因为"味"不可言说),而且早已预言这类小书势将大肆泛滥,将学理创见埋没其中。我深知由于缺乏学科地位,相关的开拓难获学界正视。唯一可行的策略,是先诉之于大众,成为畅销书,以等待通识型权威学者的发现。为此,就必须极力把奇趣录般的可读性，跟学理体系的建构巧妙地结合起来。书稿前言的开篇小题是"人当无不喜斯书"，可见我的高度自信和不惜代价的决心。我当然坚持在一流学术出版社出书，更要求采用废弃已久的"小字夹注"传统形式，以兼顾可读性与学理。

早在 2008 年，三联书店退休老总董秀玉女士的工作室就接受代理拙书，但在三联的审题中意外遭到否定，因为大型出版社有相对独立的编辑组分工，拙著被分到生活编辑组，与菜谱为伍，当然双方都不能接受。我曾与学者型的总编通话，他对以此书实现学科创新很能理解，可惜没有够大的胆识。2012 年，香港三联书店李安总编偶然看到书稿，找上门来，转年繁体本率先问世，改名《从饥饿出发：华人饮食与文化》（"饥饿"抓住了华夏文化的基因）。李总编再向内地三联推荐出简体版，理应非常顺利，却又出现离奇的纠葛。眼看着谈吃之书过剩到令人反胃，新总编不得不为销路计，给书题加上"十一讲"，打破了全书"四部十一章"的结构。迟至 2018 年问世时，我发现该书仍未能摆脱被纳入"吃货"图书系列的宿命。尽管再次修订的内容最为理想，相对于港版，反而是学术创新的大倒退。

"造化之机" 华夏之"础"

然而峰回路转，我对饮食专著的焦虑已变得淡然。2015 年，专著的题旨已发生升华：从中式烹调原理跃迁到其核心内涵"'水火'范畴"。它不但是阴阳归纳的关键依据，更是生成世界的"造化之机"（由我发掘并论证的先哲佚言），理应关乎中西文明比较研究的核心。1991 年我的中国饮食文化国际研讨会论文，题目中就有"水火范畴"，表明它已孕育三十年。它的母体正是被"学科"扼杀的上述拙著。相信终有一天，众多学科的研究者都会从中得到灵感。

《"水火"范畴与中华文明论纲》一文的成功发表虽然幸运，也未免被"学科"纠葛。它完全合乎哲学类，但其前身也曾在投稿中几乎弄出笑柄。写成的论文题为《哲学之"气"——来自华人生活实践中的水汽说》，两次被退稿，一位学刊编辑友人透露真实缘由，说"实因尊文涉及自然科学"。我不禁辩称"康德的学士论文题目就是《论火》"。这是绝好的例证，表明当下的学科分类已至何等地步。我毅然写成 7 万字小书自费印制。后来再浓缩为论文，得以在《文史哲》发表，实因有幸跟通识型主编王学典先生偶然相遇。责编李梅女士对拙稿最能理解，四段离题的"附论"（学科各异），都被保留。

此文的发表看似没有遗憾，但从公布的学刊目录中发现，追溯华夏源头、广涉百科的拙文，还是被置于"哲学研究"栏目，未免受屈于"学科"藩篱。21 世纪以来，所谓"国学"（实为儒学下属的经学）从"四部"旧库中重新闪亮登场，把胡适、冯友兰先生开创的中国哲学覆盖到气息奄奄的地步。我对《"水火"范畴与中华文明论纲》的信心更为坚定，因为它的内容（从先秦的"阴阳之道"到明清的"水火之理"）包括哲学"本体论"命题，可以补西方的不足，又比任何中华国粹都更容易被理解、汲取。

《"水火"范畴与中华文明论纲》论文之后，我又从"挑水担柴"后想到扁担。华夏独有、与生俱来的神器，迄今未被发现（由 1979 年《辞海》反证）。它"挑"出了夏商遗迹的夯土基址和长城、运河，还衍生出独轮车和杆秤。五章十九节的论文《扁担与中华文明》，成为《"水火"范畴与中华文明论纲》的续篇。

写完《扁担与中华文明》，我曾觉得华夏文明空白课题系列的探索已到尽头，一度觉得空虚。突然又想到扁担只适于搬运散土，引出"石的缺乏"和"土木建筑的由来"问题。这显然重要到直指华夏文明的基础。注意"基"仍属土部，建材只有小小的石"础"。巨大的兴趣激活了八旬老人的脑力，大半年中，借助网络利器，我在问题引导下恶补了无数学科知识，奋力八个月，四万字草稿初成。任何古文明无不始于石器时代，没有石头就没有一切。以"无石"为题，无论谁，无论怎么想，都会认为这项"研究"都是过于大胆的冒险。

"所以然"的终极追问

我的五大发现（"尚齿"伦理→中式烹调→"水火"范畴→扁担神器→"缺石"基因），都是中华独有的瑰宝，叠加为整体，更能构成中华文明独异于众的整体特质。当它们以巨大的空白面积骤然展现于世界时，有点儿像未知的月球背面那片现代观测技术测不到的盲区。这显然压倒了以"学科"为基础的研究范式。自由探索之初，我没想过会走到哪里，世纪之交，事情发生了根本变化。随着经济文化全球化的猛进，西方学者日益认识到"欧洲中心论"的局限。先是史学进入全球史新时期，中外学者揭示，世界近代化实际是由晚明的丝绸、瓷器出口贸易撬动的。继而，美、日思想家展开人类前景的大讨论，重心是主要文明之间关系的走向。"唯有中华文明未曾间断"的判断，从一般常识升级为重大预见：中华文明或将成为世界两极格局之一端。据此，人们都会猛醒于历来被忽视的问题：中华文明独特性之"所以然"者何？这势必是全球智者的"终极追问"。它的答案，理应不待异域文化人士给出吧？

检索可见，中华文明唯一连续之"到底为什么"，正如木结构建筑"到底为什么"一样，迄今还是无解的巨大谜团。只有好奇心特强的半大孩子、中学生们一直在追问不休。有人试图给出各种说辞，但没有哪一项不是废话一堆，而且都未引用任何学者之说。追问者期待学界给出解释，岂知这正是出于对学术研究的无知。从 20 世纪新学（含史学）引进之初，权威的开拓者胡适先生就反复强调史学研究的科学原则："有一分证据说一分话。"例如，梁思成先生的《中国建筑史》就土木建筑的"所以然"不置一词。专业研究通常谨守法则，唯有自由探索者、另类学人如我，才会目无学科、出入百科。我仿佛听到无数人的责问：你有多大学问？坦白供认：我没有多大学问，不敢与皓首穷经、游学多国的博士并立。我说过自己"不及千百学者于什一"，推算起来要排在万人之后。如果我有长处，仅在于自幼习得的不受学科局限的全域视界，并敏感于众人习焉不察之处。

20 世纪的史学，首先要弄清中华文明特质"是什么"的巨量课题，追问"为什么"还远非其时。经过断代史、专史的百年努力，研究对象的空白地带日渐缩小，同时严谨的学风也日益坚牢。王国维先生断言，史料的发现推动史学的发展（大意）。近年，北魏墓志铭的出土，被北京大学罗新先生称为与甲骨文并列的"第五大发现"。出土史料终有穷尽，这将迫使研究范式根本出新。如考古学据以复原残缺的器物——罗新先生进一步提出史学家需要有想象力。我想到自己发现的空白系列，已关乎华夏文化"所以然"的答案。

国际学界重视华夏文化的由来，西方早有汉学（Sinology），其内涵与国学相近。国学在 20 世纪中期已被文史哲等新学科取代，眼下"复兴"的实为儒学，这使海外汉学失去与本土学术交流的渠道而日趋凋敝，使海内热切期待的自身话语权被阻断而不知。为应对上述局面，我们是否可以设立名为"华夏文明研究"的新学科，其内容包括对汉代独尊儒术之前一切文明形态的研究，重心在于"所以然"的探索，而不做任何学科区分。如此，才能对华夏文化的整体特质形成深刻的认识。

这里可拿我的五项发现之一的《扁担与中华文明》为例，试从反面说明设立"华夏文明研究"学科的绝对必要：如果硬要按分类处置该文内容，则会造成结果如下：鉴于扁担是华人唯一的运输工具，应当归入交通史类；它启示了"一分为二"的智慧，应当归入哲学类；它有杠杆的功用，应当归入机械原理类；它衍生了杆秤，应当归入度量衡史类；它通过"权"（秤砣）而转化出"权谋"和人治，可归入政治史类。这样，万能的扁担被我发现后，没等到大众知晓，就已被"五马分尸"，仍然复归于踪迹全无。至于"水火"范畴和"缺石"基因的发现，因为其内涵繁多，更会被"学科"碎尸万段。

关于"华夏文明研究"，不设专门学科，可乎？

《味即道：中华饮食与文化》前言

　　三十年前"文化热"，有位青年才子写道："不能把我一棒子打懵的书，我不读。"对于他的厌倦平庸，我有强烈的共鸣，不过多了个想头：如果有本书能"一棒子"把人打醒，岂不更重要？人在特殊场合清醒过来，首先会想到："我是谁？从哪里来？"

　　我们是华人，因为有独具详备的史书，我们比任何民族更清楚自己的由来。世界公认，唯有中华文化历来没有被游牧者冲散、打断。

　　华夏文化从远古就形成了"繁生—聚居"的基因。农夫天然不是游牧者的对手，但我们的祖先却同化了无数游牧部族。唯一奇妙的法宝，是人多势众、以柔克刚。老人是聚居的核心，崇尚孝道是必然的。但我意外地发现，孝道兴起前的两千年间，早有完备的伦理，即"尚齿"尊老。尽管经典对此有很多确凿的记载，但相关的研究还是一大空白。我有幸承担史学国家课题，论证"尚齿"是中华文化的"精神本原"。在探究中我突然想到，古怪中餐的由来跟上古尊老礼俗不可分离。

　　干旱的黄土地生态恶劣，人多又不挪地，必然导致"饥饿—灾荒"的不良循环。神农经过茹草而找到耐旱的草籽充饥，又发明"下饭"的羹（"菜"），通过交替入口的反衬而发现"味道"。于是我受强烈兴趣的驱使，不惜背弃自己开辟的学术坦途（曾得到季羡林

335

先生支持①），转而探究中华文化的"物质本原"，即饮食的"歧路"②。不久，张岂之先生就来信为他主编的《华夏文化》约撰关于中国饮食之道的文章③，显示他对上述观点的认同。

中华文化最突出的特色，王蒙先生认为一是汉字，一是中餐。它俩又以哪个为主？可说有大量汉字是"吃"出来的。拿常用虚字"即""既"来看，其篆体，左边同是食具的象形，右边都是人形而方向相反："即"是凑上前去吃，"既"是吃后背身而去。

《红楼梦》的主题是"坐吃山空"，这句成语还有惊人的后半句"立吃地陷"。老牌散文家夏丏尊说，中国人见面问吃，"两脚的不吃爹娘，四脚的不吃眠床"，都是"饿鬼投胎"。华人之吃的命运，我曾概括为"苦尽甘来"，后来发觉这个成语西文只能译成"雨过天晴"。猎牧基因的民族没吃过草，苦（bitter）的观念来自一个字母之差的"被咬"（bitten），人家更不懂为什么不苦就叫"甘"。

中华经典《礼记·礼运》断言，"礼"（大致相当于文化）始于饮食；《荀子·礼论》和《礼记·曲礼》的注释揭示，当初制礼主要是为避免因饥饿而"争饱"。跟中华文化相反，西方文化一直无视饮食，甚至羞于谈吃，觉得那会接近于动物。这是被骂为"西崽"的林语堂首先发现的。三十年前"文化研究"（Cultural Studies）学科兴起，饮食文化才借着对摇滚乐、麦当劳快餐等低俗文化的批判，从下水道进入学术殿堂。

吃在中西文化中的地位有天地之殊，而中餐、西餐的本质，可说又有水、火之别（煮蒸 vs 烧烤）。这些都是怎么形成的？中华文化的种种"古怪"，相信无不有其特殊缘由。以吃为典型，循着若隐若现的踪迹仔细追寻，就会发现：华人美食现象的光怪陆离，中餐演进过程的漫长曲折，其实都可以分析为"因果关系的环环相扣"。

---

① 蔡德贵主编：《季羡林书信集》，长春出版社，2012年，第121页。

② 高成鸢：《食—味—道：华人的饮食歧路及文化异彩》，紫禁城出版社，2011年。

③ 高成鸢：《中餐的世纪展望》，《华夏文化》，1996年，第5期。

"吃"的日常实践对华人极为重要，影响到文化的诸多方面，往往有内在理路（inner logic）可寻。

屈原名篇《天问》提出问题172个，都没有答案。若借用"民以食为'天'"的老调，本书针对华人之"食"的"天问"多达二百以上。跟《天问》不同的是，每问都给出了自圆其说的解答，还引出了无数惊人的发现。例如"鸡肋"成语，从《三国志》的"食之无肉"变为后世成语的"食之无味"，千古谬误没人觉察，而我借着"冤案"的侦破，讲清了华人之"味"与"食"发生"异化"、味反而成为食之代称的道理。

书中还有不少发现，看看是否重要：甲、"道"分阴、阳，"味"合鲜、香：舌与鼻、滋味与气味之两两对应，因此可说"道可道，是味道"；乙、"内向（倒流）嗅觉"的发现，这已被2004年诺贝尔奖项证实；丙、"鲜"味的发明（第五味觉，堪比"新大陆"的发现）；丁、数字"万本位"（与西方的"千本位"对应）来自谷穗（每穗有小穗百个，各有百粒）；戊、从中式烹调抽象出华夏文明轴心的"水火"范畴（"水火不容"西文无法翻译，遑论"相济"）。

我对美食并无嗜好，对烹调也没有兴趣，但发表的论述却颇受行家重视，以致20世纪90年代《中国烹饪》杂志（早期唯一学术园地）肯为我开辟"饮食之道"专栏。[①] 新时期出现的饮食文化研究圈的同道，大多成为我的好友，他们的学生有人说"我们是读着您的书长大的"。我曾说，全球化倘若实现，中华文化的最后堡垒必定是中餐。但我目睹谈吃之书从遭到禁绝到严重泛滥，反而变得日渐悲观：由于全民不懂中餐"饭菜交替"是"味道"的密码，青年一代跟风外来烧烤、冷饮食俗，这甚至会危及中华文化的"老根"。

写作本书的十多年，我饱受精神折磨。文本的进程，不是以字句，而是以观点为步伐的；观点越生越多，以致"触处逢源"。为使大小观点摆布合理，不得不反复推倒重来。奇妙的心得起先使我自

337

---

① 收入高成鸢文集《饮食之"道"》，山东画报出版社，2006年。

喜,不久就变成对探索对象的高度敬畏,甚至为之毛骨悚然。古人说"语不惊人死不休",对于本书,则是"理不惊人死不休";古人又说"文章本天成,妙手偶得之",对于本书,那是无聊的浅薄。没有任何人配称"妙手",造就此理此文的,唯有华夏文化本身,而其代价是世代先祖的亿兆饿殍。

陈寅恪先生有名言说:学术的重大发展,"必有其新材与新问题"。他指的是敦煌石窟的发现之类,但中餐"活化石"的重要,何啻众多敦煌?从饮食入手探究中华文化的理路,显然是个大好课题,但两次"文化热"中经过地毯式的发掘,何以空白至今?饮食之道的难被发现,可能缘于其入口压在未经发掘的"暗堡"下面,就是上述的尊老课题。"双重秘宝"等待的绝不是某人的才学,而是某人的际遇。

我能碰到这个重大的综合课题,或许正缘于图书馆生涯的"务广而荒",这是恩师黄子坚馆长(西南联大元老,人多不知其所终)对我的指斥。[1] 此一弱点在本课题中反而成为优长。但我深知"鸟瞰百科"不足为研究之资。论学识,我不及千百学者于什一,加上当年没有外国文献可供参考。既然在未知领域中犯难涉险,我早已做好恭迎指斥的准备。

本书还给我以特殊折磨:从始到今一直伴随着"被埋没"的恐惧。

其一,评价体制的缺乏。西方文化无视饮食,忝为某全国核心期刊评委[2],我最早发现并提出饮食文化在西来的学科体系中毫无地位。近百年前,日本学者研究"中华料理"的论文就吃过人文学刊的闭门羹,只能在英国生物化学刊物上发表。尽管公认重大创新多出于自由探索,但现行学术体制难以面对"创新幅度过大"的成果。吃,涉及包括自然科学等众多学科;中国的现状是通识型人士较少,

---

① 高成鸢:《被遗忘的大教育家黄钰生》,《社会科学论坛》,2104 年,第 5 期。
② 《中文核心期刊要目总览》,北京大学出版社,2008 年,第 13 页。

众学者的明智态度当然是视而不见、避免置评。

其二，著者"人微言重"。尽管近年举国上下对"国学创新""文化强国"期待日甚，但学术资质的门槛也日益加高。我来自并非正统学术机构的图书馆，尽管有关尊老的专著被认定"有开拓之功"①，但谁让你见异思迁，自行从学界消失十多年？

为了尽量避免被埋没的命运，有效的途径只剩一条：先诉之于公众读者，形成文化热点，以等待学术的发展。如今只有"大奇之书"才有可能。浏览本书的目录或稍稍翻阅，就会看出这是奇书一本，奇在跨文化（中西比较）、跨领域（文史哲与自然科学）、跨体裁（随笔趣谈加学术引据）。

本书出版过程意外的不顺。有的延误出于我的"刁钻"：例如我坚持恢复采用"小字夹注"的中华传统，在多家出版社被抵制，直到在香港三联书店实现。②但在内地出版简体本时，又遇到种种意外。年复一年的延误，使不信命运的我也想到"天秘其宝"之说。

动手写书时，我已预见到传统阅读的没落，但本书延误出版期间，纸质阅读消失之快还是大出所料。尽管如此，我仍自信"人当无不喜斯书"（紫禁城版的前言）：无论社会风习怎么变，人的不变需求是吃，华人的特性某种程度是吃出来的。何况书中的道理又是人人"心中所有、口中所无"，其内容又像文化"探案"，读来会觉得津津有味。

附：

封面导语拟稿

会通中西、文理、古今

339

---

① 李岩：《近二十年来中国古代尊老问题研究综述》，《中国史研究动态》2008年，第5期。

② 高成鸢：《从饥饿出发：华人饮食与文化》，香港三联书店，2012年。

跨文化、跨领域、跨体裁的奇书

供全球华人寻根　供西方文明借鉴
轻松高效的博雅（通识）教育读物

追溯中餐演进理路　分析烹调技艺原理
辨明华人赏味理致　旁及民族文化心理

说明：

　　本文为饮食文化专著前言，由于专著曾在香港、内地出版，经过两次修改。文中强调相关研究的学术开拓主旨，意在使饮食文化进入公共学术领域。结果由于学术出版家胆识不足，延迟十年，坐待作者预见的被谈吃图书狂潮淹没的宿命。不堪的是，出版社在书题上加"十一讲"（为长销而打破内容结构的四部之分），并建议名人推荐，只好请同道挚友王学泰、赵荣光两先生出面，好在二位都高度认同本书的主旨。埋头廿载，竟归枉然——幸而由本书升华的《"水火"范畴与中华文明论纲》已被学界接纳，由此坚信本书的观点体系，关乎华夏文化"所以然"的破解，终有被学界发现之日。

我家于 1946 年离开威海卫的传奇经历

我是威海人，自小在天津长大。我们家 1947 年离开威海卫（按，1946 年八路军进城后将威海卫改名为威海市，但国外至今仍沿用英租前后的原名），那时我还是个 10 岁的孩子。几十年后，回忆"逃出"威海的原委，感到很有点儿传奇性。本不想把这陈年的私人经历付诸文字，《威海记忆》的编辑说这段记忆反映了那一时期的生活情状，劝我动笔追记。

旅馆、货栈和周伙计

我的父亲高秉俭（1897—1973），荣成河北崖村人，12 岁时父母双亡，去烟台打工。后来，在船上当了十来年海员，结交了许多航海界的朋友。在这些朋友、亲戚的资助下，在威海卫开了一家客栈，名为"宝陞旅馆"。旅馆地处南大桥的路东（南大桥的位置约在今天振华商厦西南，世昌大道和新威路交叉口处），往南隔着两三家门脸儿就到城南河边，向左一拐的河岸就有马车场，常常停着英式四轮大马车，住店的旅客多乘之而来。尽管离码头等繁华处有些远，但旅馆的生意蒸蒸日上，内中的原因就是靠汇兑业务。在老年头，威海港口腹地的文登、荣成等县乡间缺少银行、钱庄，宝陞旅馆承担了这一职能。小时候我去柜上玩，常见账房墙上挂着成排的信兜，信兜上写着仁川、横滨、新加坡等处地名，兜里插满了中外各地经商乡亲的来信，见信就给其家人付钱。父亲性格豪爽远近闻名，有着很高的信誉，汇兑业务成了宝陞旅馆的主要收入。

父亲一直怀着奋斗发家的强烈意向，看到舶来货物有囤积升值的可能，就又开了家货栈，名为"协裕恒"。货栈在客栈以南不远处，其仓库就在南大桥南北路和城南河河道（此河道今已覆盖在世昌大道下面）相交十字路口的西南角，紧邻把角的日伪派出所。1945年日寇投降前，因战争影响交通不靖，客栈业务几近于休眠，而货栈却有不少囤货。

一天夜里，八路军偷袭了日伪的南大桥派出所，震动全城。手榴弹爆炸引发"火烧连营"，货栈延烧整夜。没多久，"八一五"抗战胜利，日寇败走，乡间的八路军进了城。就在这时，有件事情让我们大感意外。

协裕恒货栈有个伙计，名叫周学侗。八路军进城的第二天，他就背上了手榴弹，亮明自己的身份是民兵队长。我查阅了《威海市志》，里面记载：当时成立了"城市民兵组织——威海卫市工人纠察大队"。我想，周学侗该是在这个大队中任职的"地（下）工（作）"。他年纪不大，也就十八九岁，有些文化，也很有才能，很会办事，深得掌柜的也就是我父亲的信任。鬼子打跑了，他亮出身份，这是我们都没想到的。现在推想，偷袭日伪派出所之战中，很可能就是他抵近侦察，为八路军提供情报甚至是内应，因而立下功劳。

我们更没想到的是后来他的那些神通。

八路军的路条和英式大马车

我那时在法国教会开办的海星小学（今天的鲸园小学）三年级上学。八路军进城不久，记得有一天，我们学校旁边的明星女子小学院内开斗争会，众学生一夜打死了校旁刻字店的徒弟，罪名是"特务"。市内气氛也日趋紧张。据《威海市志》记载，1947年春天，

"在'左'的思想指导下，一部分农民进城清算工商业者的'剥削'，大批商品甚至生产设备被搬到农村……致使数百家工商业关闭"。

事实上"极左"行为在形成风潮前早有发生。我姥姥家在荣成农村，记得 1946 年秋，村中与寡居舅妈相关的一些人来到威海，要没收父亲的旅馆。可以推想，此时城中工商业者惶恐不安的心境。

在此背景下，周伙计私下对我父亲说："掌柜的，在威海不安全，还是逃出去吧。"问怎么才能逃出去？周说他有办法开出八路军的路条。"路条"是俗称，就是现在说的通行证。父亲平素对这位伙计就很倚重，慌乱中也没多想他怎么有这样的能耐，拿着他开的路条就匆忙从威海出走。父亲离开威海的日期，大概在当年 10 月以后。他在出逃的路上心惊胆战，觉得随时会成疑犯，遭遇刻字店徒弟那样的噩运。其实凭那一纸路条，他本可以坦然而行。父亲比较粗心，后来又挣扎于一家人的生计，或许更因为往事不堪回首，似乎终其一生也没有把此事跟周后来的作为联系起来。我们家那时租住在董家小楼底层。房东是做律师的董木卿（木卿是字，名和棠，曾任中学校长，其妻是小学校长，父亲选租他家为了"择邻教子"），位置在老城里东北角的正谊巷尽头。其地原名"东北隅"（"隅"意为方形之角，《诗经》里有这个词），八路军进城后被改称"村"。

村里发现父亲出逃，带走我母亲和 14 岁的大哥，盘问父亲的下落，并扣留一夜。次日一早，周伙计又出人意外地来到我家，对二哥、我和妹妹三个孩子说："你们别怕，跟我去见黄家老先生，求他说情放人。你们去了别说话，光哭就行了。"黄家位于城墙根，是靠近城角的高大独院，与董家小楼为近邻。城里人都知道他家出了好几位共产党干部，老先生颇受村里敬重。其长子黄逢源（字志远）跟我父亲是朋友，后来去了东北，在沈阳人民法院当领导；四子黄道源是海星小学的教师，很喜爱我，那时也去了根据地。周伙计的办法很灵，黄宝昌老伯一句话，村里就把我母亲和大哥放回。离开威海后，我们再没见过黄老伯，无以报答他的恩情。机缘巧合的是，去年我回威海探亲，巧遇黄老伯的长孙黄黎黎先生，待我像亲人，好像冥冥中真有天意，让我们相逢。

父亲出走后，家里生计维艰，我和哥哥每天上山搂草，母亲带着妹妹用古老的纺车纺线，换点儿零用钱，到了集日还常去变卖衣物，以此度日。印象中，那时候的集市因为农民进城采买市民廉价甩卖的家常用品，一时兴旺热闹。

记不清什么时候，家里开始归置家什，准备离开威海去青岛。后来听说当时外地人在威海的家属生活困难的，可以申请离开。我母亲一个旧式女人，从哪获得信息，办手续又上哪摸门？这是件大事，其原委在我的记忆中是空白，也许是不想让孩子知道吧。

我们离开威海，时值薄寒季节，当是 1947 年 3 月，坐的是辆英国伦敦式的洋马车。几十年后我查阅史料才知，那种马车在神州大地的其他任何城市中都未曾出现，只在威海卫才有，该是英租威海卫时期的遗风。途经偏僻乡村时，乡民见到如此洋车，惊为奇观。再说车夫，邻里呼为"张二"，恰巧是住在董家小楼东侧的熟识旧邻。近阅《威海记忆》某期，在刘德煜先生《威海的交通》一文中惊喜地发现，"张二"原来并非俗称，而是威海洋马车最后三位从业者之一的大名，无怪乎他那样干练出色。

车上除了我家大小四口，还有两位旅伴：年轻的毕姓兄妹，哥名"同太"，妹名可兰。"同太"特加引号，是因为路条的人名原为"可人"，是其叔毕爵律师亲笔涂改的，至于真实情况和动机就不得而知了。毕律师是父亲的挚友，相互有"通家之好"。很久后才知，可兰小姐后与周先生终成眷属。由这一点足以推知：这一旅行，包括我家离开威海卫的手续，都是由周先生精心策划安排的。他与未婚妻的相识，显然也间接地缘自我父亲。

青岛→天津→香港

马车夜宿晓行，跋山涉水，几百里曲折，途经烟台、莱阳，止于城阳县北百十里地的"（国共）两不管"地带的边缘。接着又有像张二先生一样精干大胆的当地乡民担起车夫之任，这里的"车"，跟威海来的洋马车形成强烈反差，是古老的独轮车。坐独轮车有点儿受罪，这罪一直"受"到城阳，这是胶济铁路青岛以北的大站。我们坐火车先走了，因为母亲怕晕车，跟妹妹一直"受"到青岛。城阳火车站挤满了携带笨重行李的旅客，经过站卡值班的国民党军警马虎检查后，"毕同太"和我们顺利过关。

我们四人到达青岛站，接站的周先生首先出现。不知道什么时候，周先生也到了青岛，仍然和我父亲在一起。

我父亲赤手空拳逃到青岛后，很快就由朋友相助，谋到一家上海轮船公司驻青岛办事处的职位，但他不甘于此。二战后国内外海运事业勃兴，父亲当船员时的挚友不少都成为收入丰厚的船长、大副。在他们的帮助下，没多久，他就筹集股资，成立了一家名叫"东合成"的商行，在青岛聊城路有个不挂招牌的店面，摆着面粉之类不多的简陋商品。父亲在轮船公司供职，商行就由周先生打理，像在威海一样，他对父亲仍称"经理"。

我们到了青岛后，上海的美通轮船公司新辟天津至台北的航线，需要一位懂行的北方人到天津开设办事处，公司认为我父亲适合此任，因而全家又移居天津，兼营商号，周先生也随着转移新地。到了1948年底，战火下的天津已处于围城状态，周先生借故辞职去了香港，轮船公司远在上海，父亲面临失业。先前有朋友劝告父亲举家迁往台湾岛，他顾虑拖家带口，没有成行。12月，在最后关头的犹豫中，只是让还未成年的大哥乘公司最后一班客轮"美信轮"到台北谋生，造成亲人分离四十年的悲剧。

父亲秉持创业精神和交游能力，每到一处都能开辟出新的事业。也许就是这两点，受到周先生、堂姐夫和其上级的重视欣赏，认为能为他们开展地下工作提供掩护。现在想想，他们都是很不简单的人物。我们家"逃出"威海的命运转折，绝不只是出于还是大孩子的周先生个人的策划。

还在青岛的时候，荣成老家我的一位堂姐夫，不知通过什么途径也出现了，经常跟周先生在一起，对我父亲十分亲近恭敬。我们家离开青岛后，他也来到了天津，后来一直在收音机厂工作，与我家来往密切。

1961年国内出现饥荒，在联系断绝十多年后，周先生从香港给我们家寄来面粉、食油等营养品，还附信向父亲表达慰问，口吻依然带着伙计的谦恭。那时印象中周先生跟姐夫有密切关系。1968年，"文革"还处于紧张时期，这位堂姐夫突然谋划让父亲再次赴港创业。为此，父亲曾与香港老友通信联系。不知什么原因，堂姐夫方面没了下文。后来我大哥从美国寄来家信，常常由他转交。父亲去世以后，堂姐夫跟我来往如旧。他迁居到一处僻静的独院中，帮助搬家的是年轻的军人。大概是1975年，他和家人先后去了香港，起初和周先生在一起，后来周远去巴西。那里是华侨聚居之地，也有事做。

姐夫在香港继承周先生的公司，经营山东物产出口，业绩兴盛。前年我与妻、妹赴香港看望年迈的堂姐，姐夫张先生已经去世。听说姐夫跟周先生的工作并不相属，姐夫张先生地位更高，还是山东省政协常委。据山东档案馆公布的史料，他是中韩建交过程中为双方牵线搭桥的主要人物，为此立下大功。

说明：

我退休后思乡心切，常往威海小住，与《威海记忆》（威海市历史遗产保护委员会主办季刊）主编张建国先生（原市档案局局长）来往密切。他极力动员我打消顾虑，写下童年时我家的传奇经历。此文发表于《威海记忆》2013年第11期。文稿经过副主编周德峰先生精心改写，另拟题目为《"逃出"威海卫》，语言更加口语化，以适应市民读者。收入本书时又略有改动。与本文相关的还有发表于《今晚报》的《60年前天津—台北的末班海轮》。